国家出版基金项目
NATIONAL PUBLICATION FOUNDATION

话说世界

TALKING ABOUT THE WORLD

10

民族时代
National Age

姜守明 朱文旭 汤晓鸥 ◎著

主 编：陈晓律 颜玉强

人民出版社

主　　编：陈晓律　颜玉强
作　　者：姜守明　朱文旭
　　　　　汤晓鸥

编　　委：
高　岱
北京大学世界史教授

梅雪芹
清华大学世界史教授

秦海波
中国社会科学院世界历史研究所
研究员

黄昭宇
中国现代国际关系研究院研究员
《现代国际关系》副主编

任灵兰
中国社会科学院世界历史研究所
《世界历史》编审

姜守明
南京师范大学世界史教授

孙　庆
南京晓庄学院外国语学院
世界史副教授

策　　划：杨松岩
特邀编审：鲁　静
　　　　　杨美艳
　　　　　陆丽云
　　　　　刘可扬

图片提供：
中国图库
广州集成图像有限公司
视觉中国

《话说世界》出版说明

希望与探索

为广大读者编一部普及世界历史的文化长卷

今日世界植根在历史这块最深厚文化土壤中。要了解世界首先要从学习世界历史开始。学习世界历史不仅有助于我们借鉴外国历史上的成败得失，使我们在发展的道路上少走弯路；而且还有助于我们养成全球视野，自觉承担起作为大国对人类的责任；同时还有助于我们更深入地理解和贯彻构建人类命运共同体理念。人类文明发展5000多年来，各地区和各民族国家的文明差异性很大，都有自己独特的发展轨迹和文化，在交往日益密切的今日世界，我们更要努力学习世界历史与文化。因此我们策划出版这套《话说世界》。

世界史方面的读物出版了不少，但一般教科书可读性不足，专题类知识读物则不够系统全面，因此我们在编撰这套《话说世界》时，主要考虑普及性，在借鉴目前已有的世界历史读物的基础上，进行了新的尝试：

首先，史实准确。由著名世界史专业教授和研究员组成的编委会保证学术性，由世界史专业教授和博士为主的创作队伍保证史实的准确性。

其次，贯通古今。从史前一直到2018年12月，目前国内外尚没有时间跨度如此之大的历史读物。本套书内容丰富，传奇人物、探险故事、艺术巨作以及新思潮、新发明等，无所不包，以独创的构架，从政治、经济、文史、宗教、思想、艺术、科学、生活等多维度地切入历史，从浩瀚庞杂的史料中，梳理出扼要明晰的脉络，以达到普及世界史知识的作用。

再次，图文并茂。采用新颖的编排手法，将近万张彩图与文字形成了有机组合。版面简洁大方，不失活泼，整体编排流畅和谐，赏心悦目。

最后，通俗易懂。作者秉持中肯的观点，采取史学界主流看法，立论中肯、持平、客观，文字深入浅出，绝不艰涩枯燥，流畅易懂。

这套书总计 20 卷，各卷书名分别为：《古典时代》《罗马时代》《王国时代》《封建时代》《宗教时代》《发现时代》《扩张时代》《启蒙时代》《革命时代》《民族时代》《工业时代》《劳工时代》《帝国时代》《一战时代》《主义时代》《危机时代》《二战时代》《冷战时代》《独立时代》《全球时代》。

十几年前，上海锦绣文章出版社出版的《话说中国》，以身体作为比喻说还缺少半边身子，缺失世界历史的半边，因此《话说世界》的策划项目在七年前孕育而生。经过近七年的努力，这套图文并茂的普及性世界史《话说世界》（20 卷）陆续出版。今年又适逢新中国成立 70 周年，这套书被列入国家出版基金资助项目，作为一个从事 36 年出版工作的出版人感到由衷的喜悦。

在本套书行将付梓之际，特别感谢陈晓律、颜玉强、秦海波、刘立群、黄昭宇、任灵兰、鲁静、杨美艳、陆丽云、刘可扬等十几位世界史专家的辛勤劳作，感谢所有参与《话说世界》（20 卷）一书的作者、专家、学者、编辑、校对为此作出的贡献。最后，谨以两位世界史专家对本套书的点评作为结束：

徐蓝（中国史学会副会长）：首先要说这套书使得我眼睛一亮。这不是我们通常说的以政治经济为全部内容的世界历史，而是多维度的世界历史解读，其内容涵盖了政治、经济、文史、宗教、思想、艺术、科学、生活等，使世界历史更加充盈饱满相生相成。特别是将其每卷书的类别单独合在一起，相当于一部部专题史。这在国内世界历史读物中是仅见的，具有很高的出版价值。《话说世界》又是一套通俗读物。全套书 5000 篇左右的文章，通过人文地理、重回历史现场、特写、广角、知识链接等拓宽了内容的容量，增强了趣味性。可以说这是一套具有"广谱"特性的世界历史普及读物。这套书的社会效益不仅会普及国民的世界历史知识，也拓宽了国际视野，将世界历史作为基础知识之一，才能具备大国的胸怀和责任担当。

吴必康（中国社会科学院世界史所，国家二级研究员）：历史题材类的通俗读物一向是热门读物，富有意义。但其出版物主要是中国史，世界历史通俗读物出版甚少。而且，这些不多的世界历史出版物也多为受众少的教科书式作品。《话说世界》可以说弥补了这方面的缺憾。今天，中国正处民族复兴之时，作为世界第二大经济体，其世界影响越来越大，责任也更大，广泛了解世界，具有国际视野成为大势所趋。广大人民需要了解世界，知晓世界历史，已是必不可少之举。世界历史虽然内容浩如烟海，但作为文明历程有规律可循，有经验教训可资借鉴。《话说世界》的专业作者梳理千古，深入浅出，从容不迫地娓娓道来，使世界历史清晰明了，趣味盎然。这套丛书应该说是一套全民读物也不为过，可谓老少咸宜，可谓雅俗共赏。尤其是其文体具有故事性，很适合青少年。也望通过这套书能激发青少年阅读世界历史的广泛兴趣，兴起热潮，为我国的各类国际人才打下知识基础，更好地立足祖国走遍世界。知晓天下，方可通行天下。

人民出版社编审　杨松岩

2019 年 8 月 27 日

《话说世界》序一

读史使人明智

在世界历史的洪流中寻找人类的智慧

不知不觉，现在已经是 2019 年了。在人类几千年有文字记载的历史中，这个时间点或许并没有什么特别之处，但对于处于改革开放进程中的中国而言，这样一个年代显然具有不同寻常的意义。那就是，历经磨难成立新中国以后，中华民族在对外开放的过程中，重新找到了一个与自己国力吻合的位置。

中国是一个历史悠久的国度，创造了十分丰富的物质与精神的财富。尤其是在东亚这一范围，中国几乎就是文明的代名词。然而，在近代以来，中国却被自己过长的衣服绊倒了，结果从鸦片战争开始，中华民族经历了一段屈辱的历史，不仅使天朝上国的心态遭受沉重打击，也迫使我们重新认识外部世界。

从历史的角度看，中国人如何看世界，并不是什么新问题。古代中国人对周边"蛮夷"的看法千奇百怪，但无论是否属实，对自己的生活似乎影响不大。不过近代以来情况有所变化，自 1840 年始，中国人想闭眼不看世界也难。然而，看似简单的中国人应该如何睁眼看待外部世界，尤其是西方国家，却并不简单，因为它涉及"华夷"之间的重新定位，必然产生重大的观念与思想碰撞，所以它经历了一个几起几落的变化。

从传统的中国视角考察，以中国为天下中心的历史观一直在我国的史学领域占主导地位。因此，在 1840 年以前，中国还没有今天意义上的世界史，有的只是《镜花缘》一类的异域风情书，或是一些出访周边国家的记录，严肃的史书则只在中国史的范畴内。鸦片战争之后，中国被迫接受中国之外还存在一个世界这一事实。但对外部世界，主要是西方的研究是以急功近利的原则为出发点，缺少系统的基础研究。直到新中国成立前夕，我国的高校中，世界史都还不能算是能与中国史相提并论的学科，一些十分有名望的老先生，也必须有中国史的论文和教中国史的课程才能得到承认。这一事实反映出一种复杂的民族心态和文化背景。人总是从自己已有的知识基础上去发现和分析外部世界的，没有对外部世界知识的系统了解，要正确地看世界的确不易。

实际上，早在100多年以前，张之洞就认为，向西方学习应该是学习西艺、西政和西史。但是如何以我为主做到这一点，则是至今尚需继续解决的问题。

在一个开放的时代，任何一个试图加入现代发展行列的国家都必须尽量地了解他国的情况，而了解他国最主要和最基本的途径，除开语言外，就是学习该国的历史。就笔者所接触的几所学校看，美国一些著名大学的历史系往往都是文科最大的系，而听课的学生也以外系的学生居多。我的体会是，出现这样的现象无非两点原因：通识教育的普及性与本科教育的多样性，以及学生的一种渴望了解和掌控外部世界的潜意识。相比西方，我们的教育课程设置显然还有许多需要完善的地方。

按北大罗荣渠老师的看法，中国在向西方学习的过程中经历了三次大的起伏。一次是鸦片战争前后，中国是在战争的威胁中开始了解西方的，这种了解带有表面的、实用主义的性质，对西方的了解和介绍都十分片面，社会的大部分人对此漠不关心，甚至国家的若干重要成员对此也十分冷漠。与此相反，日本却密切地关注着中国的情况，关注着中国在受到西方冲击后所作出的反应，以致一些中国介绍西方的书籍，比如《海国图志》，在中国本身尚未受到人们重视时，日本已在仔细地阅读和研究了。尽管如此，第一次学习还是在中国掀起了洋务运动。

由于甲午战争的失败，中国开始了第二次向西方的学习，即体用两方面都要学。但不想全面改革而只想部分变革的戊戌变法因各种原因失败了，最终是以辛亥革命作了一次总结。从此以后，中国的政治实践大体上是在全面学西方，但是又由于历史的机遇不好，中国的这种学习，最终也未成功。尽管我们不能完全说它是失败的，但要成为一个强国的愿望却始终未能实现。

新中国成立以后由于西方的封锁和我们自己的一些政策，使中国经历了一个主动和被动地反对向西方学习的过程。直到改革开放以后，我们才再次开始了向世界强国——主要是西方国家学习的第三次高潮。而这次持续的时间显然要长得多，其内涵也要丰富得多。其中一个最重要的标志也许是，在沉默了几十年以后，中国的学术界终于开始出版一批又一批的世界史教材和专著，各种翻译的世界史著作也随处可见。这是一个令人欢欣鼓舞的现象。在这个意义上，中国人重新全方位看世界是改革开放的产物。

从中国人看世界的心态而言，也先后经历了三种变化：最初是盲目自大式的看世界，因为中国为中央之国，我们从来是当周围"蛮夷"的老师，尽管有时老师完全打不过学生，但在文化上老师终归是老师，我们从未丧失自信心。所以，对这些红毛番或什么其他番，有些"奇技淫巧"我们并没有真正放在心上。然后面临被列强瓜分的危机，我们的心态第二次变化，却是以一种仰视的方式看世界——当然主要是看西方国家，这种格局直到新中国成立后才开始逐渐改变。而改革开放后，中国重回世界舞台中心，成为GDP第二大国，自信心再次回归，看世界的态度又一次发生了变化——中国人终于可以平视外部世界了。

心平气和地看外部世界，需要的是一种从容和淡定，而这种心态，当然与自己的底气有关。随着物质生活的丰富和对外交流的日渐频繁，国人已经意识到，外国人既不是番鬼，也不是天使，他们是与我们一样，生活在这个地球上的人类。当然，由于历史、文化、地域、宗教乃至建国的历程各不相同，差异也是明显的，甚至是巨大的。如何客观地认识外部世界，对有着重新成为世界大国抱负的国人而言，已经具有了某种紧迫性。而互联网时代的信息爆炸，对较为靠谱的学理性知识的需求，也超过了任何一个时代。因此，无论于公于私，构建一个起码的对外部世界认识的合理框架，都成为一门必修课而非选修课了。

应该说，国内学界为此做了大量的工作，从学术论文到厚重的专著，从普及型的读物到各类期刊，乃至各种影视作品，有关西方的介绍都随处可见，一些过去不常见的国家和地区的研究成果也开始出现。同时，为了增进国人对这些问题的了解，国内出版界也做了很好的工作，出版了很多相关的著作。

大体上看，这些著作可分为以下几类：第一类是关于西方国家、政府等有关政治机构的常识性问题。这些现象我们虽然十分熟悉，但并不等于我们已经从理论上了解了它们。因此很多国内的著作对一些概念性的东西进行了提纲挈领的解析，有深有浅，大致可以满足不同人群的需求。第二类是关于各个国家的地理旅游的书籍，这类书籍种类繁多，且多数图文并茂，对渴望了解国外情况的人群，读读这些书显然不无裨益。第三类是各国的历史著作，这些著作大多具有厚实的学术根基，信息量大，但由于篇幅原因，或许精读的读者不会太多。最后一类则是对各种国际组织和机构的介绍，包括各国概况一类的手册，写作的格式往往是一条一款，分门别类，脉络清晰，这类知识对于我们了解外部世界尤其是西方世界应该也很有帮助。

然而，总体上看，在我国历史学教育中，严格意义上的"世界历史"还是属于小众范畴，由此这个领域的普及出版物相对较少，这与现在日新月异的我国国情和日益全球化的国际形势很不契合。

对于这种不合拍的情况，原因很多，但学界未能及时提供合适的历史读物，尤其是世界史读物，难免是一种遗憾。这不是说目前没有世界史普及读物，而是说我们的学者和出版界未能完全跟上时代对世界史知识的需求，尤其是广大普通民众对世界史知识的需求。随着我国经济实力的不断增强，出国求学和旅游对普通中国民众而言已经不是一种可望而不可及的事情。而踏出国门，中国人通常会有一个共同的感受：在各种聚会或是宴请的活动中，只要有"老外"在，哪怕是一个人，气氛就很难避免那种浓厚的"正式"味道；而一旦没有"老外"，都是华人，气氛会一下轻松起来，无论是吃喝还是交谈，人们的心态转瞬之间就已经完全不同。我常与一些朋友讨论这一现象，大家的基本看法是，中外之间，的确有一种文化上的隔膜。这种隔膜十分微妙，甚至并非是相互不能沟通的问题，而只是一种"心态"。

这种心态往往是只可意会，却难以言传。其难以言传的根源在于，人是生活在一个由文化构筑起来的历史环境中的，这种长期浸润，会不知不觉地对一个人的行为方式、心态产生巨大的、具有强烈惯性的影响，这种影响往往也不是通过一两本学术著作而能轻易加以归纳的东西。

因此，要体验这种微妙的文化隔膜，最好的方式就是对世界的历史文化有一种"全景式"的了解，除开去所在国进行深度体验外（当然，这对很多人而言有些奢侈），读一些带有知识性、系统性和趣味性的世界史读物，应该也是一种不错的选择。而这类读物恰好是我们过去的短板，有必要尽快地将其补上。

为了满足国人这类迫切需求，本套丛书的策划编辑团队怀着强烈的家国情怀和对中华民族特有的忧患意识，一直在积极地筹编这样一套能满足时代需求的世界史读物。他们虽然是在筹编一套普及性读物，却志存高远，力图要将这样的一套读物做成精品，那就是不仅要使普通读者喜欢，还要经得起学界的检验。历经数年，颜玉强主编总算在全国的世界史学界找到了合乎他们要求的作者团队。这些作者当中，既有早已成名的学术大家，也有领军一方的中青年学者，更有留学归国的青年博士群体。而尤为重要的是，这些学者，都长期在我国的高校从事世界史的教学和科研工作，他们对我国学子乃至一般民众对世界史知识的需求有着更深的感受，因此，由这样的一支作者队伍来完成这样的一部大型作品，显然是再合适不过了。

历经数年的讨论和磨合，几易其稿，现在《话说世界》总算问世了。以我的一管之见，我觉得这套书有这样一些特点值得关注。

首先是体例方面的创新。历史当然是某种程度上按照时间顺序发展的，但作为一种世界历史的视野，人们的眼光当然不可能横视全球，而是自然地落在一些关键性的区域和事件上。这样，聚焦和分类就是一个基础性的工作。作者对历史的分类不仅显示出作者的学术功力，也会凸显作者的智慧。本套丛书的特点是将"时代"作为历史发展的主轴，比如古典时代、罗马时代等等。这样的编排，读者自应一目了然。然而，作者的匠心就此展现：因为一些东西并不仅仅是纵向而是横向的，所以，王国时代、宗教时代、民族时代、主义时代这样的专题出现了。

这样的安排十分精巧，既照顾了历史的时代顺序，又兼顾了全球性的横向视野。相对于一般教科书的编排，比如在人类起源部分，从两河文明到尼罗河文明，再到希伯来、印度和中国文明，然后再到古典时代的希腊罗马文明、希腊化文明，固然十分系统，但对于非专业的读者恐怕也有点过于正规，索然无味。所以，丛书的安排看似随意，却有着精心的考虑和布局，在目前的类似书籍中，应该是不可多得，别具一格。

而对有着更多需求的读者，《话说世界》则又是一种趣味盎然的教科书，因为它将各个时代的内容分门别类，纵向来读，可以说是类别的世界通史。比如可以将政治、经济、文化等串联下来的就是该类别的世界通史，这样读者能够全景式地看到每个历史切面，还能了解整个历史线索和前因后果。

其次是《话说世界》为了达到可读性强的效果而采取了图文并茂和趣味性强的杂志书编撰方式，适合以各种休闲的方式阅读。《话说世界》的图片不仅与文章内容结合紧密，还有延伸文字内容的特点，特别是每本书都有数张跨页大图呈现了历史节点的宏大场面或艺术作品的强烈感染力。这样的布局，显然能使读者印象深刻。实际上，国外的历史教科书，往往也是图文并茂，对学生有着很强的吸引力，使学生即便不是上课也愿意翻阅。我们目前的教科书尚达不到这一水准，但《话说世界》能够开此先河，应该是功德一件。

第三则是强烈的现场感，这是为了增进读者真正理解国外历史文化所做的一次有价值的尝试。从这套丛书的内容看，其涉及面很广，并不单单是教科书式的历史，而是一部全景式乃至百科全书式的历史：从不同文明区域之间的人员交往到风俗习性，从军事远征到兵器工艺，从历史事件到地标和教堂，从帝国争霸心态到现代宣传套路，从意识形态到主义之争，可以说林林总总，斑驳杂陈，十分丰富，具有很强的可读性。一个也许对编辑并不十分重要，但对读者而言却十分重要的事实是，这些读本的作者都是"亲临视察"了所写的对象的，所以除去知性之外，还多了难得的感悟。因为这套丛书的作者，都是亲临所在对象的国家和地区进行过求学乃至工作的。他们对这些对象的了解，或许还做不到完全学理意义上的深刻，但显然已经早就超越纸上谈兵的阶段了。因此，在这个意义上，他们是真正的"中国人看世界"。这种价值，在短期内或许并不明显，但随着时光的流逝，它肯定会越来越闪烁出学术之外的瑰丽光芒。

值得指出的是，今天移动互联的势不可挡，知识碎片化也日益严重，需要学者和出版社联袂积极面对，克服互联网内容的不准确性，做到价值恒定性；克服互联网知识的碎片性，做到整体性。《话说世界》于上述的三个特点，显然是学者和出版社共同合作的成功范例。

如果你是一个依然保持着好奇心，对问题喜欢打破砂锅问到底的人，那么，请阅读这套匠心独具的丛书吧！它既能增加你的知识，又能丰富你的生活，也或许能在紧张的工作与生活中给你带来一丝和煦的清风。

当你拿到这套书，翻开第一页的时候，我们衷心地希望你能够从头至尾地读下去，因为这是在一个全球化时代，使你从知识结构上告别梦幻童年、进入一个绚丽多彩的成人世界的第一步——读史使人明智。

愿诸君在阅读中获得顿悟与灵感。

南京大学历史学院教授、
博士生导师　陈晓律
2019 年 2 月 15 日

《话说世界》序二

立足学术　面向大众

献给广大读者的具有国际视野的世界历史全景图书

　　2019 年我国的经济总量腾飞为世界第二大经济体,社会经济文化都日益成为地球村重要的一部分,了解世界成为必要。正如出版说明所言,了解世界首先要从世界历史开始,我们不仅可以从外国历史的成败得失中得到借鉴,而且还能从中培养国际视野,从而承担起作为大国对人类的责任。人类文明发展 5000 多年来,各地区和各民族国家的文化差异性很大,都有自己独特的发展轨迹,在日益融为一体的今日世界,我们在世界历史知识方面也亟须补课。

　　我国史学界编撰世界史类图书内容有不包括中国史的惯例,加之上海锦绣文章出版社已经在 2005 年出版了取得空前成功的 20 卷《话说中国》,所以我们这套《话说世界》就基本不包括中国史的内容,稍有涉及的只有为数几篇中国与外国交集的内容。

　　《话说世界》共 20 卷,分别是 20 个时代,时间跨度从史前一直到 2018 年。基本囊括了各个时代的政治、经济、文史、思想、宗教、艺术、科学和生活娱乐等。

　　参与《话说世界》编写的作者有教授和博士共 30 多人,都是名校或研究所的世界史专业学者。学有专攻的作者是《话说世界》质量的保证。我们还邀请了一些世界史的著名专家教授作为编委,确保内容的准确性。

　　今天读者阅读的趣味和习惯都有变化,业界称为"读图时代"。所以我们在文章的写法和结构都采取海外流行的"杂志书"(MOOK)样式。我曾经为台湾地区的出版社主编过 300 本杂志书,深得杂志书编撰要领。杂志书的要素之一是图片，《话说世界》以每章配置 3—4 幅图的美观标准，共计配置了 10000 张左右的图片，有古代的历史图片，也有当今的精美图片。在内容的维度上也进行拓展，引入地理内容，增加了历史的空间感；每本书基本都有"重回历史现场"，以增强阅读的现场感；同时每篇文章都有知识链接，介绍诸如人物、事件、术语、书籍和悬案等，丰富了文章内容，使文章更流畅、可读性更强。

当然，不能说《话说世界》就十全十美，但是不断完善是我们的追求。

启动编撰《话说世界》工程之时，我们就抱定了让《话说世界》成为既有学术含量又有故事可读性这个目标，使世界史知识满足大时代的需要。

结笔之际，感蛰居七年，SOHO 生活，家人扶助，终成书结卷。这里要感谢各位作者的辛勤笔耕，特别感谢人民出版社通识分社社长杨松岩慧眼识珠以及编辑们兢兢业业、精雕细刻的工作。"幸甚至哉"！

资深出版人　颜玉强

2019 年 10 月 28 日

《民族时代》简介

现代民族的起源，同民族意识的觉醒、民族国家的发展密切相关。中世纪晚期的欧洲，附着封建领主经济解体和资本主义萌芽的出现，市民阶级逐渐兴起，世俗王权日益强化，基督教世界体系趋于瓦解，这一切都成为催生现代民族和民族国家的因素。所谓的民族国家，即现代主权国家，是以民族主义为精神支柱、以民族利益为最高诉求、政治上集中统一的政治共同体。16—18世纪，欧洲进入了现代社会转型时期。此时，葡萄牙、西班牙、法兰西、英格兰等最早一批国家，已经摆脱了普世主义、教权主义和殖民主义的束缚，形成了主权独立的现代国家。

19世纪是西方帝国主义列强争雄，进而推进全球扩张的时代，同时也是欧洲的维也纳体系瓦解、各国民族民主运动兴起和亚非拉地区的民族觉醒与奋起反抗的时代。摧枯拉朽的拿破仑战争、风雷激荡的1848年革命，不但沉重打击了欧洲的封建专制统治，推动了民主民族

运动在世界范围内的发展，也催生了自由主义、浪漫主义、现实主义等新的社会思潮。立国不久的美国，通过南北战争和西进运动，完成了工业革命，并利用购买、杀戮与战争等多种手段，大肆进行领土扩张，从而变成为一个拥有两大洋的世界强国。在19世纪的拉美地区，阶级关系对立日益加剧，民族矛盾不断激化，殖民地被压迫、受奴役的人民开始觉醒，因而掀起了持久而广泛的民族独立与解放运动。在19世纪的亚洲，西方殖民者的粗暴入侵、贪婪掠夺和高压统治，激起了当地人民的强烈反抗，反殖、反帝斗争被推向了高潮。1825年爪哇人民揭竿而起，拉开了亚洲民族解放运动的序幕。19世纪中叶，美国黑船叩关事件的发生，打破了日本的闭关锁国，也催生了日本的倒幕运动和明治维新。但是，日本在推进现代化的过程中，却疯狂地走上军国主义扩张之路。

目录

欧洲均势：维也纳体系

1815年6月18日，拿破仑的军队在滑铁卢战役中遭到了毁灭性的打击。随着拿破仑帝国的覆灭，英、俄、奥、普、葡、法、瑞典等战胜国集聚奥地利首都维也纳，借助国际会议和国际条约来严惩拿破仑的法国，以恢复和维护欧洲的封建统治秩序。《最后议定书》是维也纳会议的重要成果，也是欧洲列强之间讨价还价和相互角力的产物。

为了维护维也纳体系下的欧洲新均势，俄国沙皇亚历山大一世提议建立神圣同盟，宗旨是所谓的"保卫宗教、正义与和平"，普鲁士国王腓特烈·威廉三世和奥地利皇帝弗朗茨一世对这个提议也予以认同。但是，奥地利外交大臣克莱门斯·梅特涅反对过分削弱法国，他不仅企图联合英国，以遏制俄国向西扩张的势头，还竭力主张镇压帝国境内的民族独立运动，这就为奥地利赢得了有利的国际环境。但是从19世纪二三十年代起，欧洲不断爆发革命与改革运动，维也纳体系名存实亡。尤其是1848年欧洲革命，更是沉重打击了封建主义专制统治。

摧枯拉朽
搅动欧洲的拿破仑战争

这场战争尤如燎原之火，在欧洲这块古老的土地上点燃了民族主义。

18世纪末，除了少数国家外，欧洲绝大多数国家仍然处于封建君主专制统治下，尤其是法国的波旁王朝将专制制度推向发展的巅峰。1789年法国大革命爆发后，欧洲各国出兵干涉，试图镇压这场声势浩大、震动整个欧洲的资产阶级革命。1793年，普、奥、英、西等国结成第一次反法同盟，法国人民对反法同盟的入侵进行了坚决反击。1798年，第一次反法同盟解体后仅一年，英、俄、奥、土等国又结成第二次反法同盟。俄军进入意大利后，打败了那里的法军；奥地利不仅夺回了法国在意大利侵占的地盘，还企图入侵法国本土；英军则对法国的各港口实施封锁，甚至还一度在荷兰沿海地区登陆。虽然第二次反法同盟因内部分裂而解体，但法国仍然面临大军压境、四面楚歌的严峻局面。

在法兰西民族生死存亡的危急关头，拿破仑·波拿巴（Napoléon Bonaparte，1769—1821年）通过"雾月政变"上台执政，随后加冕称帝，是为拿破仑一世。拿破仑不仅富于智慧和胆识，而且极富政治野心，他领导法国取得了抗击反法同盟的胜利，同时又开启了征服欧洲的战争。

自卫战争的初步胜利

1799年11月，拿破仑建立军事独裁后，法国同第二次反法同盟之间展开了激烈的军事较量，但是战争起初的法国并不顺利。当法国军队对埃及进行远征之际，驻扎在莱茵河附近的奥军却准备入侵法国；英国则隔岸观火，对法国各港口实施封锁。为扭转不利的局势，拿破仑决定首先击退奥军，迫使奥地利退出反法同盟，让英国丧失在欧洲大陆的立足点，使其与法国谈判。

1800年6月14日清晨，拿破仑发动的马伦哥战役打响后，法军竟很快陷入奥军重围，伤亡众多，这大大出乎拿破仑的预料。"哈哈，不可战胜的拿破仑，这次总算给我们彻底打败了！传令兵，你即刻赶往都城，向皇帝陛下报告我军胜利的消息！"奥军统帅梅拉斯欣喜若狂地命令道。然而，传令兵刚上路，法军那边就响起了隆隆战鼓。"不

此画为雅克·路易·达维德所绘，描述了1804年12月2日拿破仑在巴黎圣母院加冕典礼的局部场面。

1805年10月，第一次多瑙河战役即乌尔姆战役后，拿破仑和他的大军接受奥地利帝国将军冯·莱贝里希的投降。此役的决定性胜利，使得奥军损失惨重，被俘士兵多达六万余人。随着奥军节节败退，首都维也纳也于11月陷落。

好！一定是法国人的援军赶到了！"在这突如其来的鼓声面前，梅拉斯竟然乱了阵脚。听到参谋长这么一提醒，他才恍然大悟，急忙命令部队后撤。可是，他的命令还没传达下去，刚刚被杀退的法军，又跨上战马，挥着利剑，如潮水般地席卷而来。转眼之间，奥军溃退，兵败如山倒，法军则乘胜追击，一举赢得胜利。原来，拿破仑工于用计，他略施虚张声势之计，通过制造假象，利用军鼓声助威，轻而易举地吓退敌军，成功地创造了世界军事史上反败为胜的著名战例。经马伦哥一役，奥军被击溃，英国在丧失了同盟国的军事支持后，被迫同法国签订《亚眠和约》。

法国取得了初步胜利，英国不甘心失败，便为再次组建新的反法同盟展开外交活动。1805年，英、俄缔结《彼得堡盟约》，奠定了第三次反法同盟的基础。这次参加同盟的还有瑞典、丹麦、那不勒斯王国和奥地利。同年9月，拿破仑率领22万法军在莱茵河一线迎战第三次反法同盟。法军乘反法同盟分散之机，移至敌军后方，在乌尔姆战役中一举将其击溃。1805年12月，法军又在奥斯特里茨战役中大败俄、奥联军，奥地利再次被迫退出战争，并同法国缔结了《普雷斯堡和约》。这样，第三次反法同盟解体，新生的法国在欧洲的地位得到了巩固。

战争性质悄然改变

1806年9月，英、俄、普、瑞典结成第四次反法同盟。拿破仑乘自卫战争胜利之威，率军侵入普鲁士，并在耶拿战役中击溃普军。1807年7月，法国同参加第四次反法同盟的战败国俄国和普鲁士缔结了《提尔西特和约》，俄国暂时顺从法国，加入了由

为纪念奥斯特里茨战役的胜利，法国在巴黎市中心旺多姆广场上修建纪念柱。1805年12月，拿破仑指挥法军在波西米亚的奥斯特里茨，取得了对俄罗斯和奥地利联军的决定性胜利。第三次反法同盟宣告瓦解，神圣罗马帝国也随之灭亡。

一话一说一世一界

法国主导的大陆封锁体系。此时的法国，实际上控制了整个西欧和中欧，但是拿破仑并未收敛自己的野心。1808 年，法军侵入西班牙和葡萄牙。法军在西班牙的恣肆妄为，激起了当地人民的愤怒，马德里等地爆发了数次反法民族起义。

在拿破仑战胜第五次反法同盟后，法国直接或间接统治了欧洲大陆的大部分地区，形成了一个幅员辽阔的拿破仑帝国。它统治着 130 多个省，面积约为 86 万平方公里，人口达到 4400 万之众。此时，欧洲大陆的主要国家奥地利、普鲁士都已臣服于法国，俄国为求自保而对法国采取曲意逢迎的态度，拿破仑的声望和拿破仑帝国的声势都达到了顶点。

战争枭雄走向末路

拿破仑帝国是依靠武力建立起来的，其内外矛盾重重，最终解体不可避免，同时也使拿破仑走向覆灭的不归路。

1807 年 7 月，拿破仑在弗里德兰击败俄普联军后，在涅曼河上的木筏上与俄国沙皇亚历山大一世会面，签订了《提尔西特和约》第一条，后又与普鲁士签订第二条。该条约缔结后，法、俄两国结成同盟，并开始实行大陆封锁政策。

由于频繁募兵和不断增税，法国国内的各阶层对拿破仑的不满情绪与日俱增。由于英国人的封锁，法国各个港口来自各殖民地的货物很难转运进国内，引起了某些工业部门生产的危机。由于俄国是欧洲大陆阻遏拿破仑称霸的中坚力量，拿破仑的侵略政策越来越针对俄国，并积极准备对俄战争。对于拿破仑扩张的野心，俄国人十分警惕，他们在获悉拿破仑试图发动侵俄战争的消息后，立即加强了军事准备。法、俄两国矛盾由来已久，在土耳其、波兰和中欧地区的争夺十分激烈。为称霸欧洲大陆扫清最后的障碍，拿破仑以俄国破坏"大陆封锁体系"为由，于 1812 年 6 月以 60 万大军侵入俄国。战争初期，法军拥有绝对优势，俄军被迫退却。进入相持阶段后，俄国改变策略，实施坚壁清野，与法军开展游击战。由于气候原因以及后方供给不足，法军士气每况愈下，最后拿破仑被迫向沙皇求和。

拿破仑侵略俄国的失败，成为欧洲反法民族起

拿破仑在耶拿战役前检阅法兰西帝国军队。1806 年 10 月，在现今易北河左岸支流萨勒河以西高原，拿破仑率领法军和腓特烈·威廉三世统帅的普军展开耶拿会战。在这场会战中，普军主力因惨败而告瓦解，普鲁士很快退出第四次反法同盟。

一话一说一世一界一

1812 年 6 月至 11 月，拿破仑率领法军侵入俄国、攻占莫斯科后，感到情况不利，因为寒冷的冬季已经来临，前线飘雪，而法军过分深入，补给线太长，难以赢得对俄国的最后胜利。随即他下令向西撤退，但沿途遭到哥萨克骑兵的骚扰。

义的重要信号。1813 年初，俄、普结盟，英、奥、西、葡、瑞典相继加入，拿破仑立即组织军队迎战第六次反法同盟。是年 10 月，双方进行了著名的莱比锡之战。由于德意志的萨克森军队倒戈加入盟军，结果法军大败，拿破仑只得率残部逃回巴黎。反法同盟乘胜追击，直逼法国边境。1814 年，盟军以 20 万大军侵入法国，拿破仑匆忙集结起 8 万人予以阻击，但未能挽回败局，拿破仑本人在枫丹白露签署退位诏书。

始于 1799 年的拿破仑战争，前后延续了 15 年之久，其直接后果是反法同盟取得对拿破仑法国的胜利以及各封建王朝的复辟。客观上，拿破仑战争动摇了欧洲各国君主专制制度的基础，唤醒了各被压迫民族争取独立与自由的激情，加速了欧洲历史发展进程。在强大的反法同盟面前，拿破仑最终失败了，但他高超的军事艺术和政治手腕一直为人们所津津乐道，因而被人们称为"战争之神"。

滑铁卢战役是世界军事史上的著名战役之一。1815 年 6 月，大英帝国公爵威灵顿和普鲁士王国元帅冯·布吕歇尔指挥的英、普联军在布鲁塞尔以南的滑铁卢战场大败法军，拿破仑帝国覆灭。此后，被放逐的拿破仑退出历史舞台。

日薄西山
恢复欧洲的"旧秩序"

"旧秩序"的恢复不过是回光返照，民族主义的浪潮已不可阻挡。

法国大革命和拿破仑战争直接推动了以自由、平等、博爱为主要内容的资产阶级民主在古老的欧洲大陆生根发芽，强力敲碎了各国封建专制统治者维持旧秩序的美梦。但是，随着拿破仑战争的变质及失败，维也纳会议使得"旧秩序"在欧洲死灰复燃，同时压制和扼杀了蓬勃兴起的欧洲民族独立浪潮和新兴的民主制度。

拿破仑战后的大陆欧洲

拿破仑战争后，各国封建势力或复辟成功，或进一步加强。在法国，波旁王朝复辟（1814—1830年），路易十六之弟路易十八登上王位。虽然他与改革派达成协议，部分地承认"八九年原则"，并表示不会废除大革命以来的各项成果，但是他甫一登基，便恢复了很多封建法令，大肆清算当年参与革命的进步人士，导致人心惶惶，社会动荡不安。在英国，政治氛围越发保守，人民自由受到极大的压制。托利党借战争胜利，乘势巩固和扩大其在下院的席位，而在工人运动问题上采取了血腥镇压的暴力政策，所以这个时期也是光荣革命以来英国政治上最黑暗的时期。在俄国、奥地利和普鲁士，封建势力本来就非常强大，法国大革命所倡导的自由和民主原则借拿破仑战争好不容易在这些国家燃起了星星之火，却又被反动势力联合绞杀。俄国的农奴制加强了对农民的人身束缚，奥地利趁机将国内

争取民族独立的人士逮捕，普鲁士则取缔了国内的自由立宪主义政党。总之，这三个腐朽的封建专制政权还在负隅顽抗。德意志、意大利各邦的王朝，葡萄牙的布拉冈扎王朝，以及西班牙、那不勒斯的波旁王朝，一一实现了复辟，就连罗马教皇也恢复了在教皇国的统治。更甚者，维也纳会议打着"正统主义"的旗号，准备将"旧秩序"予以合法化。

正统主义的原则

拿破仑帝国瓦解后，英、俄、普、奥四国立即充当了欧洲主宰者的角色。1814年4月，拿破仑第一次退位，复辟的路易十八政府立即与四国列强及其他反法同盟国家签订第一次《巴黎和约》。依照和约的规定，法国的边界恢复到1792年时的状态；10月，所有参战国在维也纳召开国际会议，处理善后问题，重划欧洲政治版图，这就是著名的维也纳会议。

维也纳会议邀请了所有参战国参加，表面上体现了平等原则，但实际上，真正操纵会议的只

这幅讽刺画描绘了路易十八无法控制摇摇欲坠的王冠。

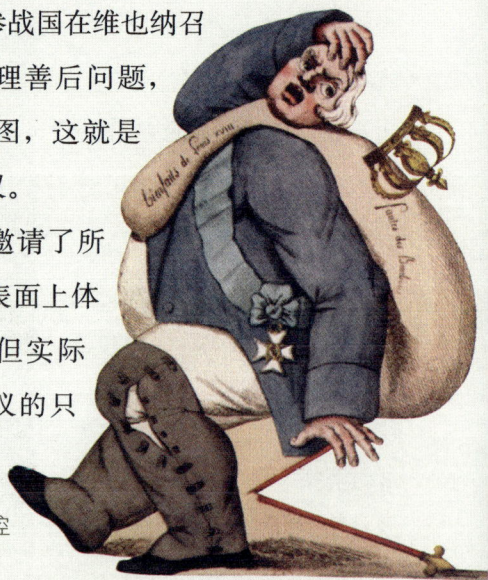

路易十八（Louis XVIII，1755—1824 年）是法国波旁王朝复辟后的第一个国王，路易十五的孙子和路易十六的兄弟。1814 年继位后他采取妥协稳健的方针，尊重议会，并重视经济建设。此时的法国，由于政治较为清明，不但恢复了国际地位与军政实力，也重建了经济繁荣。不过，1824 年路易十八因病不起，由于无子、无女，由 67 岁的弟弟阿图瓦伯爵实行统治。

路易十八死后，法国王位传给他的兄弟查理（1757—1836 年）。新国王查理十世试图恢复王权，遭到自由主义者的反对。

有英、俄、普、奥这四大战胜国，因为真正主导会议进程的是俄国沙皇亚历山大一世、普鲁士国王腓特烈·威廉二世及首相哈登堡公爵、奥地利皇帝弗朗茨一世及外交部大臣梅特涅、英国外交大臣卡斯尔累子爵和法国外交部部长塔列朗等显赫人物。这次会议的目的十分明确，就是瓜分法国殖民地，以满足本国的扩张野心；复辟各国封建王朝，以恢复大革命前的"旧秩序"。虽然拿破仑在维也纳会议召开期间重登法国皇位，但是会议并没有中断，于滑铁卢战役爆发前九天，各国代表正式签署《最后议定书》。

不过，各国从来没有坐下来一起举行过任何真正意义上的会议，所有的安排和决议都是列强在非正式会晤中达成的。围绕着战后欧洲的政治版图和势力范围划分等问题，彼此间进行了激烈的争论，但是，它们似乎并未向法国提出苛刻的要求，主要原因在于：法国虽然经历了大革命的洗礼，可是其封建势力还十分强大，如若过分削弱法国，就会使法国国内的革命力量再一次卷土重来，这样不利于"旧秩序"的恢复。尽管战胜国之间矛盾重重，它们在经历了时间长、范围广和破坏性大的战争之后，都无意也无力为争夺战利品再发动一场新的战争，因而都希望建立一种大家均能够接受的战后新格局，并把这种格局用法律的形式确定下来。尽管如此，维也纳会议所确立的维也纳体系注定不会长久，因为欧洲已经形成了强大的民族民主运动潮流，代表"旧秩序"的战后国际关系体系必将在这股洪流的冲击下轰然倒塌。

拿破仑的侄子路易-拿破仑·波拿巴，1852 年成为法兰西第二帝国的皇帝，称拿破仑三世。

正统主义的外交天才
梅特涅

他在欧洲政治舞台上曾纵横捭阖，叱咤一时，却由于自身不合时宜的保守主义政治主张而跌落神坛。

19 世纪之前，欧洲的哈布斯堡家族统治下的奥地利，经过最杰出的女政治家玛丽亚·特蕾西亚（Maria Theresa，1717—1780 年）和她的儿子约瑟夫二世的锐意改革，取得了经济、政治和文化诸领域的巨大进步。随着法国大革命的爆发，奥地利因三次参加对法战争均遭败北，其国际地位一落千丈。恰逢此时，梅特涅登上欧洲外交舞台，似乎给奥地利这只百足之虫带来了最后的希望。

初露外交锋芒

克莱门斯·冯·梅特涅（Klemens von Metternich，1773—1859 年）生于科布伦茨的官宦世家，父亲是奥地利帝国驻莱茵公国公使。童年的梅特涅是在莱茵－莫塞尔区度过的，这段经历对他后来走上外交之路，起到了启蒙作用。1795 年，他与考尼特斯女伯爵携手走进教堂。这是一桩政治联姻，为他跻身奥地利上层贵族圈提供了极佳机缘，使其得以接近皇帝弗朗茨一世。

1801 年，梅特涅被奥皇看中后，开始了他的外交生涯。他先以奥地利使节身份赴萨克森的德累斯顿上任，两年后又被派驻柏林。当时，奥地利和普鲁士的关系是奥地利外交的重中之重，奥皇对驻柏林大使的期望很高，他希望大使先生既要获得普鲁士宫廷的青睐，又要善于与其周旋。梅特涅出任此职，表明他已进入对普外交的决策层。1806 年，他改任驻法大使。此时的奥法关系非常紧张，双方

克莱门斯·冯·梅特涅。19 世纪上半叶欧洲最重要的外交家之一。1809 年，他开始担任奥地利帝国外交大臣，后出任首相，后形成以"正统主义"和"大国均势"为核心的梅特涅体系。1848 年革命爆发，他被迫下野。

几乎处于剑拔弩张的状态。为缓和两国关系，梅特涅结交了许多法国上层人士，不仅获知了法国许多政治秘辛，也对拿破仑的性格有了深刻的认识，这为将来处理奥法关系奠定了基础。

1809 年夏，法军在瓦格拉姆大败奥军后，开进维也纳，奥地利情势危急。弗朗茨一世紧急任命梅特涅为外交大臣，全权负责处理对法和谈。仅六天之后，双方就顺利签订了《申布伦条约》，将奥地利的损失降至最低。这显示了梅特涅高超的外交

一话一说一世一界一

🦉 **知识链接：玛丽亚·特蕾西亚**

奥地利女大公，波希米亚和匈牙利女王，神圣罗马帝国皇帝弗朗茨一世的皇后。玛丽亚是哈布斯堡王朝最后一位统治者，洛林－哈布斯堡王朝创建者，"开明专制"的代表，反普同盟的主导者，奥地利人尊其为国母。她坚决遏制普鲁士的崛起，宣称"宁可卖掉最后一条裙子，也不放弃西里西亚"。作为一个君主，她像一个女战士一样，耗尽毕生心血，竭力维护一个摇摇欲坠的、多民族的封建帝国。但是，她最终也没能遏制住腓特烈大帝带领普鲁士崛起。

1810 年 4 月 2 日，法国皇帝拿破仑与奥地利皇帝弗朗茨一世的长女、奥地利女大公玛丽·路易丝，在卢浮宫教堂举行盛大婚礼。她是拿破仑的第二位妻子。在这场政治联姻中，奥地利外交大臣梅特涅起了重要作用。

手腕。之后，他又利用自己所掌握的上层关系网，促使奥法联姻，为奥地利赢得了喘息时间。

1812 年，拿破仑入侵俄国，要求奥地利出兵 3 万人予以协助，负责左翼进攻。梅特涅表面上应允，实际上却让奥军避免与俄军交战，同时还暗中与英国、普鲁士相勾联，并向两国做出保证，他在外交大臣任上，不会让奥地利真正和法国联手。当 60 万法军被俄国的防御战略与严寒气候折腾得只剩 3 万残兵败将时，3 万名奥军却几乎没有遭受任何损失。拿破仑侵俄失败后，梅特涅又立刻摆出居中调停者的姿态。

1813 年，梅特涅同拿破仑进行了一场持续 9 个小时的外交谈判，历史学家称之为法国"外交上的滑铁卢"。在这位纵横捭阖的外交天才面前，拿破仑只得甘拜下风，他懊恼而沮丧地

奥地利哈布斯堡王室的避暑离宫，气势磅礴的巴洛克式建筑。1743 年由玛丽亚·特蕾西亚女王下令修建。拿破仑两次占领维也纳，都曾住在这里。1809 年 10 月，法国和奥地利在此签订《申布伦条约》，第五次反法同盟终结。

承认自己贸然侵俄是干了一件愚蠢至极的傻事。谈判临近结束，拿破仑皇帝问梅特涅："先生，以后还会发生什么变故？"梅特涅笑道："陛下，您现在输了，我认为您将来也会输。"不久，拿破仑帝国被普、奥主导的反法同盟推翻。

运筹帷幄制胜

1814 年 9 月至 1815 年 6 月，在重建欧洲秩序的维也纳会议上，梅特涅又一次大显身手。他成功地使欧洲外交的重心从巴黎转移到维也纳，提高了奥地利的国际地位，更使其掌握了欧洲外交的主导权。列强在维也纳召开分赃会议，梅特涅则积极谋划欧洲的均势，认为俄国是最大的潜在威胁，因而反对过分削弱法国。拿破仑战争结束后，俄国已成为欧洲大陆军事实力最强的国家，梅特涅希望利用法国和英国的力量来牵制俄国，以防止欧洲出现第二个拿破仑帝国。

维也纳会议的焦点是波兰和萨克森问题。当时，俄国沙皇亚历山大一世擅自吞并波兰，普鲁士国王腓特烈·威廉三世要求将萨克森并入普鲁士，

这让梅特涅感到担心，因为他不愿看到一个帝横的俄国对奥地利造成威胁，也不愿看到一个强大的普鲁士来和奥地利争夺德意志的领导权。然而，俄、普互相勾结，对奥地利利益构成了严重威胁。他再次想到了英、法，希望借力于英国来遏制普鲁士。随后，他又秘密联络法国外长塔列朗，他知道法国是最不愿意看到普鲁士强大的。这样，奥、英、法三国很快达成秘密协定，相互保证它们在维也纳会议上共同反对俄、普的要求。在梅特涅的主导之下，维也纳会议对战败国法国做出了非常宽大的处理，使法国保有 1792 年的疆界。会议期间，奥地利还和英国缔结了反对俄、普的秘密军事协定，以确保奥地利自身的安全。这样，梅特涅成功了，他的声望随之达到巅峰。

表面上，维也纳会议是为了重建欧洲和平，而实际上，它是着眼于复辟欧洲的旧秩序，打压各国进步的民族民主运动。梅特涅认为民族主义和民主运动是欧洲的乱源，他敌视法国大革命的基本原则，力图使欧洲重新回到大革命前的状态。在梅特涅的操纵下，维也纳会议建立了四国同盟和神圣同

1813 年 10 月，在德国莱比锡附近，拿破仑以 18 万军队苦战第六次反法同盟 30 万军队，战败后返回巴黎。图为奥地利的施瓦岑贝格亲王与俄国沙皇亚历山大一世、普鲁士国王腓特烈·威廉三世和奥地利皇帝弗朗茨一世会面。

盟，奥地利终于成为欧洲反动势力的堡垒。

从神坛上跌落

1821年，奥皇任命梅特涅为奥地利首相，梅特涅由此走向政治生涯的高峰。在内政方面，他实施高压统治，极力维护封建君主专制制度。以书报检查制度为例，当时有不下2000种书刊遭禁。事实上，书报检查的范围并不限于书报，还包括石刻、地图和徽章等，甚至从法国运来的瓷器上的"自由"一词也要被清除掉。随着国内外形势的变化，梅特涅所代表的保守势力渐渐不得人心，成为人们抨击的对象。1848年3月，在法国二月革命的影响下，德意志爆发了三月革命。在维也纳，市民、大学生和工人联合起来，推翻了梅特涅政府。梅特涅竟男扮女装，匆忙逃往国外，以如此滑稽的方式结束了自己的政治生涯。30多年来，以镇压欧洲革命运动和民族运动为己任的神圣同盟，也随之土崩瓦解。

1851年，梅特涅回到奥地利，在维也纳孤独地度过余生。8年之后，他带着曾经的梦想和落寞，离开了人世。当然，不可否认的是，他在那个时代

留下了自己的印记，以至于维也纳会议后30年间，在历史上一直被称为"梅特涅时代"。综观梅特涅的一生，有两个对比鲜明的特点与其相伴随，这就是外交上的纵横捭阖与内政上的倒行逆施。他因政治理念落伍于时代而遭淘汰，这是其政治生命悲剧之根本所在。

奥地利思考俱乐部，19世纪政治讽刺漫画。梅特涅当年任奥地利首相期间，不仅限制言论自由，而且残酷镇压民族民主运动，最终导致1848年革命。漫画讽刺的是梅特涅主政下奥地利帝国政治不民主，人民没有言论自由的状况。

丛林法则
四大战胜国
的外交博弈

博弈是处理国际关系的必要方式，
但它往往建立在"丛林法则"之上。

随着拿破仑战争的结束，英、俄、普、奥四大战胜国在维也纳召开国际会议，重构战后欧洲的政治版图。拿破仑战争曾使欧洲列强暂时联合在一起，但是，即使面对共同敌人时，反法同盟也是十分脆弱的。战后各国的力量此消彼长，相互之间的矛盾越来越显现、越来越尖锐，于是维也纳会议就成为欧洲列强进行外交博弈的重要场合。

战后局势的新变化

维也纳会议的召开是由拿破仑帝国覆灭后出现的新局势决定的。俄国在拿破仑战争中迅速崛起。它通过三次瓜分波兰，将其西部边界从第聂伯河推进到涅曼河，尔后又向西扩张，推进到维斯瓦河。

俄国军事力量的膨胀，在第六次反法同盟中显著地表现出来，就是他们不费吹灰之力进入德意志，解散了在拿破仑保护下建立起来的政治联合体莱茵同盟，控制了德意志的许多邦国，这就使得19世纪初登上欧洲政治舞台的俄国在军事上处于优势地位。

拿破仑战争期间，英国大大巩固了自己的海洋和殖民霸权。在拿破仑"大陆封锁体系"的压力下，英国曾积极向海外拓展殖民地，先后夺得开普、马耳他、毛里求斯和锡兰等一系列重要的海上战略据点。此时的英国，对欧洲大陆奉行"均势外交"政策，主要目标是力图保持大陆各国势力的均衡，阻止任何国家变成下一个拿破仑帝国。随着拿破仑战争的深入，英国逐渐意识到俄国有野心、也有能力取代法国在大陆取得战略优势，所以它要在维也纳会议上极力消除这种潜在威胁。

维也纳是奥地利首都，有"多瑙河女神"和"世界音乐之都"的美誉。作为多瑙河流经的第一座大都市，它位于奥地利东北部阿尔卑斯山北麓的多瑙河畔，也是一座典雅、美丽、清洁的花园城市和享誉世界的文化名城。

塔列朗是拿破仑时代的首席外交官，当时军事上的胜利将法国塑造为一个强大的帝国。然而大多数时候，塔列朗的任务是为法国寻求和平，以此巩固法兰西的国际利益。虽然他背叛了旧制度与大革命，但他没有背叛法兰西民族。

经过拿破仑战争，德意志境内的两个劲敌——普鲁士和奥地利的实力也有所增强，尤其是普鲁士已经成功加入了欧洲列强俱乐部。自18世纪以来，普、奥两个邦国之间的矛盾日趋尖锐，虽然彼此关系因参加反法同盟而暂时得到缓和，但拿破仑帝国覆灭后，双方矛盾重新凸显出来，焦点仍然是争夺德意志的领导权。被拿破仑推翻和

1814年9月至1815年6月，欧洲列强在维也纳召开会议，其目的在于重划拿破仑战败后欧洲的政治地图，恢复旧秩序。图为奥地利外交大臣梅特涅与英国惠灵顿公爵、法国外交大臣塔列朗和其他欧洲外交官出席会议。

这是大国为谋求霸权而采取的外交手段。在民族国家建立和发展的过程中，欧洲列强为争夺欧陆和海上霸权，经常推行均势外交，其实质是拥有强大实力的大国，依靠牺牲小国利益的政治和外交手段，保持所谓的均势格局，以维护自身的实际利益。亨利八世初期，首席大臣沃尔西灵活运用这一手段，使英国先支持西班牙同法国作战，当西班牙取得支配欧洲的优势时，又转而支持法国，以反对西班牙。19世纪，奥地利帝国首相梅特涅、德意志帝国首相俾斯麦也都是均势外交的重要实践者。

征服的欧洲各封建王国，此时都极欲恢复旧制度，但他们又都明白单凭自己的实力根本做不到，不得不依附于几个列强。

列强各怀鬼胎

维也纳会议从一开始，就充满了四大战胜国的明争暗斗。虽然第一次《巴黎和约》规定了开会时

间，但在规定时间三个月之后，列强的代表才陆续抵达奥地利首府。对于参会他们为什么不紧不慢呢？原因就在于他们都要把握住恰当的时机。拿破仑战争刚结束，远离战争核心区域、且在法国侵俄战争中取得胜利的俄国，其所拥有的军事实力无疑超过了其他几个大国。在这个时间节点上举行分赃会议，肯定会对俄国更有利。英国、奥地利和普鲁士虽然各打各的小算盘，但他们都意识到了这一点。奥地利作为东道主，希望把会议召开时间延后几个月，以便自己能从战争的打击中恢复元气，而这种拖延战术恰好符合英国人的利益，因为他们早已对俄国的野心有所警惕了。

维也纳会议召开的形式十分特殊，虽然除了奥斯曼帝国以外的所有参战国家都应邀参加，但从未举行过什么全体会议，大部分时间都用来举行宴会和舞会了。当然这些都只是表象，列强的幕后博弈绝不会如此温文尔雅。其实，只有几个显要人物才是会议的真正主导者。

俄国沙皇亚历山大一世（Alexander I，1777—1825 年）虽然年轻，他却以反法同盟领导者自居，而且他有强大的军队作后盾，故而在会议上始终表现出咄咄逼人的气势。当时与会的俄国代表就傲慢地如是说："一个拥有 60 万军队的国家是不需要进行协商的。"俄国的目的就是要称霸欧洲大陆，具体要求则首先是吞并整个波兰，将其作为向西发展的基地。

英国外交大臣卡斯尔雷子爵罗伯特·斯图尔特（Robert Stewart，Wiscount Caftlereagh1769—1822 年）希望保持欧洲大国间的均势，这也是英国秉持的外交观念。其实，维持和巩固海上霸权，才是他们的真实意图。卡斯尔雷子爵在乔治三世的指令下，表示一定要将英国在拿破仑战争中侵占的法国殖民地用法律形式固定下来。他希望看

亚历山大一世，俄国沙皇，自称"欧洲安全的保护人"。在反击拿破仑的战争中，他率领俄军击败法兰西，使欧洲各国王室得以复辟，因而被尊为"欧洲的救世主"。在他的统治之下，俄国进入极盛期，成为欧洲的重要强国。

到的局面是：法国可以抗衡俄国，奥地利可以牵制普鲁士，德意志依然处于分裂状态。由于英国实行均势外交以及它对欧洲大陆本身没有领土要求，卡斯尔累子爵在会议中一直处于主动地位。

奥地利外交大臣克莱门斯·梅特涅是一位出色的外交家，他有着非常灵活的外交手腕和极其高超的周旋技巧。就在维也纳会议召开前夕，他利用人脉关系与英国政府进行了幕后交易，使得英国同意选择维也纳作为开会地点以及他本人作为会议的主持人。他意识到俄国与普鲁士位于奥地利的东西两侧，而奥地利要想达成抑俄灭普之目的，就必须避免两面受敌。为此，他开始与法国外长塔列朗接

近，主张对法国略施小惩即可，既不希望过分削弱法国，又极力争取英国的支持，从而为奥地利创造一个有利的国际环境。

普鲁士国王腓特烈·威廉三世（Frederick William III，1770—1840 年）对外扩张的欲望十分强烈，他的目的主要有：吞并萨克森以示惩罚；严惩法国并占有其国土和殖民地；排挤奥地利，夺取德意志的领导权。虽然普鲁士经过腓特烈大帝的改革，实力大增，但是它还不足靠一国之力量就能实现上述目标，所以这个威廉三世积极向俄国靠拢，支持其吞并波兰的计划，以换取沙皇对普鲁士所提要求的支持。

最终的外交妥协

波兰和萨克森问题是维也纳会议争论的焦点。近代以来，波兰命运多舛，俄、奥、普三国于1772 年、1793 年、1795 年先后三次予以瓜分，其中俄国侵占的波兰领土最多，达到六成；普鲁士和奥地利则各占剩下的一半，波兰近乎亡国。拿破仑帝国建立后，波兰依然摆脱不了遭蹂躏的命运。1807 年，拿破仑在普鲁士侵占的波兰领土上建立华沙大公国，作为法国的属国；1809 年，拿破仑又从奥地利手中夺取部分波兰领土，将其并入华沙大公国。1813 年，俄国战胜拿破仑后，随即军事占领华沙大公国。

在欧洲大陆，波兰问题是一个带有全局性的问题，它牵动着英、俄、普、奥四大国的利益，因而它们在维也纳会议上产生了激烈冲突。俄国希望建立一个由自己控制的波兰王国，国王由沙皇兼任；普鲁士当然不愿意将自己在波兰占有的土地拱手让与俄国，它虽然无力与这个强大的盟友相抗衡，但是提出与俄国进行利益交换的设想。普鲁士希望俄国同意将萨克森公国划归其所有。

萨克森是德意志地区工业化水平较高的区域，如果普鲁士得到它，将会大大增强自身的实力。英国担心普鲁士强大会破坏大陆均势，故与奥地利越走越近。

列强之间因围绕波兰和萨克森问题而发生的争论，始终无法达成一致。后由于利益上的相近或吻合，在维也纳会议上形成了俄、普同盟和英、奥同盟。1814 年 11 月至 1815 年 1 月，双方相继签订一系列秘密协定或条约。1815 年 2 月，这两大集团终于达成妥协，为维也纳会议《最后议定书》的出台奠定了基础。

图为英国漫画《均势》，为詹姆斯·吉尔雷所作。在1787 年至 1792 年俄土战争中，英国首相威廉·小皮特采用均势外交手段，支持土耳其。画中走钢丝者为小皮特，两头分别为土耳其苏丹阿卜杜勒·哈米德和俄国女沙皇叶卡捷琳娜二世。

铁证如山
1815 年的
《最后议定书》

纸条文便是大国主宰小国命运的铁证。

《最后议定书》，即欧洲列强反法同盟在维也纳会议中最后签订的条约，是近代国际关系史上一份极其重要的法律文件。它既是正统主义的产物，也是欧洲列强博弈的结果，更是反民族民主运动的见证。

《最后议定书》签订的背景

拿破仑覆灭后，英、俄、普、奥四大战胜国在维也纳会议上为波兰和萨克森问题争论不休，终因

耶拿会战胜利后，1807 年 6 月，拿破仑根据《提尔西特和约》，要求普鲁士让出以前瓜分的波兰领土（波兹南和华沙），建立起主要由波兰人构成的华沙大公国，又把奥地利原来占领的加里西亚交给华沙大公国。图为华沙大公国军队。

拿破仑发动"百日政变"而达成妥协：第一，在华沙大公国的基础上重建波兰王国，国王由俄国沙皇兼任。此时，波兰已彻底沦为俄国的殖民地。不久，俄国政府又宣布波兰为罗曼诺夫家族的私产。第二，奥地利继续享有中欧工业最发达的西里西亚，普鲁士则获得但泽、波兹南、威斯特伐利亚的一部分，以及原属瑞典的波美拉尼亚。第三，在克拉科夫一带大约 1000 平方公里的土地上将新建一个共和国，受俄、普、奥三国共同"保护"。第四，作为对俄国和普鲁士的补偿，将比萨拉比亚和芬兰划归俄国，将萨克森公国北部约四成的土地划归普鲁士。此外，普鲁士还将获得莱茵地区和易北河沿岸的一些军事要塞，使其疆界扩大到波罗的海南岸和莱茵河左岸。总的来看，这些妥协满足了俄国和普鲁士的大部分要求，同时也保障了奥地利的基本利益，维持了英国所希望的大陆均势局面。

随着最为棘手的波兰和萨克森问题的解决，四大战胜国开始把注意力放到最后条约的制定上。在制定条约过程中，列强间还是分歧不断、矛盾连连。俄国沙皇亚历山大一世不希望缔结最后议定书，而是主张由各有关国家签订地区性或局部性的协定，这样俄国就可以摆脱英国的牵制，实现自己的扩张野心。但是，英国坚持制定最后议定书，不让俄国的谋划得逞，而且梅特涅也支持英国的立场，沙皇只好作罢。就在协议即将达成之际，

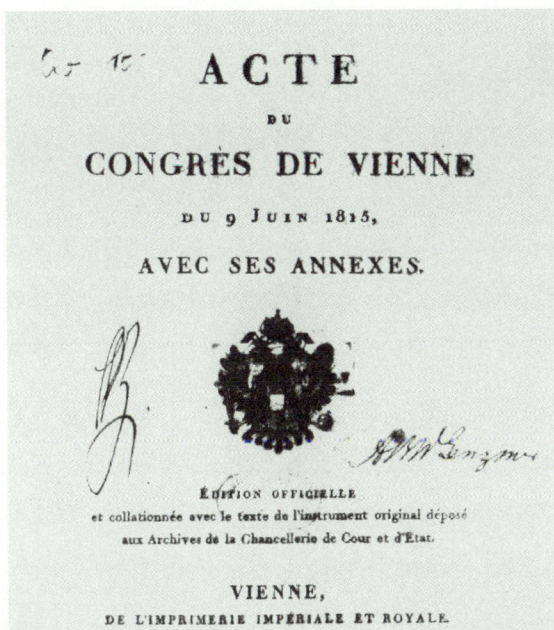

1815 年 6 月 9 日，签订的《最后议定书》，恢复了欧洲的旧秩序，重新划分了各国的势力范围，也就意味着欧洲重新恢复了昔日的均势局面，因而是近代国际关系史上一份重要法律文件。

拿破仑竟然重登帝位，惊恐万分的欧洲列强迅速做出反应，组成了第七次反法同盟。由于英国惠灵顿公爵富有战争经验，而且指挥得当，前方的战事并未影响会议进程。1815 年 6 月，维也纳会议总秘书长根茨将《最后议定书》分发给各国代表正式签署，维也纳会议随之落下帷幕。

拿破仑战争结束后，克拉科夫自由市作为波兰的一个城市国家，曾短暂地存在过，为奥地利、普鲁士和俄罗斯三国所控制。这是波兰历史上第一个纯粹的共和制国家（1815—1846 年），后并入奥地利帝国，成为克拉科夫大公国。图为克拉科夫代表接受克拉科夫为自由市的法案。

知识链接：华沙大公国

法国皇帝拿破仑扶植起来的波兰人国家。1807 年，普鲁士在耶拿之战中惨败，法国为了削弱普鲁士和牵制俄国，强迫普鲁士让出之前瓜分的波兰领土，建立华沙大公国，又把奥地利占领的加里西亚，交给华沙大公国。拿破仑在德累斯顿签署华沙大公国宪法，规定萨克森国王弗里德里希兼任大公，照搬法兰西第一帝国的《拿破仑法典》和《政教协议》，建立资产阶级的统治，解放被压迫的波兰民族。1809 年，普鲁士和奥地利组建第五次反法同盟，再次失败后，法、奥签订《申布伦条约》，规定奥地利将克拉科夫和加里西亚割让给华沙大公国。1812 年，公国派军队随拿破仑远征俄国。

《最后议定书》的主要内容

《最后议定书》包括 121 项条款，主要体现了正统、均势和补偿的原则，涵盖以下几点内容：

第一，恢复欧洲诸封建王朝的统治。那不勒

斯、西班牙和法国的波旁王朝，意大利和德意志各邦的封建王朝，以及葡萄牙的布拉冈扎王朝，均一一实现了复辟，就连罗马教皇也恢复了教皇国的统治。《最后议定书》没有使法国受到过分的削弱，而是决定其疆界恢复到1792年的状态。

第二，承认早先针对波兰和萨克森问题达成的四国协定，以法律形式明确各国所占领土。在此基础上，将一部分领土做了新的划分：普鲁士占有原属荷兰的马尔梅迪和欧旁；奥地利占有提罗尔、萨尔斯堡、意大利的威尼斯和伦巴第以及达尔马提亚的沿海地带；英国从荷兰、法国和西班牙手中获得大量的海外殖民地，包括锡兰、塞舌尔、圣卢西亚、马耳他、特立尼达和多巴哥以及圭亚那的一部分，对爱奥尼亚群岛享有永久保护权，对印度洋和大西洋以及欧、亚、非各航道上的战略据点，如毛里求斯岛、赫耳果兰岛和西印度群岛上的一些岛屿，享有永久使用权。英国是维也纳会议的大赢家，它获得这些新的殖民地，控制了通往东方的战略要地，进一步巩固了大英帝国的殖民霸权。

第三，建立防卫法国的战争缓冲区域，宣布瑞士为永久中立国，将原本由法国管辖的奥属尼德兰与荷兰合并

瓦莱塔是地中海岛国马耳他首都。1565年，在马耳他大围攻之中，统治马耳他的医院骑士团击退奥斯曼帝国的侵袭。为防止敌人再度来袭，骑士团决定兴建一个坚固的要塞，由总团长瓦莱特为瓦莱塔城奠基，并予以命名。

为尼德兰王国，作为防范法国东山再起的北部屏障，卢森堡也归尼德兰王国兼治。同时，限制法国的军事力量，要求法国将其东北部边境的17个要塞和城堡交由反法同盟军占领3—5年，军费由法国承担；法国必须赔款7亿法郎，并且交出军舰。

第四，在德意志设立法兰克福、不来梅、吕贝克和汉堡四个自由市，建立由34个邦组成的德意志邦联，由奥地利作为主席来主持邦联会议。由于

伯尔尼是瑞士的联邦政府所在地，仅次于苏黎世、日内瓦和巴塞尔的第四大城市。它位于莱茵河支流阿勒河两岸，其旧城区现今已成为联合国教科文组织认定的世界文化遗产。阿勒河发源于阿尔卑斯山，在德国境内注入莱茵河。

各邦享有独立主权，邦联会议本身不具备中央政府的地位和权力，所以德意志邦联是一个松散的政治联盟。意大利同样如此，撒丁王国除了收回曾被法国吞并的萨伏依和尼斯外，还兼并了热那亚，意大利的其余地方则被奥地利取得。帕尔马给奥地利女大公玛丽·路易莎作为终身领地，卢卡给西班牙公主，托斯坎纳和摩德纳分别划为奥地利斐迪南大公和德埃斯特大公的世袭领地。德意志和意大利继续维持分裂状态，这符合梅特涅的意愿，符合奥地利的利益。

第五，重新分配北欧地区，挪威脱离丹麦并入瑞典，作为对瑞典失去芬兰的补偿，丹麦则获得荷尔斯泰因和石勒苏益格两公国。

《最后议定书》重新恢复欧洲封建割据的均势局面，完全暴露了列强置各国人民的利益于不顾的倒行逆施。大国为了一己私利，不惜牺牲小国，这对于会议一开始就标榜平等的做法，具有极大的讽

知识链接：德意志邦联

根据维也纳会议《最后议定书》，1815年在德意志境内成立、以奥地利帝国代表为主席的松散政治联盟，目的是团结神圣罗马帝国灭亡后余下的德意志诸邦。组织十分松散，各邦拥有完全的主权。设有议会，由奥地利首相梅特涅领导，定期在法兰克福举行会议。事实上，哈布斯堡家族的统治者操控邦联大权。1866年，普奥战争以普鲁士的胜利而结束，德意志邦联瓦解。以普鲁士为主导的北德意志邦联成立，不包括奥地利，但增加了石勒苏益格和荷尔斯泰因。1871年1月，普鲁士国王威廉一世在凡尔赛宫镜厅加冕，称德意志皇帝，德意志第二帝国正式建立，受普鲁士的霍亨索伦家族统治。除荷兰的林堡、卢森堡、列支敦士登之外，第二帝国继承了普鲁士的几乎所有领土。

刺意味。可以说，维也纳会议完全是一次欧洲列强分赃的会议，是大国欺凌小国的闹剧。会议通过重新划分欧洲政治版图的办法，首开近代强权政治之恶例。从此，大国主宰世界局势和小国命运，似乎成为西方主宰国际会议的惯例。

第42—43页：维也纳会议

1814年9月至1815年6月，由奥地利外交大臣梅特涅主持的维也纳会议，重新划分了欧洲各国的政治版图和势力范围。与会者主要有俄国沙皇亚历山大一世、奥地利皇帝弗朗茨一世、普鲁士国王腓特烈·威廉三世、英国外交大臣卡斯尔雷子爵和法国外交大臣塔列朗。会中欧洲各国代表透过谈判协商达成多项协议，现代许多外交原则即源于此。这是欧洲历史上空前盛大的一次外交集会。

功过之问
塔列朗的正统主义

是正统还是"反动"?
不过是民族主义浪潮中激起的浪花。

正统主义,作为维也纳会议的基本原则之一,是由法国外交代表塔列朗在处理法国战败问题时提出来的。虽然它的精神有违历史潮流,但在当时,塔列朗想到的只是最大限度地保障法兰西民族的利益,而事实上,正是这个原则为法国赢得了重大的外交胜利。

政治上的变色龙

塔列朗(Talleyrand,1754—1838年)出身于一个贵族家庭,因父母忙于社交应酬,小时候被寄养在奶妈家里,或住在寄宿学校,缺少父母应给予的关爱。中学毕业后,他进入圣苏尔皮斯神学院学习,毕业后担任圣苏尔修道院院长一职。法国大革命前夕,年仅34岁的塔列朗迎来人生的第一个巅峰,被路易十六任命为奥顿区主教。可是,轰轰烈烈的大革命以迅雷不及掩耳之势席卷全国,他不仅嗅到了由大革命带来的浓烈火药味儿,也看到了波旁王朝被大革命的洪流冲得体无完肤。在剧烈的社会变动面前,他迅速转向,投靠了革命阵营。他凭借出色的交际能力和显赫的上流身份,很快在制宪会议内谋得席位。由于外国反动势力的联合围剿以及革命本身变得越来越激进,专制君主路易十六被送上了断头台。雅各宾派恐怖时期,塔列朗当年建议法王出逃的信件在杜伊勒里宫被发现,他不得不暂避风头,流亡国外。

塔列朗是法国政坛的不倒翁,曾连任六届政府外长,并出任总理大臣;也是政治嗅觉灵敏的外交奇才,战败国的强势谈判代表。人们对其评价褒贬不一,或为热忱的"爱国者",或为危险的"阴谋家"和"叛变者"。

1794年7月,大资产阶级借助于热月政变,控制了政府,处决了罗伯斯庇尔等人。正当革命浪潮开始回落之际,身在美国的塔列朗敏锐地意识到,法国需要的不是软弱无能的督政府,而是强有力的军事独裁者,年轻的拿破仑将军必将因战功显赫而主宰法国的未来。于是,他想方设法向这颗前程无量的政治新星靠拢。1797年夏,他被督政府任命为外交大臣。在未来的十年,塔列朗迎来了人生的第二个巅峰。

作为外长、首相和大革命时期的外交天才,塔列朗以坚持正统主义原则而著称。他老谋深算、圆滑机警,有着灵敏的嗅觉、冷静的理智和超乎常人的洞察力,"不管是多么扑朔迷离的形势,他都能如闪电一般迅速深入事态的核心"。

话说世界

拉法耶特侯爵（1757—1834 年）是法国著名的政治家和军事家，一生致力于自由与民族奋斗事业，曾投身美国独立战争和法国大革命，晚年还参与 1830 年法国七月革命，被誉为"两个世界的英雄"。

神圣原则下的交易

处理法国一部分海外殖民地的归属，是维也纳会议的中心议题之一。在写给四国代表的信中，塔列朗说道："我什么也不奢望，但是，我给你们带来了极其重要的东西——神圣的正统主义原则。"他周旋于诸大国间，巧妙地利用它们的矛盾，一定程度上改变了法国作为战败国的不利处境。他意识到法国绝不能指望在维也纳会议上得到任何领土，它只要能保住 1814 年第一次《巴黎和约》中规定的那些领土，就能将惩罚降至最低的限度。为此，他提出"神圣的正统主义原则"，要求恢复各国原有的封建秩序，使法国大革命和拿破仑帝国推翻的各国正统王朝实现复辟。同时要求恢复各国原有的疆界，使欧洲的领土范围恢复到 1792 年以前的状况。

塔列朗提出的正统主义，很快就成为维也纳会议所奉行的基本原则之一。按照这个原则，许多国家恢复了封建秩序。

知识链接：第一次《巴黎和约》

1814 年法国与第六次反法同盟签订的和约。法国在对第六次反法同盟战败后，普鲁士和俄国军队攻陷巴黎，迫使拿破仑承认失败并退位。在英国的支持下，俄国亚历山大一世要求波旁王朝重新成为法国的正统王朝和合法政府，由路易十八即位，实行君主立宪制。和约的主要内容有：法国保持 1792 年的疆界；法国承认意大利诸邦、德意志诸邦、荷兰和瑞士的独立；英国交还法国一部分殖民地，但继续拥有马耳他等海外据点；法国不需要支付赔偿；拿破仑可保留皇帝称号，但必须流放至厄尔巴岛。

漫画"六面人"，表明法国政坛不倒翁塔列朗在六个不同政权中的作用，暗指其突出的性格特征：路易十六的奥登主教、大革命的国民公会成员、督政府的外交部部长、执政府和拿破仑的外交大臣，以及复辟王朝的首相。

危机四伏
维也纳体系下的欧洲

神圣光环下的原则和体系，
为后来的战争埋下复仇的种子。

维也纳会议签署的《最后议定书》，是诸列强维护欧洲封建旧秩序的宣言书，它们以此为基础建立的神圣同盟和四国同盟，到处镇压各地发生的民族民主运动。尽管如此，革命的洪流已无法阻挡，欧洲大陆将再次掀起更大声势的风暴。

神圣同盟和四国同盟

拿破仑"百日政变"失败以后，反法同盟于1815年11月同法国签订第二次《巴黎和约》，其中所提出的要求比第一次《巴黎和约》苛刻得多。尽管如此，法国依然未受到过分削弱，欧洲基本上保持了均势格局。不过，《最后议定书》和第二次《巴黎和约》使得欧洲大陆的封建势力得以卷土重来。为了防止人民革命的再度爆发和稳固封建"旧秩序"，在俄国沙皇亚历山大一世的推动下，俄、普、奥三国君主以君主专制主义和封建教权主义原则为基础，建立起一个基督教色彩浓厚的神圣同盟。随后英国也加入进来，形成了四国同盟。

拿破仑帝国瓦解后，1815年9月，由俄国、普鲁士和奥地利在巴黎建立神圣同盟。同年11月，经奥地利外相梅特涅提议，英国加入同盟，成为四国同盟。后来大多欧洲国家参与了这个政治同盟。

法国在付清赔款后，于1818年加入了四国同盟。神圣同盟和四国同盟这两大同盟的相继建立，巩固了维也纳体系下的欧洲封建秩序，而以下四个原则也保证了维也纳体系的基础：第一，正统主义下的封建君主专制制度；第二，德意志与意大利的分裂局面和奥地利在德意志的领导地位；第三，英国在欧洲大陆事务中的平衡作用；第四，俄国通过神圣同盟在欧洲大陆取得的相对优势。

客观上，维也纳体系是近代以来国际关系走向成熟的重要标志。近代以前，国际关系处于单一的、松散的和不稳定的状态，且多受地理、交通和社会发展水平等因素的制约。维也纳会议后，使得整个欧洲首次被涵盖在一个体系之内，这是

1821 年，皮埃蒙特起义领袖西尔维奥·佩利科和皮耶罗·马龙切利希望在萨伏依王朝领导下实现意大利统一。起义者采用三色旗作为独立旗帜。摄政王查尔斯·艾伯特先是颁布新宪法，随后请求神圣同盟帮助镇压革命。图为两位起义领袖遭到逮捕。

社会整体进步的表现。上述的两大同盟有一个共同目的，就是巩固维也纳会议所确立的欧洲国际体系和镇压一切革命运动。但是，历史前进的步伐是不可阻挡的。到 19 世纪二三十年代，西班牙、意大利、希腊、俄国、法国及比利时等地相继发生争民主、求独立的进步运动，沉重打击了各国的封建势力，两个同盟及维也纳体系逐渐走向解体。

19 世纪初的革命浪潮

19 世纪初，西班牙成为革命浪潮的发源地。波旁王朝在西班牙复辟以后，变本加厉地压迫西班牙人民，终于导致 1820 年西班牙革命的发生。在西班牙革命的影响下，意大利的撒丁王国和那不勒斯王国也相继爆发革命。1825 年年底，正当俄国充当欧洲宪兵、到处镇压革命之际，十二月党人在圣彼得堡发动起义。他们由一批青年贵族军官组成，深受"俄国文学之父"普希金和百科全书式学者罗蒙诺索夫等人和法国启蒙思想家的影响，决心

在俄国建立君主立宪制。在 1812 年的俄法战争中，他们开阔了眼界，并清醒地认识到俄国农奴制的腐朽性。回国之后，他们建立秘密团体，制定斗争纲领——"俄罗斯真理"，并准备发动军事政变，以迫使沙皇废除封建农奴制。可惜，起义总指挥临阵脱逃，贻误时机，导致起义被镇压。

总的来看，维也纳体系下的欧洲多次发生革命，基本上无一成功。尽管如此，各地的革命洪流依然无法阻挡。1830 年 7 月，法国的七月革命推翻了波旁王朝，建立起代表金融资产阶级利益的七月王朝（1830—1848 年）。在七月革命的影响下，比利时也爆发了革命。1831 年，比利时召开议会宣布独立，俄国准备出兵干涉，却受到了波兰民族起义的牵制。自维也纳会议以来，波兰一直受到俄国的压迫，波兰士兵忍无可忍，于是发动了争取民族独立的起义。如此看来，各地的革命运动愈演愈烈，冲击着维也纳体系，瓦解了神圣同盟和四国同盟，预示着更大的革命风暴即将到来。

风雷激荡：1848 年欧洲革命

1848 年对于欧洲来说，是具有重大历史意义的一年。1847 年，欧洲发生了自然灾害和经济危机，许多地方因粮食短缺而出现饥荒，工厂大量倒闭，工人失业情况严重。这就使得各国的国内矛盾进一步加剧，革命形势迅速成熟起来。1848 年欧洲革命的主要任务，就是要扫除障碍资本主义经济进一步发展的残余，确立起资产阶级的政治统治。1848 年 1 月，意大利西西里岛的首府巴勒莫首先爆发起义，揭开了 1848 年欧洲革命的序幕。紧接着，法国二月革命中诞生了法兰西第二共和国；3 月，柏林和维也纳也相继爆发起义，并建立由资产阶级自由派主导的君主立宪政府。在法国和德意志革命的推动下，波希米亚和匈牙利掀起了波涛汹涌的民族独立运动；而巴黎的六月起义，更将 1848 年欧洲革命推向了高潮。除沙皇俄国以外，整个欧洲大陆的革命形势风起云涌，人民运动波澜壮阔。不过，由于封建反动势力的联合绞杀和资产阶级力量的薄弱，欧洲大陆上掀起的一系列革命运动，均以失败而告终。

革命肇始
意大利
巴勒莫起义

对于意大利来说，革命是统一的肇始。

1848 年 1 月，意大利西西里岛首府巴勒莫人民首举义旗，揭开了 1848 年欧洲革命的序幕。西西里岛起义是欧洲民族主义和自由主义相结合的典范，虽然它以失败而告终，但它不仅揭开了 1848 年意大利革命的序幕，而且鼓舞了社会各阶层、各阶级和各政党参加革命的斗志。

分裂的历史与现实

从 476 年西罗马帝国灭亡，到 19 世纪 40 年代，在这一千多年的漫长岁月中，意大利半岛不仅始终没有形成一个统一的政治实体，而且长期处于异族的奴役之下。近代以来，意大利分裂的局面更趋严峻，远没有形成像法国和英国那样政治上独立的民族国家。造成这种状况的原因错综复杂，主

意大利城邦威尼斯、热那亚、比萨和阿马尔菲的海军旗帜。

西西里独立革命发生在整个西欧充满革命和民众反抗的 1848 年。图为巴勒莫起义。

要可以归结为：第一，教廷驻跸罗马，教皇建立了"国中之国"。中世纪时期，意大利诸侯林立，教皇国不仅无力统一意大利，而且阻挠着这种统一。罗马教皇甚至认为，意大利的统一有损其宗教权威，故而竭力阻止任何一位君主来统一意大利。第二，中世纪意大利半岛出现了一批城市共和国，如威尼斯、热那亚和佛罗伦萨等，它们均以商业立国，像威尼斯还一度称霸地中海，但彼此间矛盾重重，谁都不乐见半岛走向统一。第三，意大利经济上虽然富裕，但由于不存在强有力的中央集权，它先后成为诺曼人、阿拉伯人、德意志人、法兰西人和西班牙人觊觎的对象，并成为各国角逐势力的竞技场，这大大阻碍了意大利的统一。第四，维也纳会议

19 世纪萨伏依王朝的纹章。

后，意大利半岛再次遭到列强的瓜分：奥地利的哈布斯堡家族控制了意大利的北部和中部，西班牙的波旁王朝统治着意大利南部的两西西里王国。

1848 年革命的枪声

意大利革命的首要任务，就是驱逐外来的奥地利和西班牙势力，结束国内政治上的分裂状态，推翻落后的封建专制制度，建立起独立、统一和民主的国家。19 世纪 30 年代，随着资本主义的发展，要求摆脱外国统治、实现民族独立和国家统一的爱国运动，在意大利各地迅速发展起来。意大利革命家马志尼创建的青年意大利党领导了民族解放运动，激发了意大利人的斗争热情，从而为 1848 年革命创造了有利的客观条件。1847 年，欧洲农业普遍歉收，意大利所受的灾害更为严重，这样就促进了革命形势的成熟。1848 年 1 月，西西里岛首府巴勒莫爆发人民武装起义，打响了 1848 意大利革命的第一枪。

巴勒莫起义爆发后，经过激烈的战斗，西西里岛成立了由资产阶级自由派主导的临时政府。受巴勒莫起义胜利的鼓舞，那不勒斯民众举行大规模的游行示威，要求两西西里国王斐迪南二世颁布宪法，同意由自由派组成政府，管理国家。在巴勒莫

起义的推动下，撒丁王国、托斯卡纳公国和教皇国也相继爆发革命，三国元首慑于革命的威力，纷纷宣布实行两西西里宪法，并批准资产阶级自由派的组阁权。在奥地利直接统治下的威尼斯和伦巴第，革命武装在与奥军血战四天之后，终于赶走侵略者，建立了以青年意大利党创始人曼宁为首的临时委员会。起义沉重地打击了哈布斯堡王朝的反动统治，具有全欧意义。

撒丁王国查理·阿尔伯特派使者到意大利北部游说，宣称只有在自己的领导下建立联合王国，才能将奥地利人彻底赶出意大利。不久，伦巴第与撒丁合并；紧接着，威尼斯、帕尔马和摩德纳也陆续并入撒丁王国，这些举动都为撒丁王国将来领导和统一意大利做了准备。

然而不幸的是，6 月，奥地利集结大批军队，加紧对意大利革命进行镇压，撒丁军队在战场上接连失利，革命形势转入低潮。8 月，米兰沦陷，撒丁王国不得不与奥地利签署停战协议，同意割让威尼斯、伦巴第、帕尔马和摩德纳等地。意大利北部重新被置于奥地利的统治之下。1849 年 7 月，法兰西第二共和国总统路易-拿破仑·波拿巴派法军攻占罗马，教皇国政权借机死灰复燃。一个月后，奥军重新占领威尼斯。

浪漫激情
二月革命与
法兰西第二
共和国

新旧势力的交锋，
激荡在法兰西的上空。

1830 年七月革命以后，奥尔良家族的七月王朝确立起对法国的统治地位，朝政操纵在由银行家、交易所经纪人为代表的金融贵族和由铁路大王、大矿主、大森林主、大地主构成的大资产阶级手里。奥尔良公爵路易·菲利普出身于大金融资本家，拥有很多地产和企业，还直接参与金融投机活动。他依靠资产阶级的支持，登上法国王位，建立七月王朝，又称奥尔良王朝。

4000 万人口，其中有选举权的公民只占总人口的 1/200，农民、工人和小资产阶级甚至部分工业资产阶级都被剥夺了选举权。而政府每年从农民和工人身上榨取的苛捐杂税多达 6 亿法郎，占整个国家收入的一半以上。在 2000 万农民中，有 400 万人完全失去土地，500 万人几近破产。这一时期，法国的工业革命虽在进行，可是进展乏力，其发展水

旧制度的延续

拿破仑战争结束后，法国的政治局势一直不稳定，复辟的波旁王朝和代表金融贵族利益的七月王朝相继执政，都没能使法国在工业革命的浪潮中扬帆启航，反而社会矛盾日益激化，人们要求建立共和国的呼声也越来越强烈。

七月王朝时期，法国的金融贵族和大资产阶级共同垄断了政府职位，国家大事也交由经纪人和银行家来处理。七月王朝对选举权设定了财产资格限制，公民必须缴纳 200 法郎以上直接税者才有选举权，缴纳 500 法郎以上直接税者拥有被选举权。当时法国有

路易·菲利普（Louis Philippe I，1773—1850 年）是法国七月王朝最后一任"平民国王"。在极端君主派和社会党人及其他共和党人之间，他取中间路线，以巩固自己的权力。图为路易·菲利普到达革命现场。

梯也尔是法国著名的政治家、历史学家和新闻记者，奥尔良党人。1830 年，他和米涅、卡雷尔共同创办进步的《国民报》。因宣扬英国式立宪议会制，鼓动报界抗议限制出版自由的七月敕令，该报遭到警察查封。

平与英国的差距越拉越大。

1832—1837 年，奥尔良党人弗朗索瓦·基佐担任七月王朝政府教育大臣；1840 年后，他出任外交大臣，后于 1847 年任职首相。在同复辟的波旁王朝的斗争中，他认为工业资产阶级只有同金融贵族决裂，才能瓦解法国的封建制度。可这位君主立宪派首领上台以后，却一改之前的态度，变得极端保守。在基佐当政期间，法国经历了自维也纳会议以来最腐败的时期，而他竟然认为七月王朝的制度是最好的、最适合法国的制度，改革和革命只会给法国带来火难。为此，他残酷地镇压“二月革命”，极力维护金融贵族阶级的利益。他还主张法国与英国结盟，推行对外扩张政策。七月王朝的统治，招致越来越多的反抗，人们纷纷要求国王罢免基佐的首相职务，进行社会改革。

二月革命风暴

在与七月王朝的斗争中，涌现出许多政治组织。秩序党人奥迪隆·巴罗和奥尔良党人梯也尔（Adol-phe Thiers，1797—1877 年）作为典型的保

王党人，建立了王朝反对派俱乐部。他们不希望废黜国王，但主张在保证财产资格限制的基础上扩大选举权，对议会实行有限的改革。但是，浪漫派抒情诗人拉马丁作为共和派代表，站在资产阶级的立场上，主张降低选举门槛，建立一个没有国王的共和国。左翼共和派代表赖德律·洛兰为小资产阶级说话，强烈要求进行广泛的社会改革，取消选举的财产资格限制，主张给予全体男性公民普选权。此外，还有一些工人阶级的秘密团体以及站在工人阶级立场上的小资产阶级社会主义者和空想社会主义者，如早期工人运动领袖布朗基建立的秘密革命团体四季社，还有蒲鲁东、路易·勃朗、埃蒂耶纳·卡贝和泰奥多·德萨米等，都提出了一些共产主义建设方案，尽管不科学、也不成熟，但客观上都推动了法国工人运动的发展。

1847 年底，许多政治团体活跃起来，社会各个阶层都出现了反对七月王朝的示威运动。王朝反对派俱乐部和共和派分子利用民众示威以及不断出

1830 年 8 月，法国资产阶级自由派公布新“宪章”，规定众议院议员须由普选产生，但必须支付 500 法郎捐款，议员任期五年。宪章派与保守派在众议院的斗争，构成七月王朝政治生活的主题。图为七月王朝的众议院。

观的骚乱事件，以举行宴会为名，进行大规模的政治集会，争取改革选举制度。这就是所谓的"宴会运动"。但是，七月王朝顽固拒绝共和派提出的降低选举财产资格限制的要求，基佐曾扬言："要想得到选举权，就请先生们发财吧。"1848年1月，王朝反对派俱乐部和共和派准备联合在巴黎举行一场由全体议员参加的宴会，由于消息走漏，结果遭到政府的查禁。"宴会"遂改期到2月举行，却再次遭破坏。然而，这次事件成为1848年二月革命的导火索。在政府的威逼利诱下，宴会运动领导者放弃了原先计划。但是，巴黎的市民、学生和工人却不肯妥协，他们斗志昂扬，高呼"打倒基佐""改革万岁"。随着越来越多的民众加入到游行示威中来，而且国民自卫军采取了暧昧态度，路易·菲利普感到十分惊慌，连夜答应民众的部分要求，罢免基佐，实行改革。王朝反对派俱乐部认为他们的目标已经达到，准备与政府妥协，但巴黎民众们则吸取此前教训，决心推翻七月王朝，建立共和国。士兵和民众的冲突导致流血事件，事态陡然升级。民众将口号改为"推翻路易·菲利普""共和国万岁"，并组织武装对各政府机关发起猛烈冲击。这时候，国民自卫军已完全站在巴黎人民一边，国王见大势已去，慌忙离开巴黎，群众攻占了杜伊勒里宫，将象征着君主制度的王室标志付之一炬。1848年法国二月革命取得了阶段性成功。

共和国的新生

起义胜利以后，法国成立了共和派主导下的临时政府。在11席临时政府成员中，共和派占7席，王朝反对派俱乐部占2席，还有工人阶级代表，国家社会主义的倡导者路易·勃朗和布朗基主义者阿尔方斯·拉马丁出任外交部部长，是临时政府中的实权人物。小资产阶级民主派领袖、政论家赖德律·洛兰担任内政部部长，他是临时政府的协调人。总的来说，临时政府包括了各方面的革命力量。

阿尔方斯·拉马丁（Alphonse Lamartine，1790—1869年）是法国杰出的社会活动家、职业政治家和浪漫派抒情诗人，主要作品有《新沉思集》《诗与宗教的和谐集》等。图为拉马丁在巴黎市政厅前发表演讲，拒绝接受红旗。

二月革命成功后，七月王朝崩溃，法国建立了法兰西第二共和国。这是法国史上存在时间最短的共和政体（1848 年 11 月至 1852 年 12 月）。图为法国版画，法兰西第二共和国标志。

1848 年 2 月 25 日，临时政府宣布实行共和，这就是法兰西历史上的第二共和国。虽然临时政府仅仅存续两个月时间，但它制定的一系列政策对维护社会稳定起了一定的积极作用。不过，法兰西第二共和国成立初期，财政极为困难，国库里只剩下 1 亿法郎。临时政府为缓解财政危机，决定规范银行业和金融秩序，宣布法兰西银行为唯一的货币准发机构，各区银行均属法兰西银行的分支；在增发适量货币的同时，改革国家税制，取消盐税、印花税和入市税等一批苛捐杂税，增收土地税、动产税和营业税，以适应经济发展的客观要求。此外，临时政府还进行了许多社会改革。当时巴黎的失业者达 20 万之众，大量的小资产者破产，市民阶层无力偿债，经济上陷入困境。为稳定社会秩序，临时政府决定延长商业性票据的兑现时间，缩短工人劳动时间至 10 小时，保证所有公民有工作机会，批准路易·勃朗主持的卢森堡委员会建立国家工厂以解决失业问题。

在短短的两个月时间里，临时政府推出了如此多的积极政策，实属不易，但它依然面临着诸多无法克服的矛盾。二月革命以暴力形式推翻了金融贵族的七月王朝，工业资产阶级根本不可能在朝夕之间就切实掌握国家的统治权。临时政府的建立，只是各方政治力量此消彼长的暂时反映，其统治基础

工业资产阶级在法国工业革命远未完成的情况下，在社会影响和经济实力上都不可能占据优势，因而难以长期执掌政权。实际上，法国最富有的阶层还是金融贵族，小生产者在整个国民经济结构中仍占支配地位，法国并没有真正进入工业资本主义的时代。因此，临时政府解散以后，国家的财政状况再度恶化，社会改革难以实行，激化的矛盾使得革命风暴又一次聚积起来。

法国二月革命是 1848 年欧洲革命重要组成部分。法国人民成功地把国王路易·菲利普驱赶下台，鼓舞了其他地区的革命，打击了拿破仑帝国瓦解后形成的神圣同盟和维也纳体系。图为二月革命中巴黎的街垒守卫者。

凤凰涅槃
巴黎六月起义与法兰西第二帝国

革命的风暴愈发猛烈，
历史将再度重演。

第二共和国没有给法国带来安定的政治局面，也没能使法国的工业革命有所进展。在社会剧烈动荡的紧急关头，历史选择了路易－拿破仑·波拿巴（Louis-Napoléon Bonaparte，1808—1873 年），即拿破仑一世的侄儿，拿破仑三世。事实证明，拿破仑三世作为曾经给法国人带来无数荣耀的皇帝拿破仑一世的侄儿和帝国事业的继承人，带领法国完成工业革命，提升了法国的经济竞争力，为法国赢得了荣誉。但是，拿破仑三世因贸然进行普法战争并导致失败，也为法兰西民族带来了耻辱，导致第二帝国瓦解。

巴黎六月起义

1848 年 5 月，法国临时政府解散。根据临时政府先前的决定，共和国宪法由普选产生的制宪会议制定，制宪会议任命五人组成一个行政委员会，作为共和国的行政机关。可是，行政委员会刚成立没几天，巴黎就爆发了民众示威。示威民众冲击了巴黎市政厅，市长慌忙调动军队镇压示威人群，逮捕布朗基等人，还关闭了许多政治俱乐部。在施政上，制宪

会议也明显保守起来，议员们污蔑巴黎工人是国家蛀虫，宣称只有保持工人的贫困才能维持国家的正常运转。行政委员会还强迫非巴黎出生的工人，到环境恶劣、霍乱流行的索伦地区去做工。面对政府的残酷压榨，愤怒的"国家工厂"工人放下工具，拿起武器，掀起了继二月革命之后规模最大的起义——六月起义。

1848 年，愤怒的"国家工厂"工人举行示威，巴黎六月起义爆发，最后遭到政府军队的镇压。马克思高度评价这次起义，称其为"无产阶级与资产阶级的第一次伟大战斗"。图为巴黎苏佛罗街垒场面（油画）。

拿破仑三世，法兰西第二共和国总统和第二帝国皇帝。在位期间，他对内稳步推进改革，法国完成工业革命，对外推行积极主动的外交政策，建立法兰西殖民帝国。

6月22日夜晚，有数千名巴黎工人走上街头，布朗基号召工人们不要妥协，武装起来与制宪会议进行抗争。第二天，起义民众在先贤祠和巴士底举行大规模集会，决定扩大起义规模。巴黎周边的圣安东区民众也响应起义，绝大多数原"国家工厂"的工人都参加了起义，起义总人数猛增至6万人，他们提出的"自由，或死亡""民主与共和万岁"等口号，充分反映了工人阶级武装起义的进步性和革命性。可是，起义只进行了一周，就被政府军队和别动队镇压下去，有过半的起义者或牺牲，或被捕。

巴黎六月起义失败后，行政委员会中的共和派变得十分反动，制宪会议任命前阿尔及利亚总督、军政部长卡芬雅克为行政委员会主席，由他组成右翼共和派政府，原内政部长赖德律·洛兰等人被挤出行政委员会，而两名奥尔良家族的保王派分子却被吸纳其中，并担任要职。行政委员会对原先支持二月革命的国民自卫军进行清洗，恢复原来的工人工作时长，限制办报和言论自由等。显然，这一系列保守政策严重背离了二月革命以来的民主潮流。当然，混乱的局势还是暂时稳定了下来。

人民渴望秩序

右翼共和派政府成立后，制宪议会加快了宪

知识链接：《法兰西第二共和国宪法》

1848 年法国制宪议会制定通过。它代表共和派的利益，并确立了立法和行政分立原则。主要内容：第一，法国是统一和民主的共和国，家庭、劳动、财产私有和公共秩序构成共和国的基础；第二，立法权属于由普选产生的一院制议会，议会共有 750 名议员，每三年改选一次；第三，行政权属于由普选产生的总统，总统任期四年，以一次为限，不可连任。总统有权任命政府部长和内阁成员，但须得到立法议会的批准。总统可以领导军队，但军事指挥权属于立法议会，且总统不能延长和解散立法议会；第四，司法权属于高等宪法法院，法官虽由总统任命，但其身份独立，可宣布总统命令和立法议会法令违宪；第五，公民享有信仰、言论、集会和结社等自由，所有公民无论财产多寡，均可担任公职。

法制定工作。《法兰西第二共和国宪法》于1848年11月获得正式通过。此后，立即进行总统选举，参选者有拉马丁、卡芬雅克、赖德律·洛兰等人，最后路易-拿破仑·波拿巴得到的选票数超过其他参选人票数总和的一倍，以绝对优势当选第二共和国首任总统。

拿破仑帝国覆灭后，路易-拿破仑·波拿巴曾旅居瑞士。1832年，"罗马王"即拿破仑二世去世，他就以拿破仑侄儿的身份，成为拿破仑的法定继承人。他处处模仿伯父，极力想恢复昔日的拿破仑帝国，曾因两次组织暴动被当局逮捕，后逃往英国。1848年返回法国后，路易-拿破仑·波拿巴再次登上政治舞台。自二月革命以来，法国政局一直处于动荡状态，工业革命进展缓慢，社会秩序混乱，各阶层都盼望着能出现一位如同拿破仑皇帝一样的领导者，能力挽狂澜，带领法国走向兴盛。其间，虽然各种政治力量及其代表人物都曾进入过政治舞台的中心，但他们都没有能力领导法国。在这种复杂的社会背景下，人民只能把最后的希望寄托在政治强人拿破仑的侄子身上。而且，对于广大农民来说，他们对共和制度本没有好感，第二共和国的统治又给他们带来了更大的混乱，所以他们宁愿把选票投给曾给他们带来实际利益的好皇帝的侄子。当然，路易-拿破仑·波拿巴之所以能够站在法国政治舞台的中心，除了他本人的才能和托庇于其伯父的名声外，应当还有某种必然性在起作用。法国具有重农主义的传统，存在着大量的小生产者，而人民要求结束混乱、实现政治稳定的民族心理，吻合了法国的社会现实。这也是时代潮流。

这幅 1854 年的画作描绘了拿破仑三世参观巴黎卢浮宫的建造工作，他命令修建部分新建筑。

重建法兰西帝国

　　1848 年 12 月，路易-拿破仑·波拿巴正式

1861—1875 年建造的巴黎歌剧院，又称加尼叶歌剧院，是一座拥有 1979 个座位的新巴洛克式建筑。它与巴黎圣母院、卢浮宫以及圣心教堂齐名，被并称为巴黎的标志。图为巴黎歌剧院外景。

就任总统后，任命原王朝反对派俱乐部主席奥迪隆·巴罗组阁，任命保王派尚加尔涅为国民自卫军司令。在就职演说中，他借拿破仑的威名，表达了自己维护法兰西民族尊严、重塑国家形象和谋求人民福利的决心。

　　半年之后，立法议会选举结果揭晓，从立法议会的组成情况来看，公众的政治倾向已明显趋于保守；而秩序党人的得势也说明，共和国进入了保守政治时期。从 1849 年 6 月开始，立法议会接连颁布法令，要求取缔政治俱乐部，限制公共集会，禁止罢工。更为严重的是，1850 年 5 月，它还废除普选权，使政治民主倒退到二月革命前的水平。在这种极端保守的政治氛围下，法国又复苏了君主制的阴魂。此时，秩序党人控制的报纸不断刊登废除共和制、恢复君主制的文章，这些舆论来自秩序党中的奥尔良派，而与路易-拿破仑·波拿巴自己当皇帝的想法背道而驰。

　　恰在此时，政治上失意的共和派为东山再起，决定与总统联合。路易-拿破仑·波拿巴利用共和派

的归附，增加了自己的政治资本。非但如此，当初依靠秩序党登上总统宝座的路易-拿破仑·波拿巴，现在准备甩开秩序党，独揽大权。于是，他解散了存在不到一年时间的巴罗内阁，任命自己的亲信、金融大亨富尔德重新组阁。由于新阁员多是总统的私人密友，这个内阁获得了爱丽舍宫党的称呼。为了得到军队的支持，路易-拿破仑·波拿巴不断检阅军队，还提高军人的工资；为了赢得工人的好感，他赦免了许多参加六月起义的工人群众，并给他们低息贷款；为了控制舆论，他指使其支持者创办《拿破仑报》，也吸引了大量的读者。这样，内阁、军队、工人和舆论都站到了总统一边，秩序党完全被孤立了。1851 年 1 月，路易-拿破仑·波拿巴解除秩序党人尚加尔涅的国民自卫军司令一职，表明总统和秩序党人的矛盾已达到无法调和的地步。结果，立法议会中的秩序党发生分裂，近 300 人退出该党，路易-拿破仑·波拿巴独揽大权的条件已经成熟。他加紧了政变准备，同时又向民众保证"将来你们会得到安宁"。1851 年 12 月 2 日，他发表告人民书，宣布解散立法议会，举行大选，制定新宪法。新宪法

拿破仑三世曾发表文章，力倡改革，意在帮助工人阶级"消灭贫困"。在 1848 年竞选活动中，此文得以广泛传阅。

规定，总统任期由四年改为十年，总统可以直接任命内阁成员，不需要对议会负责，司法权却要以总统的名义行使。这样，总统权力凌驾于各权力机关之上，已是事实上的皇帝。仅一年之后，经公民投票表决，法国恢复帝制，路易-拿破仑·波拿巴正式加冕，称拿破仑三世。正是在第二帝国时期，法国工业革命快速发展并最终完成，资本主义制度得以完全确立起来。

1848 年 12 月，路易-拿破仑·波拿巴当选为第二共和国总统。1851 年 12 月，他发动政变，解散议会，旋即修改宪法，延长总统任期。政变期间，德·阿隆维尔的骑兵在巴黎巡逻。图为政变中街头发生的屠杀。

保守政治家
弗朗索瓦·基佐

他是著作等身的历史学家，
亦是政坛常青树、不倒翁，
他的一生到底有什么传奇故事？

基佐是一位毁誉参半的法国保守主义政治家。他曾参与推翻旧制度的大革命，七月王朝末期担任政府首相，后被滚滚向前的历史潮流所淹没。不过作为巴黎大学教授，他给后人留下了一笔丰厚的史学遗产。

求学与从政

弗朗索瓦·基佐（François Pierre Guillaume Guizot，1787—1874 年）生于尼姆的一个新教胡格诺派家庭。父亲作为当地的一名律师，雅各宾派专政时期，被当作保王派送上了断头台。此后，基佐随母亲流亡日内瓦，并刻苦学习古典文化。离开日内瓦时，他已熟练地掌握了德文和英文，能阅读希腊语和拉丁文的著作。正是在瑞士期间，他接受了新教加尔文派的影响，养成了严谨的性格，并形成了将法国的理性启蒙思想与加尔文的神学主张相结合的世界观。

1806 年回到法国后，基佐以家庭教师的身份，寄宿在瑞士驻法公使家中。他本想借此机会研究法律，却在不经意间，将兴趣转移到了历史与政治领域，并经常在《记者报》上发表文章，针砭时弊。1812 年，基佐撰写的史学论文《评爱德华·吉本〈罗马帝国衰亡史〉》，引起了法国学术界的广泛注意。经教育大臣路易吉·丰塔内引荐，他来到巴黎大学执教，受聘为近代史教授。其间，基佐一心

弗朗索瓦·基佐是法国著名保守主义政治家和历史学家，1847—1848 年出任法国首相。二月革命爆发后，路易·菲利普的七月王朝被推翻，基佐也因此下台，专心于历史研究。

钻研学术，几乎与任何政治活动无涉。但他主张复辟波旁王朝，或赞成法国建立君主立宪制。所以闲暇时，他经常与同行们一起撰文，抨击拿破仑的统治政策。拿破仑帝国覆灭后，波旁王朝实现第一次复辟。基佐因受路易十八的赏识，被任命为内政秘书。百日政变发生后，他偷偷谒见外逃的波旁国王，劝导路易十八说，只有承认大革命的"八九年原则"，以自由主义政策治理国家，方能保持君主政体。滑铁卢之战后，他又受国王重用，出任司法秘书和内政督查。

查理十世（Charles X, 1757—1836 年）是法国波旁王朝复辟后第二位君主，路易十六的弟弟。他因热衷于天主教，推行反民主政策，招致人民普遍不满，终于引发1830 年七月革命。图为身着加冕长袍的查理十世。

进入了众议院。当时，众议院与极端保王派内阁关系紧张，基佐参与起草了《221 人宣言》，要求国王罢免波利尼亚克内阁。可是查理十世不像他哥哥路易十八那样处事圆滑、谨守中庸，他反而解散了

走中庸之道

　　1816 年，基佐发表著名的政论文《论法国现状与代议制政府》，提出法国应当效仿英国，建立君主立宪政体。他还提出了改革纲领，只不过路易十八未予采纳。1820 年，被免职的基佐重返巴黎大学任教。由于没有了政治压力，他感到一身轻松，可以把全部时间都投入到历史和政治问题的研究上，所以写出了许多影响后世的著作，如《代议制政府的起源》《1640 年英国革命史》《欧洲文明史》，批判贵族特权和专制主义，颂扬代议制度和立宪主义。这些著作记述了资产阶级与专制王权的曲折斗争，描绘了自由主义必将走向政治前台的美好愿景。

　　转眼之间，波旁王朝复辟后的第二位国王查理十世已登基六年，基佐再次卷入了政治斗争旋涡。1830 年 2 月，他参加区议员选举获胜，顺利

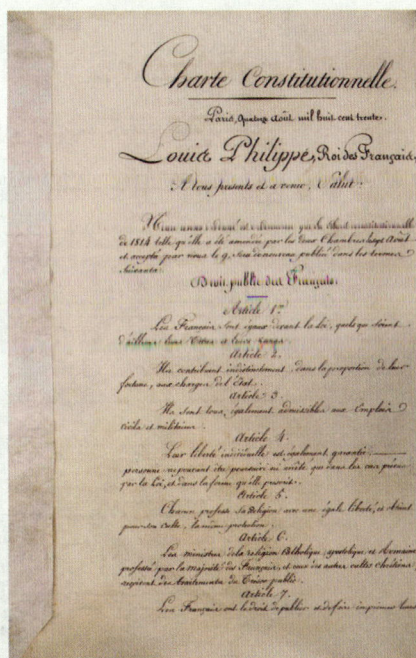

1830 年 8 月，法国公布的新"宪章"是立宪派与共和派相互妥协的产物。它淘汰世袭贵族而非贵族制度，使人头税减至 200 法郎；它取消天主教的国教地位，废除新闻检查制度，恢复大革命时期的三色旗。

议会。巴黎市民忍无可忍，27日那天，几千名工人和手工业者走上街头，与军警发生冲突，推翻了复辟王朝。这就是著名的七月革命。基佐虽然支持民众行动，但当革命走向高潮时，他又与旧贵族雅克·拉菲特等人极力限制革命，拥戴奥尔良家族的路易·菲利普登上国王宝座，建立七月王朝，实行大资产阶级与金融贵族的联合统治。

保守主义政治

像大多数自由主义者一样，基佐领导的空论派俱乐部认为，君主立宪制通过七月王朝已经确立起来，自由、平等、博爱的政治理念得到了贯彻，大革命的任务已经完成。这样，基佐参与了1830年宪法的制定，还加入了以国王路易·菲利普本人为首的抵抗派，反对修改宪法。在七月王朝统治的18年间，他一方面可谓是官运亨通，平步青云；另一方面则越来越保守，成为他自己曾经为之奋斗的民主制度的顽固敌人。

七月王朝建立，基佐出任内政大臣，两年后又任国民教育大臣。七月革命后，政治权力为奥尔良家族所攫取，但在短时间内，内阁首相频繁更换，政局动荡不安。1840年，基佐开始担任

外交大臣，同年秋，梯也尔内阁倒台，基佐受命组阁。此后八年，基佐是事实上的政府首脑，尽管他在1847年9月苏尔特退休之后才获首相头衔。

在掌权期间，基佐实行一种国王积极参与领导的内阁制。在内政方面，他认为，君主立宪制下的国王应享有和议会相当的权力，内阁应为国王所控制。这就与路易·菲利普的统治策略不谋而合，因而得到国王的信任。他还认为，要维持国家的现存秩序，政权就必须掌握在大资产阶级和金融贵族手中。19世纪三四十年代，法国面临的首要政治矛盾是涉及选举的财产资格限制问题。如1830年宪法规定，凡每年缴纳税款200法郎以上者享有选举权，缴纳税款500法郎以上者享有被选举权。在这种情况下，广大的工人、农民、小资产者，甚至还有工业资产阶级和自由主义贵族，都要求取消或减少财产资格限制，扩大选举权。但是，基佐采取集体贿选的办法，使议会中保守派议员始终占多数，从而顽固地坚持原有政策不变，并毫不留情地镇压工人罢工和共和派运动。在外交方面，他不惜代价地实现法英间的和平共处，采取妥协退让的办法，处理法英间的殖民地纠纷，终于使七月王朝时期的

1832—1837年，基佐出任七月王朝教育大臣时期，颁布国民教育法令，确立所有公民均可接受初等教育的原则，规定每个市镇都要办一所公共的初级学校，每个省都要办一所教师培训学校。此图反映了基佐颁布国民教育法令之前，老年教师无法控制吵闹的学生，学生吵闹造成课堂纪律涣散的状况。

法国赢得了有利的国际环境。

是非与功过

基佐是 19 世纪上半叶法国资产阶级保守派的典型代表，他在同封建贵族的斗争中走中庸路线，笃信英国式的政治模式，主张君主立宪和代议制民主。在反对拿破仑的专制政治和查理十世的王朝复辟中，他一直走在前面，坚持民主与自由。但到七月王朝时期，随着政治地位的变化和实际权力的增强，他的政治理念日趋保守，终于走向了民主制度的反面。统治前期，基佐得益于较为稳妥的内外政策，国内政局逐步稳定下来，工业革命有所进展。但是 1847 年以后，法国受欧洲资本主义经济危机影响，相继爆发农业危机和金融危机；政治氛围保守，政坛腐败严重；物价飞涨，民众生活水平下降。尽管如此，基佐政府依然不思改革，反而倒行逆施，终于被革命浪潮所淹没。1848 年 2 月，基佐内阁解散，巴黎民众奔走相告。

基佐是一位饱学之士，长于演说，善于论辩，经常能够主导议题，扭转形势。但是长期身居高位，他产生盲目自信，对政治形势的认识和把握难免不落后于时代。在他看来，七月革命中建立起来的所谓君主立宪政体已臻完善，统治秩序应是第一位的要务。然而，时代潮流是不断前行的，基佐的中庸与保守终被时代所淘汰。不过在回望基佐曲折的政治生涯时，不可忘记他对历史学所作出的贡献。政治生涯结束后，他来到英国，专心致力于历史研究，晚年写出了一批产生了重要影响的学术著作，诸如《英吉利共和国和克伦威尔时期历史》《克伦威尔的护国政府和斯图亚特王朝复辟史》《法国议会史》《为当代史提供的回忆录》《为我的孩子们讲述的法国史》等。作为一名历史学家，基佐还主张运用分析和批判的方法研

究历史，《1640 年英国革命史》就是这种写作方法的结晶。

1879 年基佐所著《法国史》中的石刻插图："诺曼人乘船到达法国"。

民族觉醒
柏林起义与 1848 年德国革命

革命将德意志统一的浪潮汇聚成一股洪流。

　　1848 年革命是一场欧洲范围内的民族、民主运动，席卷了几乎整个欧洲的每一个角落。在欧洲革命的大舞台上，向往统一和自由的德意志民族，也上演了一幕幕惊心动魄的历史剧。虽然德国统一之路并不平坦，但是为了实现民族统一和国家富强，德意志人所付出的努力是值得的。

民族裂痕加深

　　根据 1815 年维也纳会议的《最后议定书》，在神圣罗马帝国的废墟上，建立起一个包括 4 个自由市和 34 个邦在内的德意志邦联。这个邦联很特别，既不设中央政府，也没有武装力量，只有一个名不副实的邦联议会，而且加入其中的各邦，在外交和内政方面都是各自为政。邦联议会设在自由市法兰克福，由各邦派出两名代表组成，它只能召开象征性的会议，无权决定各邦事务。邦联议会主席由奥地利帝国首相担任，梅特涅则极力维护旧秩序，残酷镇压一切民主革命和民族独立运动。

　　19 世纪上半叶，德国资本主义经济加快了发展步伐。拿破仑战争期间，德意志大多数地区都曾被法国占领，这些地方由于拿破仑法典的强制推行，封建的农奴制度和行会制度都已崩溃；拿破仑构建的大陆封锁体系，客观上也推动了德意志民族工业的发展。在普鲁士邦，施泰因和哈登堡公爵相继推行自由主义改革，为德意志资本主义发展创造了良好的政治环境。1834 年，普鲁士领导的 18 个

美因河畔的法兰克福是德国黑森州第一大城市和欧盟的经济中心。794 年，它被授予神圣罗马帝国自由市地位。现今的法兰克福，有"美因河畔曼哈顿"之称，许多欧洲及跨国大型企业在此设立总部。

1834 年，由 38 个德意志邦联的邦国组成德意志关税同盟，倡导者是著名经济学家弗里德里希·李斯特。由于同盟不允许奥地利帝国加入，这令奥地利与普鲁士的竞争更为激烈。漫画《砍森林》为庆祝同盟成立而绘。

邦建成了德意志关税同盟。这是一个拥有 2400 万人口的经济共同体，它实现了对德意志地区内市场的整合。从 1834 年到 1848 年，该同盟的工业总产值增长了近一倍，从而加速了德意志的工业革命。19 世纪三四十年代，在这短短的十年间，普鲁士修建的铁路总长就达到 2400 多公里，拥有蒸汽机 1100 多台，首都柏林已发展成为一个工业城市。在易北河以东地区，出现了大量容克地主兴办的资本主义农场。

但是，德意志在政治上仍然四分五裂，各邦之间在经济上远没有形成统一的基础，不仅关卡林立，农村保留着较多的封建残余，而且在货币和税制上也不尽相同。毫无疑问，这种局面严重阻碍了工业革命的深入发展，德意志的整体经济水平远落在英、法等国的后面，也严重地制约着民族独立和国家统一。

柏林三月起义

19 世纪德国的首要任务是消灭封建割据，实现国家统一。1848 年，法国二月革命成功的消息犹如一声惊雷，在德意志上空炸响。2 月底，毗邻法国的巴登、黑森、符腾堡、巴伐利亚等西南部邦国首先爆发革命。在城市，市民反对专制政府，要求撤换内阁，制定自由主义宪法，实行君主立宪制；在乡村，农民捣毁容克农场，焚毁封建契约。在革命浪潮的冲击下，各邦的君主纷纷采取让步政策，罢免反动内阁，允许自由派贵族组织政府，实施了一些有利于资本主义发展的措施。

普鲁士是 1848 年德意志革命的中心。3 月 13 日至 16 日，普鲁士首府柏林的工人、市民和大学生在勃兰登堡门附近连续举行集会和示威游行，要求国王实行大赦，召开议会，制定新宪法。3 月 15 日，从奥地利传来了维也纳革命和梅特涅垮台的消息，柏林市民的革命情绪更加高涨，他们乘势包围王宫，要求国王命令军队撤离。但是，国王腓特烈·威廉四世并未应允，反而下令军队射击，被激怒的民众立即举行起义，同军队激战一天一夜。随着起义人数越来越多，军队已无力抵抗，腓特烈·威廉四世被迫宣布停战，勉强答应起义者的要求，下令军队撤出柏林，释放政治犯。3 月 29 日，

1848 年 3 月，柏林爆发起义。普鲁士国王腓特烈·威廉四世意识到，原先的改革已无法满足人民的要求，于是准备召开立宪会议，宣称将成立一个邦联制的德意志帝国。图为柏林起义爆发后，亚历山大广场设置的路障。

国王命令由自由派首领莱茵省大工厂主康普豪森和银行家汉塞曼组阁。

这个新政府是大资产阶级和容克地主妥协的产物，基本保持了旧政府的结构。康普豪森上台后，立即制定选举法。民众尤其是工人要求普选权，他们对选举法不满，酝酿准备新的示威。但是腓特烈·威廉四世利用这段喘息时间，加强了柏林的军事部署，重新控制了局势。在这种改革不彻底的情况下，新选出的议会开幕了。总的来说，资产阶级在议会中占据了优势。在400多名议员中，容克地主和大资产阶级议员占1/4，革命派议员也占1/4，剩下的一半则是中间派。腓特烈·威廉四世出席了议会开幕式，他强硬表态说新宪法必须经过国王批准。康普豪森参考法国七月王朝宪法，量身定制了保守色彩浓厚的普鲁士宪法草案，规定普鲁士实行君主立宪制，国王依然拥有很大的权力。这部宪法草案获得通过后，民众深表不满，又几次发

动起义，但均遭镇压，革命陷入低潮。

统一之路坎坷

柏林三月起义后，北德意志地区的各个邦国，基本都建立了资产阶级自由派政府，这就为德国的国家统一创造了条件。普鲁士提议，在德意志关税同盟基础上，各邦选出代表组成全德国民议会，制定统一宪法，推举全德意志皇帝。以解决德意志统一为名，5月18日，第一次全德国民议会在美因河畔的法兰克福召开。在近600名议员中，普鲁士代表占居多数，他们大多拥护君主立宪制。针对德

黑、红、金三色旗最早出现于19世纪早期。在1848年革命中，短命的法兰克福议会提议使用它，作为德意志邦联国旗。关于这三种颜色的意义，历史上有不同的解释，现在用以指代二战后的共和民主政体。

法兰克福议会是1848年革命期间成立的德意志邦联议会。受革命影响，普鲁士国王腓特烈·威廉四世承诺制定宪法与成立议会。5月，第一次全体会议在法兰克福圣保罗教堂召开，讨论的主要议题是民主政治和德国统一。

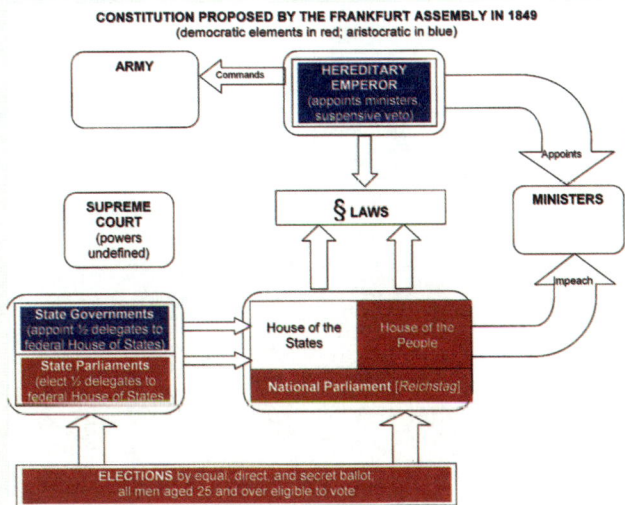

CONSTITUTION PROPOSED BY THE FRANKFURT ASSEMBLY IN 1849
(democratic elements in red; aristocratic in blue)

《法兰克福宪法》于1849年3月正式予以公布。由于腓特烈·威廉四世坚持君权神授，虽然这部宪法规定德国是君主立宪制国家，但它未获批准，最终宣告无效。图为《法兰克福宪法》确立的权力结构图，红色为民主成分，蓝色为贵族成分。

知识链接：《法兰克福宪法》

　　又称《德意志帝国宪法》《圣保罗教堂宪法》，为全德意志第一部宪法，1849 年 3 月 28 日由德意志国民议会通过。它规定德意志帝国是统一和自由的国家，实行君主立宪制，皇帝由各邦通过全德国民议会选出，不对议会负责并有权解散议会、搁置议会通过的法律草案，并统帅帝国军队；议会实行两院制，拥有立法权；帝国境内各邦在内政上保持一定程度的自治，可以拥有独立的议会和政府，外交权则收归帝国行使。这部宪法虽然较为保守，但它一定程度上反映了资产阶级追求民主的愿望，它所确立的统一原则和邦国关系，含有的关于公民基本自由的内容，均为德国后来的宪法提供了参考和范本。

意志统一问题，会上出现了两个派别，两种统一方案相持不下：一派主张由奥地利统一德意志者，称大德意志派；另一派主张由普鲁士统一德意志者，而将奥地利排除在外，称小德意志派。6 月 29 日，全德国民议会选举奥地利约翰大公爵为德意志帝国执政，组织帝国政府。但是，这个中央政府依旧有名无实，各邦君主仍然我行我素。

　　全德国民议会进行着冗长的宪法讨论，贻误了将革命继续深入的时机，因而被恩格斯称作"老太婆议会"。由于反动势力趁机卷土重来，各邦纷纷限制民众自由，解除民众武装，企图恢复三月起义前的旧秩序。随着维也纳十月起义的失败，普鲁士反动势力向革命发起了进攻。11 月 9 日，腓特烈·威廉四世发动政变，解散议会，命令勃兰登堡伯爵组阁，清洗资产阶级自由派，同时调遣五万军队进驻柏林。这样，普鲁士再次恢复君主专制统治。

　　封建反动势力的猖獗，没有影响全德国民议会的宪法讨论。1849 年 3 月，议会通过德意志第一部帝国宪法，即《法兰克福宪法》。这部宪法虽然保守色彩浓厚，但毕竟是全德意志第一部宪法，旨在消除封建割据，实现国家统一，因而有其进步意义。宪法通过以后，全德国民议会当即选举腓特烈·威廉四世为德意志帝国首任皇帝，但他否认议会的合法性，排斥自由主义宪法，拒绝接受皇冠。他这样做还有另一方面的考虑，就是担心接受这部宪法，会遭到沙俄、奥地利等敌视革命势力的干涉，甚至导致军事冲突。在德意志，其他各邦君主也和普鲁士国王一样，拒绝承认帝国宪法，并召回了自己的议员。这激起了民众的极大愤慨，全德掀起了护宪运动。同年 5 月，德意志西南各邦，如萨克森、巴伐利亚、普鲁士和巴登等，爆发了民众起义。剩下的议员迁到斯图加特，各邦在强力镇压起义后，乘势解散了全德国民议会。护宪运动的失败，标志着 1848 年德意志革命的终结。

宪政万岁
维也纳起义与1848年奥地利革命

千年帝国寿终正寝，这个音乐的国度踏上了革命的征程。

在拿破仑的压力下，1806年7月，16个神圣罗马帝国成员邦签署《莱茵邦联条约》，脱离帝国；8月，神圣罗马帝国末代皇帝弗朗茨二世被迫放弃皇帝尊号，仅保留奥地利帝号，神圣罗马帝国寿终正寝。在这片废墟上，又建立了一个民族成分复杂、封建落后的奥地利帝国。这预示着奥地利革命

> **知识链接：莱茵邦联**
>
> 1806年至1813年存在的德意志境内邦国结成的政治实体。由拿破仑在奥斯特里茨战役后所建，目的是取代被肢解的神圣罗马帝国，最初有16个邦国，版图在1808年达到最大，人口超过1500万。由于各邦有义务向拿破仑提供军队作战，它又是一个依附于法国的军事同盟。拿破仑在莱比锡战役中落败后，各邦为了自保，倒向反法同盟。1813年10月，邦联正式解体。

1570年，德国制图师和宇宙志学者塞巴斯蒂安·明斯特在巴塞尔出版的"欧罗巴女王"地图，象征着哈布斯堡家族控制下的欧洲。在这幅地图上，女王正站立在中央，伊比利亚在她的头顶，波希米亚则是她的心脏。

和德国统一都将是艰难而曲折的。

沉重的历史包袱

1848年革命前，奥地利是一个民族压迫沉重、封建统治顽固的专制国家，它的版图除了奥地利公国外，还包括哈布斯堡家族的世袭领地，如波希米亚王国、匈牙利王国、伦巴第、加里西亚和威尼西亚（威尼斯）等地区。帝国境内有20多个民族，占统治地位的是德意志民族，而波希米亚人、匈牙利人、意大利人、马尔扎人、斯洛伐克人、克罗地亚人和波兰人虽然在数量上是德意志人的好几

斐迪南一世（Ferdinand I，1793—1875 年）是奥地利帝国皇帝，因智力低，在位时并无实权，完全受首相梅特涅的摆布。退位以后，他搬到布拉格居住，全心全意地投入园艺，并形成收集盾牌和乐器演奏等嗜好。

仅织机就达到 10 万台之多，轻纺工业的迅速发展带动了以机器制造、冶炼金属和修建铁路为代表的重工业的进步。但是，专制制度和民族压迫严重阻碍了奥地利帝国的资本主义发展，普通民众生活艰难，资产阶级处于政治上无权地位，阶级对立和民族矛盾相当尖锐，国家已处于革命的前夜。推翻哈布斯堡王朝的专制统治，废除各项封建制度，争取自由和民主，建立各民族的独立国家，已成为摆在

倍，却处于被压迫、被奴役的状态。奥地利哈布斯堡王朝依靠大土地贵族和金融寡头统治这个庞大的帝国，首相梅特涅利用宪兵警察和特务机构监视民众，限制自由，扼杀民主，镇压革命，极力维护封建专制统治。同时，哈布斯堡王朝借帝国境内日益加剧的民族矛盾，残酷镇压民族解放运动。因此，奥地利帝国的资产阶级拥有争民主和反专制、求独立和反压迫的双重革命任务，局面复杂、斗争激烈。

19 世纪二三十年代，帝国工业化开始起步，工场手工业进一步发展，工人数量大大增加，首都维也纳已成为帝国的工业中心。到 1848 年革命前夕，国内有上百家纺织厂，最发达的波希米亚地区

19 世纪中叶，奥地利仍是一个多民族的封建专制帝国，而维也纳作为奥地利首都，便成为保守势力的中心。1848 年 3—5 月，维也纳两度爆发人民起义，迫使奥皇同意召开立宪会议。图为 1848 年 5 月设置的维也纳大学路障。

资产阶级面前的首要问题。

曲折的革命进程

　　1848年，欧洲相继发生了意大利西西里岛起义、法国二月革命和德国三月革命，这加速了奥地利革命的到来。3月13日，维也纳的市民、学生和工人举行集会，提出修改宪法、改组内阁、废除各项封建制度等要求。奥皇斐迪南一世对之不予理睬，首相梅特涅欲派宪兵、警察驱逐集会民众。这样，人民的革命激情被激发了，革命情势骤然高涨，在帝国议会广场附近聚集的民众不断高呼"打倒梅特涅""宪政万岁"的口号。梅特涅极端仇视革命，调集大批士兵、警察，起义民众也顽强地拿起手中武器，筑起街垒，双方爆发了激烈的武力冲突。为避免革命的进一步发展，斐迪南一世不得不决定向起义民众妥协，免去梅特涅首相职务。是夜，这位曾在维也纳国际会议上显赫一时，开创了属于自己时代的外交天才，竟然乔装成一名妇女，逃出奥地利，流亡海外。同时，斐迪南一世还口头答应民众的部分要求，释放了参与革命的学生，准许民众集会和请愿。

　　但是，民众并未就此罢休，因为梅特涅的垮台并没有使原有的高压统治得到任何改变，封建秩序

1848年9月，匈牙利国民自卫军在同奥军的决战中大获全胜，并于10月直逼奥地利边境，奥皇斐迪南一世赶忙调兵增援。为反对奥皇入侵匈牙利，维也纳人民举行起义，但是遭到残酷镇压。图为维也纳起义场面。

依然根深蒂固。3月15日，民众决定包围皇宫，迫使奥皇进一步改革。斐迪南一世只好答应解散内阁，召开新的国民议会制定宪法。他任命贵族毕莱尔·斯道夫为首相，重新组织政府。可毕莱尔也是一名极端保守的旧贵族，他对皇帝俯首听命、言听计从，所以新内阁只是斐迪南一世个人的工具而已。新国民议会很快就通过了一部换汤不换药的宪法，赋予奥皇极大的权力，立法权、行政权和司法权集于皇帝一身，对人民的自由权利只字未提。

　　随后，议会又通过选举法，再次提高选举权的财产资格限制，从而剥夺了工人、农民甚至资产阶级的选举权。民众本来对新内阁就不满，而这两部法律的通过，犹如一桶油浇上革命之火，使民众的革命怒火越烧越旺。民众强烈抵制两部法律，策划再次起义，要将革命进行到底，但是奥皇政府提前获得情报，调集了大量的宪兵、警察对付民众。他不但强硬拒绝民众要求，还下令封锁维也纳大学，解散在起义中成立的学生、工

人联合革命委员会。然而，维也纳民众再次显示了不惧强权的大无畏革命精神，他们冲破宪兵和警察的封锁线，重新包围皇宫。在声势浩大的人民起义面前，斐迪南一世吓得魂不附体，连夜带着皇后和宫廷要员逃往奥地利西南部的因斯布鲁克。5 月 17 日，起义终于胜利。奥皇政府承认学生、工人联合革命委员会的合法性，并且着手修改刚获得通过的宪法和选举法。

在维也纳市民发动起义的同时，广大农民也行动起来，砸碎自己身上的封建枷锁。他们烧毁封建地契，要求地主废除劳役，还他们以人身自由，可是软弱的资产阶级却断送了农民通过斗争取得的革命成果。在根据修改后的选举法选出的制宪议会中，资产阶级代表虽然在数量上占优势，但他们却与封建反动势力妥协，在制定废除封建制度的法令中，保留了束缚广大农民的两项最主要的封建义务，就是代役租和劳役租，仅仅解除了农民对地主的人身依附关系和领主裁判权，当然前提是农民必须通过交纳大量的赎金来赎买自己的封建义务。资产阶级之所以向封建势力妥协，主要原因在于他们认为此时革命已然完成，历经数次民众起义而遭受重创的封建势力不再是主要敌人，反倒是起义者严重干扰社会秩序，危及资产阶级的统治。因此，维也纳的资产阶级请求斐迪南一世及宫廷要员返回首都，他们准备与奥皇联合起来，共同剿灭革命。8 月，奥皇一方面与维也纳革命领导人共同检阅国民自卫军，一方面又秘密指令军队射杀工人示威者，而这次镇压行动标志着大资产阶级叛变革命与革命阵营分裂。

奥地利的三月革命，推动了波希米亚、匈牙利、伦巴第和威尼斯等帝国属地的独立运动，都取得了一定的成功。维也纳民众为抗议奥皇干涉匈牙利民族解放运动，再次掀起了十月起义的革命高潮。维也纳的部分国民自卫军、学生和工人包围火车站，占领铁轨，以阻止奥军统帅叶拉契奇进攻匈牙利。起义民众和一部分国民自卫军与政府军展开殊死搏斗，最后奥皇狼狈败逃法国。不过，由于十月起义是自发形成的，没有集中和统一的领导组织，很快就遭到了镇压。起义者虽浴血奋战，终因寡不敌众而失败。斐迪南一世退位后，其侄弗朗次·约瑟夫一世即位，奥地利帝国重新陷入封建专制统治的黑暗中。

1848 年 3 月，匈牙利人民在科苏特的领导下举行起义，要求奥地利帝国效仿英国政治制度，并给予匈牙利自治权，奥地利被迫采取让步。后来，匈牙利革命被俄罗斯与奥地利联合绞杀。图为 1849 年 9 月匈牙利人民投入战斗。

自由呐喊
波希米亚和匈牙利民族解放运动

> 生命诚可贵，爱情价更高。若为自由故，二者皆可抛。
>
> ——匈牙利民族诗人裴多菲

　　奥地利帝国曾经跨越多个民族的居住地，波希米亚和匈牙利人作为奥地利帝国境内两个主要民族，遭受奥地利的压迫最严重，因而他们的反抗也最激烈。难怪恩格斯这样评价说："波希米亚和匈牙利革命是 1848 年革命的最后一环，它让革命有了民族主义的伟大意义。"

　　裴多菲（1823—1849 年）是匈牙利著名的爱国诗人和自由主义革命者。因发表《爱国者之歌》《反对国王》等革命诗歌而蜚声诗坛。1849 年 7 月，他在瑟克什堡之战中同俄国军队作战时牺牲，年仅 26 岁。图为裴多菲纪念雕塑。

列比里与波希米亚独立

　　在法国二月革命和德意志三月革命的推动下，长期遭受奥地利帝国和沙皇俄国压迫与奴役的东南欧各民族，如波希米亚、匈牙利和波兰等掀起的民族解放运动，波澜壮阔，构成了欧洲 1848 年革命的重要组成部分。东南欧各族人民由于遭受民族压迫和封建专制统治，这就决定了他们面临着双重的革命任务：既要争取民族独立，又要建立民主国家，因而就必然地将革命的目标确立为建立统一和独立的民主共和国。

　　1848 年 3 月，"青年捷克党"在布拉格举行会议，要求实行责任内阁制，承认捷克语和德语间的平等地位。奥皇无视他们的要求，布拉格市民便于 6 月举行起义，与奥军进行了激烈的巷战。图为布拉格市民设置街垒。

拉约什·科苏特是匈牙利著名的律师、政治家和民族解放运动领导人。1848 年欧洲革命期间，他领导了匈牙利反抗奥地利统治的独立战争。晚年，他流亡意大利等地。图为 1842 年的科苏特。

> **知识链接：拉约什·科苏特**
>
> 拉约什·科苏特（Lajos Kossuth，1802—1894 年）是匈牙利民族解放运动领袖，匈牙利共和国元首。早年从事反对哈布斯堡王朝的政治活动，后当选为匈牙利议员。1848 年革命初期，他任新政府财政部长。奥军入侵时，任国防委员会主席。1849 年，匈牙利宣布脱离奥地利帝国独立，他出任国家元首。由于未能妥善解决土地问题，在奥俄联军左右夹攻下，被迫辞职。匈牙利革命失败后，他流亡国外，后病逝于意大利。在匈牙利人的心中，科苏特享有崇高声望，人们亲切地叫他"科苏特老爹"。至今，许多城市建有科苏特的雕像。

1848 年 3 月，波希米亚首府布拉格出现了由小资产阶级民主派组织列比里散发的政治传单，要求重新制定宪法，保障人民的各项自由权利。同时，上万民众在布拉格广场举行集会，通过致奥地利皇帝请愿书，提出召开波希米亚独立议会、废除各项封建制度、波希米亚语和德意志语平等的要求。梅特涅垮台和维也纳起义的消息传来后，波希米亚人民的革命情绪颇为高涨，但革命内部却存在不同声音，尤其是温和的保守派作为革命领导者，反对暴力行动，而是主张以和平请愿的方式进行反奥斗争。

3 月 18 日，波希米亚代表来到维也纳，向奥皇递交请愿书，遭到了斐迪南一世的拒绝。布拉格民众得知帝国政府企图向布拉格增派军队的消息后，异常愤怒，并准备举行武装起义。在革命形势面前，斐迪南一世一方面假意接受请愿书的部分要求，允许波希米亚建立独立的立法和行政机关，承认波希米亚语和德意志语平等；另一方面又悄悄调集军队，准备武力镇压起义。在波希米亚民族解放运动日益高涨的形势下，德意志人的民族沙文主义情绪也在滋长。在帝国境内，德意志人居统治地位，他们希望保持自己的统治，不愿见到波希米亚走向独立。然而，波希米亚人为

1848 年匈牙利革命与 1848 年哈布斯堡地区的其他革命密切相关，是 1848 年欧洲革命的重要组成部分。这是一场由著名政治家拉约什·科苏特领导的匈牙利反抗奥地利专制统治的人民运动。图为在革命中战斗的匈牙利轻骑兵。

了赢得义持，在帝国境内掀起了泛斯拉夫运动。是年 6 月，全体斯拉夫人大会在布拉格召开，会议通过了"团结所有斯拉夫人，反对德意志压迫者"的斗争纲领，誓将民族解放运动推向高潮。

裴多菲与匈牙利独立

1848 年革命前，匈牙利仍处于奥地利哈布斯堡王朝统治之下。匈牙利是奥地利帝国的附属国，国王由奥地利皇帝兼任，国家由奥皇派总督治理。匈牙利虽有议会，但名不副实。19 世纪二三十年代，匈牙利开始工业革命，新兴资产阶级日益要求获取自治权，一大批知识分子发出了独立与自由的呼声，其中以裴多菲和拉约什·科苏特为代表。维也纳三月起义的消息传到匈牙利后，匈牙利人民的革命热情高涨起来。1848 年 3 月，以民主主义者和爱国诗人裴多菲为首的革命者在首都佩斯举行集会，通过了《十二条》改革纲领。它要求成立匈牙利民族议会和内阁，废除封建劳役，建立国民自卫军，以及赋予民众各项自由权利等。

1848 年，匈牙利地方议会通过一连串自由主义法案，后来却遭到俄罗斯和奥地利的联合绞杀。图为 1849 年 5 月匈牙利军队在维拉古什投降。

伏伊伏丁那是塞尔维亚北部的自治省，18 世纪初开始受奥地利哈布斯堡王朝统治。1848 年 5 月，塞尔维亚公爵正式确立起对它的管辖权，并称之为"公爵领地"（Vojvodina），即"伏伊伏丁那"。图为塞尔维亚公爵宣读领地管辖宣言。

这个纲领虽有局限性，尤其是没有明确提出独立的目标，反映了匈牙利资产阶级上层的软弱性，但这并不妨碍它凝聚民众的改革共识，提升民众的革命信心。示威民众情绪高昂，他们以裴多菲的著名诗篇《民族之歌》作为革命口号，一路进发至总督府，迫使总督承认《十二条》，并控制了佩斯。资产阶级和工人代表联合建立公安委员会作为革命指挥机关，其他城市也纷纷效法佩斯，组织国民自卫军，成立公安委员会。在强大的革命浪潮冲击下，奥皇被迫同意匈牙利建立独立的议会和内阁，在财政和军事方面实行自治。3 月 18 日，斐迪南一世命匈牙利温和派领袖巴蒂安尼组阁，随即匈牙利民族主义者科苏特受命担任财政大臣。巴蒂安尼政府废除农奴制，取消什一税，匈牙利取得了三月革命的胜利。

反动势力卷土重来

波希米亚和匈牙利革命的胜利，使得奥地利帝国陷入分崩离析的状态，可是各地的资产阶级上层取得政权后，却寻求与封建反动势力妥协，阻止革命的进一步发展。同时，随着革命的不断深入，革命内部也产生了很多矛盾，削弱了革命本身的力量。1848 年 5 月，斐迪南一世调派大军进驻布拉格，实施戒严。在这种情况下，列比里发动和领导了六月工人起义，但由于准备不充分，再加上没有支援力量，起义持续一周，即告失败。此时，波希米亚民族独立运动的领导权落到资产阶级上层自由派的手中，他们害怕哈布斯堡王朝倒台后自己的利益得不到保障，所以与奥皇勾结起来反对革命，于是波希米亚再次恢复了奥地利帝国的封建专制统治。

三月革命后，匈牙利虽因取得部分自治权而建立独立的议会和政府，可它并不承认其境内少数民族克罗地亚人和塞尔维亚人的平等地位。1848 年 4 月，克罗地亚民众举行集会和示威，要求脱离匈牙利；同年夏，塞尔维亚人又发生反匈牙利统治而引发的流血事件。此时，奥地利便利用匈牙利内部的民族矛盾，使得革命无法顺利进行下去。斐迪南一世任命克罗地亚贵族叶拉契奇为总督，宣布克罗地亚脱离匈牙利管辖，暂由奥地利"接管"。叶拉契奇奉奥皇之命向匈牙利宣战，所以自 9 月起，克罗地亚和匈牙利一直处于战争状态，克罗地亚军队一度取得胜利，向佩斯挺进。为抗击克罗地亚军队，匈牙利罢免了软弱无能的巴蒂安尼内阁，组成了以科苏特为首的国防委员会指挥战争。在克匈战争进行的同时，斐迪南一世又派大量间谍前往佩斯，意在从内部瓦解匈牙利的民族独立运动。

奥地利在镇压维也纳十月起义后，很快调集 20 万大军干涉匈牙利革命。1849 年 1 月，奥军占领佩斯，匈牙利政府被迫迁至德布勒森。匈牙利民众为捍卫独立和自由，在国防委员会领导下进行顽强抵抗，并迅速扭转战局，开始反攻奥军。4 月，匈牙利民族议会通过《独立宣言》，废除哈布斯堡王朝的统治，推选科苏特为独立后匈牙利国家元首。值此之际，奥地利向俄国求援，沙皇尼古拉一世随即派 20 万大军从东面进攻匈牙利，奥军则从西面予以配合，给匈牙利人造成两面夹攻的态势。7 月，匈牙利在科马罗姆会战中惨败，首都佩斯再次落入奥地利手中，裴多菲也在保卫首都的战役中英勇牺牲。一个月后，匈牙利军队总司令向俄奥联军投降，匈牙利革命遂告失败，1848 年欧洲革命结束。

在欧洲 1848 年革命中，斯洛伐克人举行反抗匈牙利的马扎尔人以及哈布斯堡王朝统治的起义。斯洛伐克爱国者建立了斯洛伐克全国委员会，作为革命的领导机构，还组建了斯洛伐克志愿军。图为斯洛伐克起义中的场景。

狂飙突进：德意志民族统一运动

德意志民族主义的觉醒和统一运动的发展，主要动因来自国内和国际两个因素的影响。其中，国内因素主要体现为欧洲启蒙运动在德意志境内的发展和德国文艺领域发生的"狂飙突进运动"；国际因素则表现为在法国大革命和拿破仑战争的影响下，德国人开始自我反思，思索自身、民族和国家的未来。德意志民族统一运动经历了三个阶段：(1) 起于17世纪三十年战争，止于19世纪初维也纳会议。随着拿破仑法国大举入侵和神圣罗马帝国灭亡，德意志民族要求实现统一的愿望越来越迫切。(2) 以维也纳会议召开为开端，止于1862年俾斯麦出任普鲁士首相。1815年6月德意志联邦成立后，虽然暂时无法改变长期以来德意志民族分裂的事实，但是，普鲁士和奥地利作为两个最大的邦国，彼此间争夺德国统一主导权的斗争十分激烈。(3) 始于俾斯麦出任普鲁士首相兼外交大臣，止于1871年德意志帝国建立。德国统一后，迅速走上经济发展的快车道，并成功跻身于欧洲强国之列。

分久必合
德意志统一意识的高涨

德意志统一，这是历史的必然选择。19世纪以来，期盼统一德意志的呼声日渐高涨，已经成为全体德意志人的民族共识。

现代德意志民族，属于日耳曼人的一支。公元前1世纪，日耳曼人部落在罗马人的认可下进入莱茵河东岸地区。4世纪左右，随着亚欧民族大迁徙浪潮的推动，日耳曼人涌入西罗马帝国境内。5世纪中叶，日耳曼人在西罗马帝国的废墟上建立了诸多基督教小王国，其中以克洛维建立的法兰克最为强大。查理大帝时期，法兰克王国急剧扩张，他本人也于800年在罗马接受教皇为其加冕，并被称为"罗马人的皇帝"。后来，查理曼帝国一分为三，其中日耳曼人路易获得东法兰克，就此奠定了未来德国的基础。

腓特烈二世（Friedrich II，1712—1786年）是欧洲"开明专制"君主的代表，普鲁士最伟大的国王之一，史称腓特烈大帝。他在位期间，普鲁士大举扩张领土。他还是一名作家、作曲家，推动"德意志启蒙运动"。

普鲁士与民族意识觉醒

中世纪盛期，德意志因深陷分裂的泥潭不可自拔，而边陲小邦普鲁士却日渐崛起。普鲁士的前身是神圣罗马帝国的勃兰登堡选侯，起源于霍亨索伦家族。当时北德地区因城市群实力雄厚，成为经济发展的中心区域，而远离这一区域的勃兰登堡-普鲁士直到弗里德里希·威廉（Friedrich Wilhelm，1620—1688年）时，还是被外国军队占领的荒芜之地。腓特烈二世在位时，普鲁士已经发展成为欧洲的一个军事强国。欧洲列强为争夺欧洲和世界霸权，于1756—1763年发动七年战争，普鲁士以一己之力对抗奥、法、俄三国，并最终获胜，赢得了西里西亚的所有权；还参与瓜分波兰，获得了波

森-西普鲁士大波兰地区。通过这场战争，普鲁士一跃成为欧洲的列强之一，并成为众多邦国效仿的榜样。由此，腓特烈二世也被尊为"大帝"，俨然成为人们心目中德意志的象征。

拿破仑击败第三次反法同盟后，奥皇弗朗茨二世不得不屈从拿破仑的安排，亲手结束了延续840多年历史的神圣罗马帝国。1806年7月，拿破仑将德意志各邦国组建成莱茵联邦，吸引了原来神圣罗马帝国的16个成员邦。他在击溃第四次反法联盟后，又与普鲁士签订《提尔西特和约》，割占了普鲁士在易北河以西的所有土地。拿破仑战争不仅打碎了长期延续的"神圣罗马帝国"梦想，极大地削弱了奥地利在德意志的实力，而且肆意宰割德意志，刺激了德意志民族的自尊心。拿破仑法国的占领，促使德意志人意识到，只有建立强大的统一民族国家，才能有效抵御外敌入侵，因而要求德国统

弗朗茨二世（Franz II, 1768—1835 年）是神圣罗马帝国末代皇帝和奥地利帝国开国之君。法国大革命和拿破仑的崛起，不仅使神圣罗马帝国寿终正寝，也加剧了德意志诸邦的割据分裂。拿破仑倒台后，他主持召开维也纳会议。

一的呼声空前高涨。由于对法战争失败，以普鲁士和奥地利为代表的各邦国在思考失败原因的同时，积极开启现代化的历程。

德意志的统一势在必行

德意志人在经历了拿破仑战争的洗礼后，非常渴望实现民族统一。1815 年，耶拿大学成立德意志大学生协会，要求"建立一个以自由和统一为基础的德意志民族国家"。随后，德意志境内多所大学也纷纷建立类似组织，积极投身于民族统一运动。在 1848 年德国革命中，以资产阶级为主体的法兰克福议会不仅通过了一部《法兰克福宪法》，而且选举普鲁士国王腓特烈·威廉四世为德意志帝国皇帝。显然，德意志统一运动进行得如火如荼，已成燎原之势。

但是，民族分裂依然是德意志人心中的痛。只有结束政治上的分裂状态，建立统一的民族国家，才能满足德意志资本主义经济自由发展的客观要求。1818 年，普鲁士颁布新的税法，取消在普鲁士境内的一切关卡，实行统一的税率，这些举措构成了日后德意志关税同盟的核心内容。此后，普鲁士利用自己的实力，不断迫使其他邦国屈服。1834 年，由 38 个德意志邦联成员组成了德意志关税同盟，是

德国统一前以普鲁士为首的各邦国为扫除相互之间的贸易障碍而结成的贸易同盟，促进了德国工业革命的发展。同时，它也是德国走向经济和政治统一的重要步骤。随着各邦交往的日益频繁，各地区间经济联系不断增强，民族统一问题被提上了日程。

腓特烈·威廉四世（Friedrich Wilhelm IV, 1795—1861 年）是普鲁士国王，出身于霍亨索伦家族。1848 年革命爆发后，他顺应形势，组建自由主义政府，并召开国民议会，起草普鲁士王国宪法，希望统一德国，并将奥地利排除在外。

龙虎相争
德国统一方案问题

普鲁士和奥地利，作为德意志境内两个最大的邦国，在德意志统一的问题上，各有主张，但是都想在自己的主导下来统一德意志。一个是传统强国，一个是后起之秀，一时难分高下。究竟由谁来主导德意志的统一运动，必须由智慧的德意志人自己做出抉择。

德意志统一的问题提上日程后，由哪个邦国主导统一的问题不可避免。漫长的中世纪，划定了德意志四分五裂的局面，而普鲁士和奥地利成为德意志境内最具实力，被德意志人寄予厚望的两个邦国。这两个邦国对于统一有着相左的看法，各自有着自己的拥护者。它们之间的角逐不可避免。

两个德意志并立

在诸侯争雄的过程中，普鲁士和奥地利两大邦国脱颖而出，逐渐成为德意志境内的双雄。普鲁士的前身是边陲小邦勃兰登堡，到18世纪后期已经发展成为傲视群雄的欧洲军事强国。奥地利最早是查理大帝在多瑙河谷地区建立的东部边区，称"奥斯塔里奇"，在德语中意为"东方王国"。从1278年起，奥地利开始成为哈布斯堡家族的基本领地，前后长达约六个半世纪。1452—1806年，哈布斯堡家族不仅是奥地利的统治者，也是神圣罗马帝国的统治者。期间，这个家族通过王室联姻，获得了波希米亚和匈牙利，并控制了勃艮第和西班牙，可谓煊赫一时。18世纪40年代，法国、西班牙与巴伐利亚等国联合普鲁士和科隆，意图瓜分奥地利。在这场交易中，普鲁士获得几乎整个西西里，实力大为加强。此后数十年间，普奥两国摩擦不断，德意志境内出现两强并立的局面。

19世纪初，为结束拿破仑战争而召开的维也纳会议，重新划定了战后欧洲的版图。在领土方面，普鲁士如愿以偿地获得了萨克森，尽管只有一半左右；而且在英国的帮助下，它还获得了德意志最富庶的威斯特伐利亚和莱茵南地区。因此，普鲁士借机重心西移，成为德意志最重要的经济强国。奥地利接连失去了上莱茵地区的属地，只是在中东欧地区获得了较大的领土补偿，相继取得了伊里利

勃兰登堡门。新古典主义风格建筑，德国首都柏林仅存的城门，建造于1788年至1791年。普鲁士国王威廉一世下令修建，威廉二世予以重建。它是德国的象征，见证了柏林、德国、欧洲乃至世界的许多重要历史事件。

亚和达尔马提亚等地区。这样一来，奥地利的重心则进一步东移，转移到了波希米亚、北意大利等地区。由于失去了德意志境内大量的属地，奥地利的德意志属性也大大削弱，从而使其在争夺德意志统一领导权的斗争中处于不利的地位。

"小德意志"的成功

1848 年 5 月 18 日，来自德意志各个邦国的代表汇聚法兰克福，参加邦联议会，史称"法兰克福会议"。会议持续半年之久，各邦代表围绕着德国将来的领导权及版图而争论不休，并形成了泾渭分明的两派。有代表主张，由哈布斯堡家族统治的奥地利统一德国，将奥地利本部与波希米亚并入大德

1849 年 3 月，法兰克福议会通过《法兰克福宪法》，并在小德意志方案上达成协议。自由立宪派取得局部胜利，同德意志诸侯在许多宪政问题和改革问题上进行合作。图为反映法兰克福议会的画作《圣保罗教堂的讨论》。

意志，是为"大德意志派"；另有代表主张，由霍亨索伦家族统治的普鲁士来统一德国，建立一个将奥地利帝国排除在外的小德意志，是为"小德意志派"。

从民族的内涵上来理解，小德意志派要求建立

一个真正的民族国家，坚持只有德意志民族才能加入这个国家。如果奥地利要求加入其中，那它就必须放弃与哈布斯堡家族控制其他国家的关联；如果奥地利要求保留帝国的完整，它的组成部分则必须从德意志联邦中剥离。大德意志派则要求将所有的王朝控制区都划归到一个国家中，建立一个属于所有日耳曼人的民族国家。不过，奥地利由于在维也纳会议上领土变更的原因，拥有了较多的非德意志民族的领土，其德意志的属性就大打折扣了。大小德意志之争的焦点在于奥地利的归属问题，而实质则在于究竟由谁来领导德国统一。

随着法兰克福会议讨论的深入，小德意志派逐渐占据上风，许多左翼革命派希望建立一个永久的议会和一个由普鲁士领导的统一的德意志。1849年 3 月，法兰克福邦联议会通过《法兰克福宪法》，随后选举普鲁士国王腓特烈·威廉四世为德意志皇帝。

知识链接：勃兰登堡公国

勃兰登堡公国，普鲁士公国的前身，近代发展壮大后，统一了德意志。1138 年，神圣罗马帝国皇帝、萨克森公爵洛泰尔二世（Lothar II，1075—1137 年）征服了易北河与奥德河中间的领土，将其命名为勃兰登堡。1415 年，神圣罗马帝国皇帝西吉斯蒙德（Sigismund von Luxemburg，1368—1437 年）将绝嗣的勃兰登堡选帝侯封赐给有功于自己的霍亨索伦家族。在此后的四个世纪，霍亨索伦家族一直统治着这片领土，18 世纪崛起为普鲁士王国，并在 1871 年统一德国。

德意志帝国的缔造者
俾斯麦

坚毅果敢的少年俾斯麦，几经波折后投身政坛。铁腕议员崛起，引导德意志走向统一。

俾斯麦放荡不羁，性格多有"缺陷"，不是传统意义上的好学生，但他勇敢而坚毅。作为普鲁士王国首相和外交大臣，他用"铁和血"的政策，完成了德意志统一，缔造了德意志第二帝国，也铸就了他的辉煌人生。

早年的学习生涯

奥托·冯·俾斯麦（Otto von Bismavk，1815—1898 年）生于勃兰登堡传统的容克家庭，其家族拥有很多土地及庄园。8 岁那年，俾斯麦就读于柏林的普拉曼小学，期间学会了游泳和击剑。这既强健了体魄，也铸就了他外向而勇敢的性格。放学之后，他常常与格林兄弟编写的《德国民间传说》《儿童家庭童话》为伴。由"格林童话"传递的德意志民族精神，对俾斯麦产生了潜移默化的影响。不过由于同学大多生长在资产阶级家庭，颇令容克之子俾斯麦的童年承受着极大的痛苦与压力。进入腓特烈·威廉和格劳斯·克洛斯特文科中学学习后，俾斯麦虽然还受到同学的排挤，但并不感到灰心，反而勤奋向上。他比较爱好语文和历史，并显露出语言学习上的天赋。除了必修课古典拉丁语和希腊语外，他还先后习得英语、法语、俄语、荷兰语和波兰语等五国语言，这为他日后从事外交工作打下了坚实的语言和文化基础。

未满 17 岁，俾斯麦便进入哥廷根大学学习法律。然而，他并不满意大学生活，也不是一名传统意义上的好学生。他根本无心学习，倒是经常腰间

俾斯麦出生于普鲁士的容克之家。少年时期，他勤奋向上，学会了英语、法语、俄语等多种语言，为日后的外交生涯打下了基础。在哥廷根大学求学期间，他却无心向学，多次与同学决斗。图为学生时代的俾斯麦（1833 年）。

佩剑，牵着狼狗，多次与同学决斗。即使转入柏林大学后，他也不满意。大学毕业后，他当过律师，做过庄园主。不过，这都不是他的理想。几经波折后，他决定告别田园生活，投身政治。

政坛崛起的新星

1847 年，普鲁士联合邦议会会议开幕，俾斯麦被骑士组织选为候补议员。结果不尽如人意，后

因一位萨克森武士生病，俾斯麦使了一些手段，成功当上了正式议员，这一年他33岁。大多数议员，包括俾斯麦在内，都渴望将诸多邦国联合起来，结成德意志帝国，这种想法也合乎普鲁士国王的心意。然而，真正让俾斯麦名声大噪的是他在议会上的一次演讲。当时一名贵族发言道："1813年普鲁士之所以出兵，并非怨恨拿破仑。因为像我们这样高贵的民族，是不可能有什么民族怨恨的。"俾斯麦立刻挺身出来进行反驳，他说道："1813年的民众举动，理由和动机早已昭然若揭，就是帮人在我国驻兵，使我们蒙受巨大的屈辱。无论哪个国家蒙受这样的屈辱，都足以使这个国家的人民热血沸

奥托·冯·俾斯麦是普鲁士王国首相和德意志帝国第一任首相。他借助铁与血的政策统一德意志，有"铁血宰相"和"德国的建筑师"之称。他还建立了世界上最早的社会保险制度。

> **知识链接：容克**
>
> 容克（Junker），意为"地主之子"或"小主人"，泛指普鲁士的贵族地主阶级。16世纪起长期垄断军政要职，掌握国家领导权。随着资本主义的发展，部分容克资产阶级化以后，梦想借助其雄厚的政治和经济实力，以武力方式，实现德意志的统一。

腾。"固然这样一番话让俾斯麦备受争议，但他的激情与睿智，也传为美谈。

俾斯麦真正在政坛上崛起，始于威廉一世继位。新王登基伊始，就渴求普鲁士扩充军备，议会却踌躇不前。1862年，俾斯麦被任命为首相，但他心高气傲，没有赴任，而是继续担任议员。同年，普鲁士自由派在新一轮议会选举中获胜，他们因害怕容克地主阶级掌握军队，便立刻否决了普鲁士政府对军事改革的全部拨款。此时，国王威廉一世急需一个铁腕人物来主导军事改革，俾斯麦就成为首相的唯一可能人选。同年9月，普王召回在巴黎担任大使的俾斯麦，任命他为首相兼外交大臣，为德国统一做准备。9月30日，新任首相俾斯麦在普鲁士议会上发表了著名的"铁血演说"。他声称："当代的重大问题不是通过演说与多数人的决议就能够解决的，而是要通过铁和血。"威廉一世对俾斯麦说："我很清楚这个结局。他们会在歌剧广场的窗前砍下你的头，过些时候再砍下我的头。"俾斯麦则回应道："既然迟早要死，为何不死得体面一些？是死在绞架上，或死在战场上，这之间是没有区别的。我们必须抗争到底！"

从此，普鲁士的国王和首相之间就形成了一种

十分默契的牢固关系。俾斯麦力排来自议会的阻力，强推军事改革，为武力统一德国作必要的准备。由于议会并不甘心失败，普鲁士出现了长达四年之久的"宪法之争"。尽管如此，这并没有影响俾斯麦带领普鲁士走上强军之路，也没有使普鲁士停下统一德国的脚步。

"铁腕"政治的艺术

俾斯麦在强行推行军事改革之际，由普鲁士主导的德国统一战争开始打响，这意味着检验其"铁血政策"的时刻已经来临。1848年三月革命爆发后，在基尔成立了一个临时政府，要求将19世纪初就已经起争执

阿尔布雷希特·冯·罗恩（Albrecht von Roon，1803—1879年），普鲁士元帅、陆军部长。在凡尔赛镜厅称帝的祝酒词中，威廉一世赞颂罗恩"磨利了宝剑"，指其对普鲁士陆军系统化管理的贡献。图为德意志帝国三元勋（从左至右：俾斯麦、罗恩、老毛奇）。

威廉一世（Wilhelm I，1797—1888年）出生于霍亨索伦家族，是普鲁士末代国王和德意志帝国开国皇帝。在他和俾斯麦的领导下，德意志统一最终完成，死后被尊称为"威廉大帝"。

的石勒苏益格和荷尔斯泰因两个公国完全纳入德国，于是爆发了第一次石勒苏益格战争（1848—1851年），随后德意志联盟与丹麦签署了《柏林和约》，但是争执并未解决。1863年丹麦新王克里斯蒂安九世即位，俾斯麦利用这一地区聚居的德意志人，再次抛出这一问题。在经过缜密的策划后，普鲁士联合奥地利出兵丹麦，于1864年打败丹麦，这是俾斯麦通过王朝战争统一德国的第一步。同时，普丹战争埋下了普奥战争的伏笔。

1866年，俾斯麦再借口石勒苏益格-荷尔斯泰

因问题，向奥地利挑衅，导致与奥地利兵戎相见。普鲁士只用一个月左右，即战胜了奥地利。之后，俾斯麦力排众议，停止进攻维也纳，要求奥地利退出德意志，承认由普鲁士主导的小德意志。至此，德国统一进程向前迈出了关键的一步。

19 世纪上中叶，伊莎贝拉二世（Isabel II，1833—1868 年在位）统治

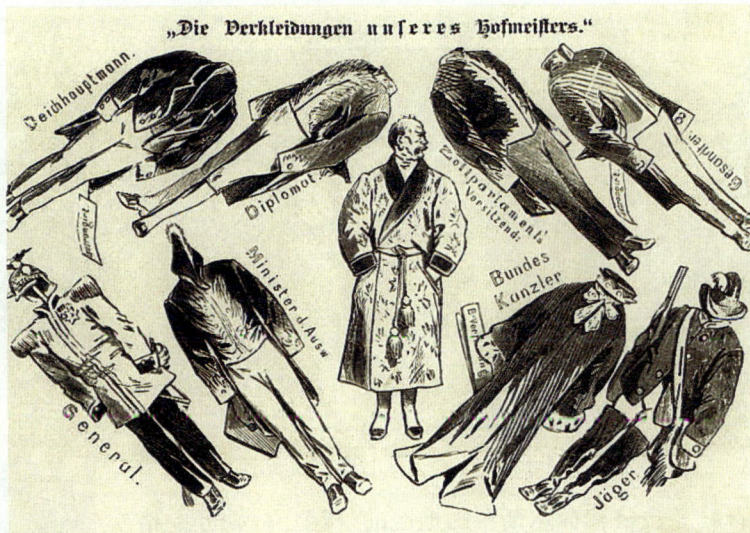

俾斯麦的一生是丰富多彩的。这是一幅 1867 年的德国卡通漫画，人们取笑他身兼多重角色，从将军到外长、普鲁士王国和德意志帝国宰相、猎人、外交官和普鲁士主导下的德意志关税同盟总协调人。

期间，西班牙宫廷阴谋、政变和革命层出不穷。西班牙革命爆发后，她被迫流亡法国，这就为普鲁士挑起对法战争提供了绝佳契机。普鲁士首相俾斯麦通过一封电报，激怒法国的敌对情绪，普法战争由此爆发。在 1870 年 9 月初的色当战役中，拿破仑三世遭到惨败，并沦为阶下囚，法兰西第二帝国宣告灭亡。在俾斯麦的运作下，普鲁士国王威廉一世在法国的凡尔赛镜厅加冕，称德意志帝国皇帝。德国统一的任务最终完成。

俾斯麦是 19 世纪下半叶欧洲政治舞台上的风云人物。他执政 26 年之久，担任普鲁士首相期间，纵横捭阖，以"铁和血"政策，连续发动三场王朝战争，完成德国统一，被誉为"德国的建筑师""德国的领航员"等。1890 年，时年 73 岁高龄的俾斯麦，因与年少气盛的新皇帝威廉二世不和，心灰意冷，不得不正式下野。拜别威廉一世陵墓后，他离开首府柏林，从此退出政坛。晚年，他长居汉堡的庄园，1898 年黯然离世。一代权臣，"现代德国的缔造者"，就此谢幕。

汉堡的俾斯麦纪念碑。它位于汉堡港口附近，是全球 250 个俾斯麦纪念碑之一，也是这些纪念碑中最大和最著名的一尊。1901 年时，纪念碑原址原是一家餐厅，后汉堡市长提议在此建碑。如今，这里是当地的休闲区。

一石二鸟
1864年的普丹战争

普鲁士、奥地利和丹麦三国的利益，在石勒苏益格和荷尔斯泰因两公国交织不清。普丹之战，既是机缘巧合，也是历史必然，还埋下了普奥战争的伏笔。因此，它又是政治的艺术，德国统一的先声。

1864年普鲁士与丹麦之间爆发的战争，源于石勒苏益格和荷尔斯泰因地区的争端。石勒苏益格和荷尔斯泰因位于日德兰半岛南部和北德低地的北部，介于东边的波罗的海和西边的北海之间。1460年，石勒苏益格公国与丹麦王国建立共主邦联；由德皇册封的荷尔斯泰因公国，中世纪时期一直隶属神圣罗马帝国，1815年后属于德意志同盟，丹麦国王仅是其君主而已。

祸端源于野心

法国大革命和拿破仑战争以后，德国和丹麦的民族主义者均声称石勒苏益格属于自己的国家。1848年欧洲革命时期，双方对于石勒苏益格和荷尔斯泰因两公国的争夺日趋白热化，并在德国北部的基尔成立了一个临时政府，要求将石勒苏益格和荷尔斯泰因完全纳入德国。同时在哥本哈根成立的政府中，有许多丹麦人试图将石勒苏益格纳入丹麦。1848年至1851年，第一次石勒苏益格战争爆发。亲德国的石勒苏益格和荷尔斯泰因人，企图推翻丹麦国王的统治，将石勒苏益格并入德国。起初，法兰克福国民议会支持这些德国民族主义者，但在欧洲列强的压力下，普鲁士和德意志邦联撤军。这次战争以普鲁士的失败告终。1850年7月，丹麦和德意志邦联签署《柏林和约》，恢复了对石勒苏益格的控制。

石勒苏益格，位于德国和丹麦的边界，原为丹麦的一公国；后因采邑与婚姻，其与德意志的荷尔斯泰因公国的关系愈发紧密，且在普、丹之间存有归属权争议。1864年普丹战争后，普鲁士和奥地利共同占领石勒苏益格和荷尔斯泰因。

1863 年克里斯蒂安九世即位后，批准新宪法，公然取消石勒苏益格自古以来的独立地位，改由丹麦政府对其行使直接管理权。将石勒苏益格和荷尔斯泰因并入丹麦，违背了 1852 年由英、俄、法、瑞（典）、丹、奥和普共同签订的《伦敦议定书》关于维持两公国传统特权和独立地位的规定，引起了德意志民众的一片哗然。此事成为普鲁士挑起两国战争的绝佳"借口"。此时距俾斯麦在议会发表"铁血演说"仅一年时间，因而也成为检验其"铁血政策"的最好时机。

"一石二鸟"的胜利

丹麦吞并石勒苏益格和荷尔斯泰因，引起普鲁士与丹麦之间的紧张局势，成为国际热点。法国和

吕贝克，位于德国北部波罗的海沿岸，是德国石勒苏益格-荷尔施泰因州第二大城市。它最初见于塔西陀的《日耳曼尼亚志》，中世纪时是北德贸易联盟汉萨同盟的最强大成员和"首都"，拥有"汉萨同盟的女王"的美誉。

奥地利并不愿普鲁士借普丹战争来扩大实力，俄国和英国也担心普鲁士对丹麦的优势影响它们在北海和波罗的海的利益，因而普鲁士周边的国际形势似乎非常严峻。但是，俾斯麦进行了一系列的外交斡旋，并一再辩解说这次战争完全是一次民族利益的行动。他向法皇拿破仑三世发出过暗示，法国可以在战争中趁机取得比利时，而实际上，法国因忙于殖民地墨西哥事务而无法抽身，错过了对普丹战争的介入。为回报普鲁士在 1863 年支持俄国镇压波兰起义，俄国则表示"绝不出兵攻打普鲁士"。英国也只能隔岸观火，袖手旁观，无法介入这场战争。这就使普鲁士避开了在未来战争中多面受敌的不利情形。

在这种极为稳定的国际形势下，普鲁士联合奥地利，打着维护《伦敦议定书》的旗号出兵丹麦，于 1864 年 2 月初越过艾德河，进攻石勒苏

知识链接：铁血演说

伴随着德国民族意识的觉醒，德意志的统一提上了日程，普鲁士与奥地利两公国被人们寄予厚望。1862 年 9 月 30 日，俾斯麦就任普鲁士首相后，在下议院发表态度坚决强硬的演讲，被成为"铁血演说"。他强调："当代的重大问题不是通过演说与多数人的决议所能解决的，而是要用铁和血。"由此，"铁和血"成为俾斯麦执掌普鲁士的施政基础，指导德意志人通过武力与王朝战争，以普鲁士为中心实现统一。

益格。战争进行到 4 月中旬，欧洲列强在伦敦集会调停，但是各方意见相左，调停宣告失败。之后，普奥联军迅速击败丹麦，丹麦不得不求和，

普丹战争，又称第二次石勒苏益格战争，1864 年爆发于普奥联盟和丹麦之间的冲突。跟第一次一样，双方都希望控制石勒苏益格和荷尔斯泰因公国，导火线是丹麦国王去世后没有德国接受的继承人，战争的结果是丹麦放弃对两地的主权要求。

普奥原先没有计划侵入丹麦，但在一支普鲁士轻骑兵受到挑衅后，他们横越边界，并占领科灵。俾斯麦决定乘势而为，向奥方力陈采取强硬军事手段的理由，以彻底解决石勒苏益格问题。图为1864年春，普奥联军渡过艾德河，夺取阿斯伦岛。

并于10月签署《维也纳和约》，丹麦放弃在石勒苏益格和荷尔斯泰因的一切权益，将之让与奥地利皇帝和普鲁士国王。在这次战争中，普鲁士充分显示了自己的军事实力，而奥地利并未意识到这一点，结果在一年多后付出了代价。1865年8月，普鲁士与奥地利签署《加斯泰因协定》，规定石勒苏益格和荷尔斯泰因由两国共管，但在行政上，石勒苏益格归普鲁士管辖，荷尔斯泰因则划归奥地利。这个看似公允的条约，在背后隐藏着俾斯麦企图撇开奥地利由普鲁士领导德国统一的野心。

娴熟的政治手腕

19世纪初，尤其1848年革命后，德意志境内的民族意识迅速觉醒，要求德国统一的呼声日益高涨。俾斯麦就任普鲁士首相后，小德意志派要求撇开奥地利，单独完成统一。虽然丹麦国王批准新宪法引发了普丹战争，但是俾斯麦作为一位政治精算师，不但避开了列强对战争本身的介入，还别有用心地把奥地利拖入战争。看上去，普、奥联合打击丹麦，是为了解决两公国的领土划分问题，维护德意志利益，实质上，俾斯麦还有制造普、奥矛盾的政治算计。可以说，这场战争既是俾斯麦"铁血政策"的初步尝试，也是其政治手腕的娴熟运用，客观上促进了德国统一进程的发展。难怪14年后，他津津有味地回忆道："石勒苏益格和荷尔斯泰因是我最大的外交成就。"

雌雄决战
1866 年的普奥战争

这是德意志两大邦国之间的双雄对决。只有钢铁般的意志和不可摧毁的力量才能担负起历史的重任，才能领导德国走向统一与强大之路。

德国统一前夕，奥地利和普鲁士是德意志这片土地上争雄的两个邦国，德意志人对它们寄予厚望，希望在它们的领导下，将长期陷于分裂的德意志，凝聚成强大的力量，完成民族统一的大任。

普奥雌雄大决战

俗话说，一山不容二虎。神圣罗马帝国解体后，奥地利和普鲁士作为德意志的两个邦国，在德国走向统一的过程中脱颖而出，正面临一场德意志领导权的争夺战。1862 年 9 月，冯·俾斯麦出任

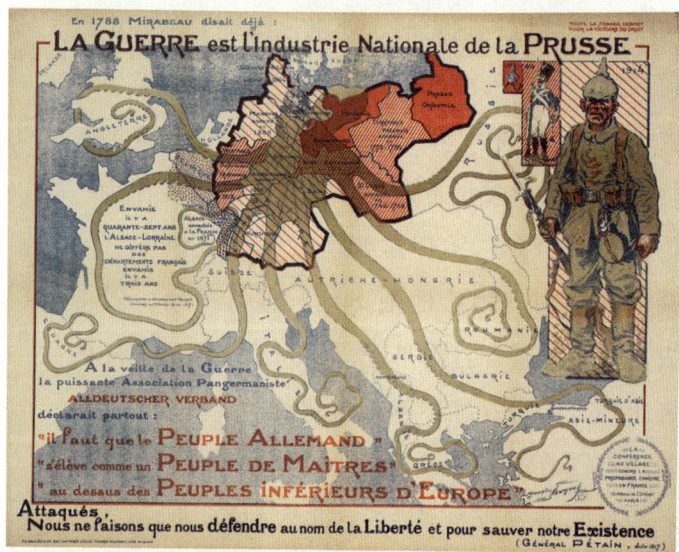

一张来自 1917 年的法国宣传海报，上面有一个全副武装的普鲁士士兵，还清清楚楚地写着一句 18 世纪的名言："即使在 1788 年，大革命领袖米拉波伯爵就曾说过，战争是普鲁士的国民工业。"

普鲁士首相后，策划德国统一运动，力主由普鲁士来领导统一，并将奥地利排除在统一之外，于是形成了一个小德意志派；奥地利皇帝也不甘示弱，与普鲁士对立，主张由哈布斯堡家族统治的奥地利帝国来统一德国，又形成了一个大德意志派。

1866 年的普奥战争，又名七星期战争，是德国统一过程中发生的一场重要战争。其实，对丹麦战争一结束，俾斯麦就在心中确定了对奥战争计划。为发动这场战争，俾斯麦进行了一系列的外交斡旋，以确保普鲁士以及小德意志在即将爆发的战争中，不至陷于腹背受敌的境地。要进行有胜算的战争，就必须把握和利用好国际形势。首先，普鲁士以优惠的关税政策取悦英国。这一时期，英国外交上奉行"光荣孤立"政策，俾斯麦对之加以恰当利用，以确保英国在未来的普奥战争中采取中立态度。其次，奥地利向巴尔干扩张，触及了俄国的利益，俄国也担忧，一旦自己向奥地利示好，可能会促成法国和普鲁士的联合。俾斯麦正是抓住了俄国人的心理，促使其对普奥战争持壁上观的态度。再次，俾斯麦为争取法国在普奥战争秉持中立，亲自前往法国大西洋沿岸的度假胜地比亚里茨，与度假中的拿破仑三世进行谈判。最后，俾斯麦不仅使普鲁士联合意大利，还离间法国和奥地利，与法国建立军事同盟。在保证列强基本默许的前提下，普奥战争一触即发。

5月9日，普王解散了普鲁士联合邦议会，随即开始军事总动员。俾斯麦还向奥地利提出了貌似公允却难以接受的和谈条件，就是由普王接管石勒苏益格和荷尔斯泰因，而不是将这两个公国并入普鲁士。由于奥地利深知普鲁士的野心，6月1日，奥地利驻法兰克福邦联议会代表宣布，石勒苏益格和荷尔斯泰因两公国的前途应由邦联议会决定。这一举动正中俾斯麦下怀，他声称奥地利此举破坏了《加斯泰因协定》，并在邦联议会做出决议后，宣布决议无效。10日，俾斯麦在柏林发布《关于建立一个德意志联邦的改革计划》，明确将奥地利排除在外。奥地利则干脆以邦主名义发号施令，指责俾斯麦践踏宪法，并要德意志各邦赶快动员起来对付普鲁士。15日清晨，普鲁士向萨克森、汉诺威、黑森下最后通牒，要求三国接受改革计划和普鲁士军队的假道进军，公开挑战奥地利。17日，奥地利以捍卫德意志邦联的名义，对普鲁士宣战。次日，普鲁士对奥宣战。20日，意大利按约定加入对奥作战。至此，普奥战争正式打响。

从控制的区域形势来看，奥方具有明显的优势；但就整体军事实力而言，普力更胜一筹。当时，普鲁士军队有63万人，又有意大利人与之联合作战，而奥地利的总兵力只有58万人，优劣对比非常清楚。普奥之战在南、西、北三个方向同时展开。在南线的意大利战场，意大利与

普奥战争是这两个德意志邦国之间争夺德意志统一领导权的冲突。主要战事发生在波希米亚（捷克），普军总参谋长毛奇精心策划战争，集中火力攻打奥地利军队。1866年6月27日进行的纳奇德之战，是普奥战争的第一个重要战役。

知识链接：哈布斯堡家族

欧洲最有影响的家族之一。主要分支在奥地利，祖先来自法国，远祖系日耳曼部落的一支，居住在阿尔萨斯和瑞士的阿尔高。11世纪时，哈布斯堡伯爵拉伯特（Radbot，约985—1045年）建立哈布斯堡，此后即以哈布斯堡命名该家族。13世纪后期，鲁道夫一世登上神圣罗马帝国皇位，开创哈布斯堡王朝。鲁道夫一世时，其子阿尔布雷希特获得奥地利的统治权。1282年，哈布斯堡家族通过联姻等方式，统治了欧洲的大片区域，直到第一次世界大战结束。从1438年起，神圣罗马帝国皇位始由哈布斯堡家族世袭。拿破仑战争时期，神圣罗马帝国覆灭，哈布斯堡家族在德意志地区的统治权回归奥地利公国。普奥战争之后，奥地利退出德意志，转而与匈牙利结合成为奥匈帝国。第一次世界大战之后，奥匈帝国解体，哈布斯堡家族的统治退出历史舞台。

奥地利的南方军团对阵；在北线的波希米亚战场，由普鲁士对阵奥地利的主力及萨克森援军；在西线的德意志战场，主要是追随普奥双方的邦国进行交战。

波希米亚战场是普奥双方角逐并决定胜败的主战场。总参谋长毛奇担任普鲁士一方指挥官，他利用铁路进行物资运送，迅速解决战略物资问题；还利用电报指挥作战，也大大提升了指挥效率。普鲁士军队节节胜利之时，奥军则由于指挥官贝奈德克的优柔寡断，多次错失良机。7月3日，双方进行了近代战争史上著名的克尼格雷茨会战。初始阶段，两军相距较远，奥军占有远射程火炮的优势，普军被迫处于防守态势。但随着两军越来越接近，由于奥军火炮手没有接受过短距离射击的训练，其优势已不复存在。而普军采用更加先进的后装式火枪，速度更快，并可以卧打。这样，多种因素促使普鲁士赢得了会战的胜利。

1866年7月，普鲁士军队大举进攻，在克尼格雷茨战役中打败奥地利大军。这是普奥战争中重要的战役。奥军虽有人数上优势，但死伤者七倍于普军，不久后被迫求和。图为克尼格雷茨战役最激烈战斗之一赫卢姆战场阵亡将士纪念塔。

温和的胜利

普军赢得克尼格雷茨会战的决定性胜利后，威廉一世和众多普鲁士将军要求继续进军维也纳，而俾斯麦则力排众议，提出了温和的停战条件。这些条件主要是：解散德意志邦联；奥地利退出德意志，同意建立以普鲁士为首的北德意志联邦。俾斯麦的决定颇让人意外。不过，在这看似反常决定的背后，俾斯麦自有其合理的战略性考量：普鲁士结束对奥战争后，还无法建立一个完整的德意志，当时还有北方的四个邦国尚在法国人的掌控中，一场对法战争将是无法避免的；如果过分地削弱奥地利，势必会让奥地利怀恨在心，届时再对法作战，普鲁

在普奥战争中，意大利与普鲁士结成同盟。奥军对意军有较大的优势，两次海战中都击败意军。图为在库斯托扎（Custozza）战役中，陆军上校罗达科夫斯基（Rodakowski）指挥奥地利骑兵，向意大利步兵发起冲击。1866年8月，普奥停战后，意奥议和。

自德国完成统一后，俾斯麦担心法国报复，故采取结盟政策阻止其他国家成为法国的盟友。1873 年，德国与奥匈帝国和俄国缔结三皇同盟。俄国退出后，他又与奥匈重订盟约，建立德奥同盟。他又担心俄国转投法国，再于 1887 年和俄国签订《再保险条约》。漫画中孤独哭泣的女孩是法国。

士就可能会面临两线作战的风险。

为避免法国或俄国干预战争，俾斯麦劝谕普王迅速跟奥地利议和，奥军也接受了法国皇帝拿破仑三世出面调停。1866 年 8 月，普奥双方正式签订《布拉格和约》，规定解散由奥地利主导的德意志邦联议会，奥地利完全退出德意志；普鲁士有权建立以它为首的北德意志联邦；奥地利把它对石勒苏益格和荷尔斯泰因的管理权全部让给普鲁士，同时还把威尼斯割让给意大利；协助奥地利作战的汉诺威、黑森选帝侯国、拿骚和法兰克福自由市并入普鲁士。由此，奥地利被驱逐出德意志，并作为新的奥匈帝国而独立存在。普鲁士打败奥地利，赢得了德意志统一的主导权，是俾斯麦政治谋略及其实践的产物。北德意志联邦的成立，标志着德意志雏形的形成。

> ### 知识链接：赫尔穆特·卡尔·贝恩哈特·冯·毛奇
>
> 赫尔穆特·卡尔·贝恩哈特·冯·毛奇（1800—1891 年），又称老毛奇，普鲁士陆军元帅、普军和德军总参谋长、著名军事家。出生于梅克伦堡小城帕希姆的容克贵族家庭，父亲当过普鲁士军官。18 岁那年，毛奇从瑞典皇家军校毕业，先后在丹麦与普鲁士军队服役。他具有优秀的军事素养，在政治上主张由普鲁士君主统一德意志。他深受当局赏识，曾出任普鲁士军队总参谋长，推动军事改革与装备升级。在普奥战争与普法战争中，他指挥普军取得关键性胜利，为德意志统一立下了汗马功劳。

图为 1869 年的布面油画《克尼格雷茨战役》。在普奥战争中，普鲁士军队赢得了克尼格雷茨会战的胜利。

宿敌对决
1870 年的普法战争

排除列强干涉德意志内部事务，和将奥地利排挤出德意志一样，都有助于推进德国统一进程。普法战争的胜利，普鲁士不仅报了拿破仑以来法国长期奴役德意志人的民族仇恨，而且在法国的凡尔赛宫，以德意志帝国建立的形式，宣告了统一任务的完成。

德法之间的纠葛，最早可以追溯到查理大帝的孙子瓜分法兰克遗产时代，当时的东法兰克（后来的德国）和西法兰克（后来的法国）就矛盾重重。但是，普鲁士和法国之间冲突的种子，主要是拿破仑战争时期埋下的。拿破仑一世通过武力征服，将欧洲大陆的主要国家掌握在自己的手中，分裂的德意志也不能幸免。在拿破仑法国的统治下，德意志的民族情绪被激发出来，并随着诸邦力量的上升而不断高涨。

新仇与旧怨

1866 年普奥交战之际，法国出兵普鲁士的盟友意大利，并参与普奥战争的斡旋，这进一步加深了普法间原来就存在的猜忌与隔阂。最重要的还在于，不仅拿破仑一世解散了神圣罗马帝国，而且法兰西第二帝国还阻挠德意志的统一进程，拿破仑三世就公开宣称："德意志应该划分为三块，永远不得统一。如果要把南德意志诸邦拉入北德意志联邦，法国的大炮将自动发射。"

拿破仑三世不能容忍普鲁士的崛起，法国不允许出现一个统一而强大的德意志。同时，普鲁士在赢得普奥战争后上升的势头又无法遏制，这就意味着普法之间必有一战。这场战争的导火索是西班

王位继承问题。1868 年，西班牙女王伊莎贝拉二世因私生活混乱而被推翻，造成西班牙王位空悬的局面。有消息称，西班牙国王的女婿利奥波德有可能继位，而利奥波德也是霍亨索伦家族的普鲁士国王威廉一世的远房表弟。面对传言，法国舆论一片哗然。如果西班牙王位落入普鲁士的霍亨索伦家族手中，法国将会腹背受敌。然而，这正中俾斯麦下怀，恰是他挑起普法冲突的良机。

俾斯麦力主利奥波德继承王位，法皇则强烈反

拿破仑三世对普鲁士宣战后，随即编成莱茵军团，集结于法德边境。法国欲先发制人，夺取法兰克福，逼迫普鲁士屈服。此图由皮埃尔·乔治·杰尼奥特绘制，内容为 1870 年法国预备役人员响应召唤，应征入伍。

普法战争是普鲁士为了统一德国，并与法国争夺欧洲大陆霸权而爆发的战争。战争由法国发动，最后以普鲁士大获全胜，建立德意志帝国告终。普法停战和约《法兰克福条约》极其苛刻，埋下了日后第一次世界大战爆发的仇恨种子。图为"埃姆斯密电"纪念石。

> ### 知识链接：埃姆斯密电
>
> 在普鲁士积极准备对法战争前夕，1870年6月，波旁王朝的西班牙女王伊莎贝拉二世宣布退位，空悬的王位引起了法国与普鲁士的觊觎，两国关系顿时紧张。就在这个紧急关头，普王威廉一世意图让步，遂于7月13日密电俾斯麦。不过，俾斯麦抓住时机，刻意修改电文，使之充斥挑衅意味，并于次日见报。法国人民对此反应强烈，法国皇帝拿破仑三世在15日对普宣战。至此，俾斯麦利用密电事件，达到了挑起普法战争的目的。

对，并要求普王说服利奥波德放弃继承西班牙王位，拿破仑三世还派大使前往普王所在的埃姆斯温泉疗养胜地，要求威廉一世签署永不赞成霍亨索伦家族亲王继承西班牙王位的文件。无奈之下，威廉一世容忍了这一无理要求，并表示问题可以继续讨论。虽然普王的态度让俾斯麦大失所望，但是他从自己代普王回复法皇的一份外交电报中找到了机会：1870年7月14日，俾斯麦将一封"埃姆斯密电"安排在法国国庆日这一天发往法国。由于电文已经曲解和删改，表达的意思甚为强硬，极具挑衅性，触怒了拿破仑三世。7月19日，法国对普鲁士宣战。

战前运筹帷幄

为争夺欧洲大陆霸权和德国统一问题，长期以来普法之间关系紧张。不过在普法正式交战前，俾斯麦经过了充分的筹划和周详的部署，为即将爆发的普法冲突作好了万全准备。就德意志自身的情况来看，普奥战争一结束，俾斯麦就通过经济联盟，巩固了以普鲁士为首的北德各邦间的联合；同时，又与南德四邦签署条约，建立反法攻守同盟。这样，由普鲁士主导的北德联邦和南德四邦，不同程度地走上了普鲁士式的军事扩张之路。

在国际关系上，俾斯麦运用外交智慧，再一次为普鲁士赢得了有利的国际环境。普奥战争时期，法国曾要求比利时领土，作为自己在普奥战争中保持中立的补偿。俾斯麦一方面应允下来，另一方面又要求法国提供相应的书面材料，这样就使法国留下把柄。当时，法国正在中南半岛、非洲等地进行殖民扩张，这令英国大为不满，而普鲁士的崛起，恰好为英国的大陆均势政策提供一个能与法国相抗衡的大陆国家。这样一来，在未来的普法战争中，英国不会对普鲁士构成威胁。在俄国对波兰战争中，法国曾支持波兰的民族解放运动，这让俄国人一直耿耿于怀。为了全力对付法国，俾斯麦竭力讨好俄国，表示愿意支持俄国在黑海问题上的立场，改变黑海非军事化现状。俄国答应确保与普鲁士结盟的关系，诸如一旦爆发普法之战，俄国将陈兵奥地利边境，防止奥法结盟。

这样，普鲁士不但获得了俄国的支持，也探明了英国的意向。此外，意大利因法国在其境内驻军及宗教问题，也不会站在法国一边。奥地利尚未走出普奥战争的阴影，为雪普奥战争之耻，它最有可能支持法国；而且在与法国接触时，奥地利承诺普法在战争爆发六周后方可加入战争。总之，在国际形势十分有利于普鲁士的情况下，普法战争终于爆发了。

法兰西第二帝国的噩梦

战前，普法双方军事对阵的态势大致是，普鲁士约有百万人的整编军队，法国直到战前才动员 20 多万人，双方军事实力悬殊。普军总参谋长毛奇在分析普法两国的地理概况后，做出正确的预判，认为法军一定会在阿尔萨斯和洛林方向进攻普鲁士。从地形上和法国的铁路情况来看，法军在这一线进攻的地点会在梅斯和斯特拉斯堡两地。由于普鲁士对这场战争早有谋划，普军在毛奇的指挥下早有应对之策。拿破仑三世对普法战争的可能性也有预测，他一心想成为拿破仑一世那样的英雄。因这一时期国内的工人运动此起彼

1870 年 9 月 2 日，法国拿破仑三世下令悬起白旗，表明自己和全体法军向普军元帅毛奇投降。随着法兰西第二帝国被推翻，拿破仑三世获准流亡。壁画描绘雷耶将军向威廉一世递交拿破仑三世的投降书。

伏，削弱了法国的实力。当然，他为转移国内视线，急需一场对外战争。可是，他的军事与政治才能却相当有限。

法国正式向普鲁士宣战后，于 8 月初以三个师兵力进攻位于萨尔布吕肯地区的普军。两军经过短兵相接后，法军接连败北，普军进入反攻，越过国境作战。8 月 6 日，战争进行的第四天，法军的巴赞军团就遭遇了两次重大失败，结果通往洛林一线的门户洞开。由于初期战事失败，法国的奥利维耶政府垮台。由皇后摄政的巴黎政府一再干预前线指挥员的作战部署，并阻止一线部队向战区纵深后撤，法皇也附命巴黎，改变部队撤退计划，因而贻误战机，使法军主力深陷色当围困之中。双方开战只有月余，便迎来了一场大决战。

9 月 1 日，色当战役一打响，普军就占领符里济等要地，切断了法军向西部撤退的路线，仅用一个中午时间，就完成对法军的包围，还凭借克虏伯工厂生产的中型火炮进行有效守护。法军虽然多次突围，但毫无结果。当天下午，法皇被迫"向普皇献上他的配剑"。次日，拿破仑三世又带领 8.3 万名法军士兵，向普鲁士正式投降。在色当战役中，

色当会战是普法战争中最具决定性的战役，发生于 1870 年 9 月 1 日。很快，12 万法军成为瓮中之鳖，并遭到惨败，连法皇拿破仑三世本人亦沦为阶下囚，而德军大获全胜。图为色当会战中发生的拉蒙塞尔战斗。

普法两军伤亡比例悬殊，大致为 1∶10。法国因损失惨重，已无力再战。

条件严苛的和约

色当战役溃败，拿破仑三世沦为阶下囚，普鲁士终于克服统一德意志的最后一道障碍。9 月 4 日，法国掌握金融经济的大资产阶级利用政府的失败，趁机发动政变，推翻法兰西第二帝国，成立法兰西第三共和国，组成以特罗胥将军为首的"国防政府"。法兰西第二帝国覆灭后，普军决心将战争继续下去，向巴黎进军，并围困巴黎四个月之久。1871 年 1 月下旬，法国政府同普鲁士分别签订投降条约和停战协定。不过，由于巴黎革命发生，巴黎公社宣告成立，法国国内局势混乱，导致普法双方战后和约推迟两个多月。5 月 10 日，俾斯麦和毛奇代表普鲁士，在美因河畔的法兰克福，和法国

法国小说家都德的《最后一课》发表于 1873 年，是一篇爱国主义小说。故事发生在阿尔萨斯的一个村庄，法国因普法战争失利，割地辱权。德国禁止阿尔萨斯和洛林的学校教授法语，小说描写了周日上午学校里不寻常的一幕。

法军第一军团在巴泽耶镇的街道建筑防卫工事，并得到当地居民和学生的支持。普军遭遇猛烈抵抗，只能占领巴泽耶镇南面一端。图片内容："战争：保卫巴黎——学生们出发去前线防守工事。"

的梯也尔政府签订《法兰克福和约》。双方确认凡尔赛和约草案的基本条款，但条件更为苛刻。根据《法兰克福和约》，法国割让两个重要能源城市阿尔萨斯和洛林的大部分地区给德国，两地的法国居民国籍维持不变；赔款从 2 亿法郎增加到 50 亿法郎，分三年付清；付清前，德国保持在巴黎以及法国北部部分城市驻军；法国承认普王威廉一世为德意志皇帝。

普法战争的胜利，普鲁士统一了分裂的德意志。普鲁士首相俾斯麦敏锐的政治嗅觉，开阔的国际视野和强力的外交手腕，加速了德意志统一的进程。如果说强大的德意志是欧洲大陆抗衡法国的重要力量，那么，统一的德意志帝国的诞生，不仅深刻地改变了欧洲大陆的政治版图，而且标志着德意志作为一个全新的角色开始参与国际竞争。但是，威廉一世在凡尔赛宫镜厅加冕称德皇，德意志帝国的建立，以及严苛的和约条款，都在法国人民心中埋下了仇恨的种子。这也是近代欧洲长期处于动荡纷争状态的重要原因。

普王称雄
凡尔赛宫镜厅的加冕

这是值得铭记的时刻：一方是战胜者的耀武扬威，一方是失败者的屈辱俯首；一个是统一国家的新生，一个是曾经帝国的瓦解。日后，欧洲大陆德法两国的关系愈发紧张，争端连绵，续写着前世的冲突史。

凡尔赛宫座落在巴黎西南 18 公里处的凡尔赛镇，初建于 17 世纪后期，建成于路易十五时期，迄今已逾 300 年。

凡尔赛宫镜厅小史

最初，凡尔赛镇是一片茂密的森林和沼泽荒地。1624 年，法王路易十三在此修建了一座二层红砖楼房的狩猎行宫。"太阳王"路易十四时期，建筑师芒萨尔主持设计了当时最为豪华壮丽的凡尔赛宫镜厅，作为法国接见各国使节时的专用宫殿。镜厅，又称镜廊，占地 700 多平方米，因墙壁上镶嵌着由 357 块镜片组成的 17 面巨大镜子而得名。

镜厅是法国凡尔赛宫的中央走廊，两端同战争厅与和平厅相连。其主要特征是有 17 扇面向花园的玻璃窗，相应地，在窗子对面墙上有 17 个装饰拱，每个装饰拱上面分别贴有 21 面镜子，共计 357 面。镜厅由此得名。

这些镜子反射着金碧辉煌的穹顶壁画，还有从后花园映进的光芒，看上去无比奢华。

在凡尔赛宫尚未竣工之际，路易十四就将法兰西宫廷由巴黎迁往凡尔赛宫。此后，路易十五与路易十六相继在这里居住。1789 年大革命爆发后，路易十六在巴黎民众的挟持下，迁往巴黎的卢浮宫，而凡尔赛宫也结束了自己的百年宫廷史。大革命恐怖时期，凡尔赛宫陈设的家具、壁画、挂毯、吊灯和陈设物品都被洗劫一空，甚至宫殿门窗也遭受厄运，被砸毁拆除。1793 年，宫内残余的艺术品和家具全部运往卢浮宫。1833 年，奥尔良王朝路易·菲利普国王当政时期，方下令修复凡尔赛宫，并将其改为历史博物馆。

凡尔赛宫镜厅之闻名，并不单是来自其独特的设计和奢华的陈设，更重要的是它见证了岁月沧桑和历史轮回，见证了德法两国的恩怨，其中记录了两个重大历史事件的发生。一是法国在普法战争失败后，拿破仑三世割让阿尔萨斯、洛林两地，德皇威廉一世在此加冕，并宣布德意志帝国成立；二是第一次世界大战结束后，德国战败，1919 年 1 月 18 日在此签订著名的《凡尔赛和约》，宣告德意志帝国的解体。同样的日子，同样的地点，谈判双方的位置悄然互换，这种颇具讽刺意味的场景，不是历史巧合，而是法国的刻意安排。

1861 年 1 月，威廉亲王在柯尼斯堡加冕为普鲁士国王威廉一世。他即位后，较少干预政治，意在寻求一种谨慎的方法去解决政治问题。他与俾斯麦经常发生政见分歧，最后只好同意俾斯麦的主张。图为威廉一世在柯尼斯堡的加冕典礼。

普王高调加冕称帝

1870 年，好大喜功、利欲熏心的拿破仑三世，在俾斯麦外交策略的刺激下，盲目草率地对普鲁士开战。结果兵败色当，沦为阶下囚。而普鲁士的对法战争，已经由最初的民族解放战争，演变成了掳掠法兰西的侵略战争。同时，法国的梯也尔政府还与普鲁士首相俾斯麦秘密勾连，镇压法兰西人民的反抗活动。就在战争硝烟尚未散去之际，普鲁士国王已然走进凡尔赛宫，加冕称帝，并宣布成立德意志帝国。

1871 年 1 月 18 日，德意志境内各邦的王室成员，齐聚法国凡尔赛宫，普王威廉一世在卫兵的簇拥下，在最豪华的镜厅举行称帝加冕礼。这标志着以普鲁士为主导的德国统一运动的胜利。在建构民族国家的过程中，法国一直是德国统一的最大外部障碍。拿破仑皇帝曾以武力方式，强行肢解了德意志历史上的第一帝国，即神圣罗马帝国，也打碎了德意志人对统一的幻想。同时，拿破仑将德意志置于自己的统治之下，这就严重地伤害了德意志人的

民族情感。普鲁士崛起后，力行改革，增强国力，凝聚民心，试图一统德意志。但是，法国统治者依然有意维持德意志的分裂，从而确保自己独霸欧洲大陆的局面。所以，这次威廉一世的高调加冕礼，正是普鲁士，也是整个德意志民族，在忍辱负重多年之后的一次快意复仇。

普王在凡尔赛宫镜厅加冕，点燃了法国的民族情绪，整个法兰西民族沸腾了。凡尔赛宫，曾是法兰西民族的象征，此刻却充斥着耀武扬威的侵略者。这在法兰西播下了民族仇恨的种子。几个月后，《法兰克福和约》的签订，沉重的战争赔款，加上阿尔萨斯和洛林的割让，进一步加剧了德法两国的矛盾和仇恨。正如一位法国政治家所指出的那样："我们现在是在进行一场暗中的战争，欧洲再没有和平，没有自由和进步。"非常遗憾的是，这种敌对状态不断持续，以至于在两个民族之间酿成了第一次和第二次世界大战那样不可挽回的大悲剧。

1871 年 1 月 18 日，普鲁士国王威廉一世在凡尔赛宫登基成为德意志皇帝。在这幅画中，威廉一世站在讲坛的中央，两边分别是他的儿子腓特烈（左）和巴登的腓特烈大公爵（右）。俾斯麦身着白色制服。

后来居上
德意志帝国的崛起

一方面，19世纪六七十年代，在普鲁士的主导下，通过一系列王朝战争，德国实现了国家统一。这对德意志的经济发展和国力提升，都具有十分重要的意义。另一方面，统一德国的出现和德意志帝国的崛起，也给欧洲的政治格局造成了前所未有的影响。

德意志民族主义的觉醒是德意志统一的基础，普鲁士顺应了这一要求，迅速地取得了三场王朝战争的胜利，完成了德意志的统一。统一后的德意志，仰仗着法国的巨额赔款与能源基地，走上了飞速发展的道路。但是，膨胀的民族主义和专制主义的延续，埋下了不安定的种子。

德国统一的实现

19世纪初，拿破仑一世结束了中世纪的神圣罗马帝国，使德意志地区进一步陷入了分裂。然而，民族意识觉醒的德意志人，渴望结束那种裂土分治的局面，而德国统一的历史重任，自然地落到了两个实力强劲的邦国——普鲁士和奥地利的身上。俾斯麦出任普鲁士王国首相后，锐意军事与经济改革，并着手推进德意志的统一。随着王朝战争的推进，普鲁士领导的小德意志派不断取得成功，并将奥地利排挤出了德意志版图。1871年，俾斯麦在普法战争中打败宿敌，一洗耻辱，使威廉一世在法国凡尔赛宫镜厅由普王加冕为德皇，德意志告别民族分裂，实现统一。

德意志帝国建立后，其实力大为提升。从人口上来看，据统计，1871年德国达到4200万人，比法国多500万人，位居欧洲第二，仅次于俄国。

1813年10月，法国皇帝拿破仑以18万法军与俄国、普鲁士和奥地利及其他各国30万联军，大战于德国的莱比锡附近，失败后返回巴黎。1913年，为纪念战胜拿破仑100周年，德国建造了这座民族解放纪念碑。

从工业发展方面来看，重工业，尤其是煤炭和钢铁行业，一直是德国传统的优势产业。德国统一后，吞并了阿尔萨斯和洛林，加上德国的鲁尔区煤炭，到1880年，其产煤量达到7140万吨，钢铁产量高达664万吨。相比较之下，同期法国的产煤量和钢铁产量，分别仅为2570万吨和256万吨。丰富的自然资源和雄厚的钢铁生产能力，促进了帝国铁路建设的飞速发展。德国原本在普奥战争时期已四通八达的铁路网得到了进一步优化。由铁路发展带来的交通贸易的变化，反过来又促进了经济的大力发展。统一后，德国已是不折不

巴斯夫化学工厂，全称"巴登苯胺纯碱公司"，1865年在巴登－符腾堡创立。公司成立后一周，即搬至莱茵河对岸，当时属于莱茵－普法尔茨州的路德维希港。由于研制出甲基蓝、茜素和靛蓝，巴斯夫很快跻身世界颜料市场前列。图为1881年巴斯夫化学工厂照片。

知识链接：修昔底德陷阱

古希腊历史学家修昔底德提出的著名论断。他在《伯罗奔尼撒战争史》中指出："当一个崛起的大国与既有的统治霸主竞争时，双方面临的危险，正如公元前5世纪希腊人面临的情况一样。这种挑战多数以战争告终。公元前5世纪，雅典的成就急剧崛起震惊了陆地霸主斯巴达。双方之间的威胁和反威胁引发竞争，长达30年的战争结束后，两国均遭毁灭。"古代史上的雅典与斯巴达，以及现代史上的葡萄牙、西班牙、法国、荷兰、英国、德国、美国的崛起等，都可以看作是新兴大国以战争方式挑战现存大国的结果。

扣的欧洲强国。

现代版"修昔底德陷阱"

1871年，德国的统一和德意志帝国的崛起，无疑是世界史上的一件大事。表面上，普鲁士接连赢得三场王朝战争，是其军事实力强劲的表现；实际上，普鲁士强劲的军事实力是以雄厚的经济实力为基础的。进入19世纪以来，普鲁士重工业发展的成就令人瞩目，这才是其军事实力的保证。当然，仅有军事实力要想完成德国统一和赢得对法国的决定性胜利，是远远不够的。俾斯麦作为普鲁士首相，善于运用高超的外交技巧，能为每一次战争营造良好的外部环境，也是普鲁士获胜的重要因素。

古希腊史家修昔底德曾说过，一个新崛起的大国，必然要挑战现存的大国，而现存大国也必然会回应这种挑战，因而列强之间的争霸战就变得不可避免。这就是所谓的"修昔底德陷阱"。德国的统一与崛起，先后挑起了两次世界大战，无疑又一次证明了这个观点。

尼德瓦尔德纪念碑，又称帝国纪念碑，高38米，为纪念德意志帝国建立而修建。奠基于1877年，1883年正式落成。纪念碑最上方是象征着帝国女神的日耳曼尼亚，她左手握剑，右手高举王冠，头戴象征着胜利和光荣的橡叶花冠。

声势浩大：意大利独立与统一运动

意大利是一个风光旖旎、景色宜人的地中海国家。它曾经缔造了历史上存在时间最久的罗马帝国。然而，当帝国的光环渐渐退去时，中世纪的意大利却长期深陷内忧外患之中。直到文艺复兴时代来临，像但丁、彼特拉克、马基雅维利等一批身处逆境的知识分子，最早发出爱国的呼声，激发了意大利人深藏心底的民族认同意识。经过法国大革命的洗礼和拿破仑战争的磨砺，19世纪的意大利终于掀起了民族统一与独立运动，先后发生1848年革命、1859年意大利联合法国对奥地利作战和1866年意大利与普鲁士结盟同奥地利作战等三次民族独立战争。1861年3月，意大利王国成立，撒丁王国国王伊曼纽尔二世出任意大利国王。至此，除了威尼斯仍由奥地利统治、罗马处于依附法国的教皇统治之下，意大利基本实现了统一。19世纪60年代中后期，意大利又借助普奥战争、普法战争，最终将奥地利和法国势力赶了出去。1870年末，伊曼纽尔二世进驻罗马城，历时20余年的意大利民族独立战争胜利结束。

解放之路
意大利民族独立浪潮

意大利，一个伸入地中海的半岛，是古罗马文明的发祥地。作为古罗马帝国的摇篮，中世纪的意大利早已风光不再，它长期成为群雄竞相蚕食的对象。然而意大利人劫后余生，毅然举起了民族独立的大旗。

历史悠久的意大利，哺育了勤劳勇敢的意大利人。长期处于外族压迫的意大利人，在向往自由的烧炭党人带领下，开启了上下求索的民族独立之路。

民族统一意识的觉醒

中世纪的意大利，长期受到德国封建主的侵略，处于神圣罗马帝国统治下，充当着德意志人的附庸。由于自身陷于分裂和混战状态，而对意大利民族性的认识含混不清。直到文艺复兴时代来临，一些人文主义者在其作品中呼吁意大利统一，才唤醒了意大利的民族意识。其中，著名的佛罗伦萨诗人但丁是最早具有意大利统一思想的人。在长期的

但丁·阿利盖利（Dante Alighieri，1265—1321年）是文艺复兴的先驱，中世纪最后一位诗人和新时代最初一位诗人。他研究过拉丁文、诗学、古典文学、哲学、神学、历史等科目，其代表作《神曲》堪称"中世纪的百科全书"。

悲凉和苦难的流亡生活中，但丁已经成为一个属于意大利的公民。他周游了许多城市，广泛地接触社会、了解现实，加深了对意大利社会政治问题的认识。他的重要作品几乎全是在流放生活中完成的。《宴会》用俗语写成，打破了中世纪以来学术著作必须用拉丁文写作的传统；拉丁文的《论俗语》是最早一部关于语言学和诗律的著作，为意大利民族语言和文学语言的发展奠定了理论基础。他在政治理论代表作《论世界帝国》中，第一次从理论上阐述了政治与宗教平等、政教分离、反对教皇干涉政治的基本观点，提出了建立世界帝国的政治理想。实现意大利的统一，是但丁政治思想的中心。

文艺复兴时期，彼特拉克是继但丁之后又一位佛罗伦萨大诗人。作为"人文主义之父"，他像但丁一样，具有强烈的政治热情，渴望结束封建割据状态、实现民族统一。在《阿非利加》《名人列传》《意大利颂》等一系列作品中，他以饱满的爱国情怀，充分表达了对意大利民族的热爱："我的意大利啊！纵然我的诗句不能治好那些折磨你美好躯体上血迹斑斑的创伤，可我的心好像生了重病，我的叹息从庄严的海岸吹到了台伯河上。……看吧，我的祖国，你所喜爱的我的故乡，正在为无名原因引起的战争，和那不能抑制的纠纷，受着多么残酷的煎熬！"

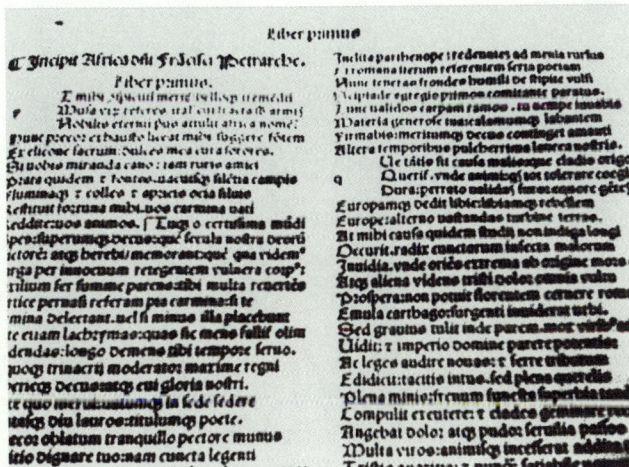

弗兰齐斯科·彼特拉克（Francesco Petrarca, 1304—1374 年）是意大利著名的"桂冠诗人"和"人文主义之父"。他的作品《阿非利加》等，充分表达了作者对伟大的意大利民族的赞美和热爱之情。图为 1501 年版的《阿非利加》第一页。

民族独立浪潮涌动

中世纪的意大利，多灾多难的民族，不但陷于长期的内部纷争，而且经常受到外族的入侵。从 16 世纪起，意大利相继受到法国、西班牙、奥地利等的侵略。1789 年法国大革命爆发后，大陆欧洲被压迫和受奴役的民族，似乎看到了争取独立自由的希望。正是在法国大革命精神的感召下，在亚平宁半岛的上空也响起了自由、平等、博爱的口号，正如人文主义者所热情宣称的那样，"法国大革命是值得包括意大利在内的欧洲各国效法的榜样"。于是，一批激进的意大利人行动起来，组成"雅各宾俱乐部"，并不时举行小规模的游行和起义，争取民族独立。不过，由于缺乏有力的领导核心，活动的目的也不明确，加之受地方封建势力的镇压，这些运动便停了下来。尽管如此，意大利人对复兴民族和统一国家并没有失去信心。

为彻底打败第一次反法联盟，法国督政府决定展开积极的军事行动，并把实力雄厚的奥地利军队作为主要的进攻目标。1796 年 3 月，年仅 26 岁的

知识链接：尼科洛·马基雅维利

尼科洛·马基雅维利（Niccolò Machiavelli, 1469—1527 年），意大利人文主义者，近代政治学之父，出生于佛罗伦萨的官宦之家。政治上失意后，开始总结自己多年的从政经验，思考意大利的未来。《君主论》是马基雅维利的政治思想代表作，阐明了君主统治和政治权术的基本思想。他提出了欲达目的、不择手段的霸术原则，后人称之为"马基雅维利主义"。

拿破仑被任命为法兰西共和国意大利方面军总司令。他打着反对奥地利的旗号进入意大利，宣称"法国军队前来打碎你们（意大利人）身上的枷锁"。在拿破仑统治下的意大利王国，由于统一法律和税制，推行义务兵役制，一定程度上消除了意大利支离破碎的局面，推动了意大利内部的整合。最为重要的是，在意大利王国的三色旗下，亚平宁半岛旧的邦国界线逐渐消除，意大利的民族认同感空前强烈，从而达成了驱逐外国侵略者、建立统一国家的民族共识。自此，意大利走上了独立与复兴之路。

拿破仑在法国大革命末期和拿破仑战争中登上权力巅峰。他对抗一系列反法同盟，建立欧洲大陆霸权，传播大革命理念。图为作为意大利国王的拿破仑的肖像。

统一先锋
意大利的烧炭党

这是意大利民族主义的政党。它生于危难之际，是意大利人民反侵略斗争的产物。它开启民智，宣传革命，在追求意大利民族的独立与统一历史进程中，建立了不可磨灭的功勋。

　　烧炭党的产生，是与拿破仑出兵占领意大利密不可分的。在法军的占领下，意大利成为法国肆意掠夺的对象，从而激起了意大利人的反抗。尤以那不勒斯的反抗斗争最激烈，这构成了烧炭党形成的社会环境。

秘密革命组织

　　1806 年，那不勒斯王国南部的卡拉布里亚地区，爆发了有几千名农民参加的反法运动。此时，一批流亡国外的意大利政治活动家来到了卡拉布里亚，与当地的农民进行联合。他们混迹在当地的烧炭工人之中，组织、发展秘密革命组织，号召赶走法国侵略者。一般认为，烧炭党诞生于1807 年。该党以烧炭职业为掩护，用烧炭工人熟悉的"行话"作为联络语，并将烧炭所产生的烟、火、炭对应的蓝、红、黑三种颜色作为党旗的标志。

　　早期的烧炭党，成员极为庞杂，几乎涵盖社会的各个阶层，既有贵族，又有知识分子，还有商人、工人和农民，他们因为反对拿破仑法国的殖民统治而走到一起。烧炭党党员被分成"师傅"和"学徒"两部分，平时则以兄弟相称。卡拉布里亚山区的煤炭交易店铺——温塔是烧炭党的基层组织单位。从党外加入组织，到党员之间的联络，再到

卡拉布里亚是意大利南部一个大区，包含那不勒斯以南像"足尖"的意大利半岛。从地图上看，它位于意大利那个"靴子"上的脚趾部分。大希腊、伊特鲁里亚文明，以及其后的罗马帝国，分别统治这片土地若干世纪。

组织活动内容等，都遵循严格的保密原则。经由党内成员介绍者，方可加入烧炭党；党内的联络只是高级温塔向低级温塔的单向联系，而同级温塔之间并无关联。高级温塔向其直属的低级温塔指定任务时，往往派遣一名戴着戒指的密使前来接头。密使所戴的戒指上，铭刻着五位阿拉伯数字，用以核对密使的姓名、接头地点和时间等内容。烧炭党的纲领集中体现在"教义问答"中，其最终目标是推翻拿破仑在意大利的统治，争取意大利的独立与统一。但值得注意的是，这些问答没有统一的标准，因而答案难免有较大差别，甚至他们关于"自由"与"平等"的看法也是千差万别。

19 世纪初，烧炭党在那不勒斯王国成立。这是意大利民族主义者的秘密革命团体，或为共济会的一个支派，它在意大利统一过程中发挥了重要作用。图为烧炭党党旗，蓝、红、黑三色分别象征着希望、美德和信仰。

知识链接：撒丁王国

19 世纪中期意大利境内唯一的独立王国，又称皮埃蒙特–撒丁尼亚王国。1720 年，萨伏依王朝依据 1718 年《伦敦条约》，割让西西里岛与奥地利，换取撒丁岛，在此基础上成立撒丁王国，定都都灵。成立之初，王国管辖的领土包括意大利西北部的皮埃蒙特、撒丁岛、萨伏伊公国。1848 年欧洲革命期间，它颁布自由主义宪法，创建两院制议会，实行君主立宪制。1850 年，加富尔出任首相后，实行一系列富国强兵的政策，加之加里波第远征军的配合，1861 年撒丁王国基本上统一了意大利。

独立与统一的启明星

意大利统一运动，过程曲折，历时漫长。烧炭党活动就是意大利民族独立运动的一个缩影。从 1807 年诞生，到 1831 年瓦解，它走过了 24 个春秋。尽管它留下了许多不足和缺憾，诸如：其一，采用秘密会社的形式发展队伍，组织活动，难以为普通民众所接受，阻碍了更多的人靠拢烧炭党；其二，烧炭党不仅组织方式落后，而且从早期混乱的"教义问答"，每个成员都有解释教义的空间，到照搬"西班牙宪法"，始终没有一以贯之切实可行的革命纲领；其三，除"师傅"之外，烧炭党缺乏有力的领导机构，且认不清时局，而对当局存有幻想，因而常持妥协的态度。但是，它引导意大利人投身于民族解放事业，尤其在意大利的北部和中部地区，发动和领导了一次又一次的人民起义，坚持不懈进行革命斗争的历史功绩，有目共睹。它作为意大利革命的启明星，启迪了后来的革命者。在追求意大利的独立与统一的过程中，烧炭党发挥了极其重要的作用。

都灵是意大利北部的重要城市，皮埃蒙特大区首府，有"意大利自由的摇篮"之美称。1563 年成为萨伏依公国首都，也是意大利统一后的第一个首都。它拥有众多的名胜古迹，巴洛克、洛可可和新古典主义建筑随处可见。

独立之父 朱塞佩·马志尼

双唇紧闭，眉头紧锁，目光流露出对意大利民族和国家的思考。这就是意大利的革命志士热那亚人马志尼给人留下的深刻印象。虽然他早已远去，但他的革命思想长存，他的革命精神成为后人的指路明灯。

为意大利独立奔走的革命先烈马志尼，是意大利民族独立的指路人，民族革命的先驱。他的思想指引着无数意大利人，为了民族独立、国家振兴而抛头颅，洒热血。

"思想和行动"的口号

朱塞佩·马志尼，出生于热那亚的医生家庭，14岁进入热那亚大学学医，后转学法学。他的青少年时代，意大利正值拿破仑帝国统治时期，他的父亲投身于捍卫意大利统一的政治活动，他的母亲和两位启蒙老师都是与意大利民主运动有着密切联系的冉森教徒。16岁时，马志尼见到一位爱国志士因起义失败而亡命国外，开始立下雄心壮志，要为民族的独立和祖国的统一而奋斗。

马志尼阅读过维科、盖尔得尔等人的著作，这些民主主义思想家对意大利历史的梳理，丰富了他的历史知识；而他们提出的向前看而不是向后看的历史观，也拓展了他的政治视野。尤其是法国史家基佐提出意大利历代思想家没有把理论和实践结合起来的见解，对马志尼政治观的形成具有重要意义。正是在他们的启发下，马志尼提出了"思想和行动"的口号，并于1830年参加了秘密革命组织烧炭党。后来，他深情地对青年人说道："青年人啊，热爱理想吧，崇敬理想吧。理想是上帝的

朱塞佩·马志尼（Giuseppe Mazzini，1805—1872年）是"意大利建国三杰之一"。1830年，他加入秘密革命组织"烧炭党"；不久前往法国，在马赛创立青年意大利党，为意大利的统一与民主而奋斗。图为1860年时的马志尼。

语言。高于一切国家和全人类的，是精神的王国，是灵魂的故乡。"这是他内心对理想的崇敬的真实写照。

为革命奉献的一生

1827年大学毕业后，马志尼以律师为业，并为进步报刊撰写文章。此时的烧炭党人热衷于密谋活动。他们领导的起义，严重脱离群众，实质上是纯粹的军事密谋性质的孤立行动，结果屡遭奥地利统治当局镇压。这种缺乏群众基础、脱离意大利现

CITIZENS SHOT FOR READING MAZZINI'S JOURNAL

1831 年在法国成立的意大利秘密革命团体。烧炭党人马志尼被放逐到法国马赛后，总结烧炭党运动失败的教训，重建新革命团体，称为青年意大利党。它提出了明确的革命对象，即通过发动意大利人民，反抗奥地利的统治，建立统一的民族国家。1833 年 7 月，在马志尼的带领下，青年意大利党人在热那亚发动起义，因军官告密，起义失败，他们逐渐退出历史舞台。该团体培养了一大批革命人士，为意大利独立运动做出了贡献。

1860 年，朱塞佩·马志尼撰写了一本关于意大利统一运动的政治小册子《论人的责任》，目的是希望意大利民众实现自身的解放，争取过上美好的生活，并不断追求民主共和制。图为许多马志尼书籍阅读者遭到无端枪杀。

实的革命活动，使烧炭党陷入了严重危机。由于叛徒告密，1830 年 11 月马志尼被捕，3 个月后被迫流亡国外。1831 年 4 月到达法国马赛。

在大量意大利流亡者的支持下，马志尼着手改造烧炭党，又于 1831 年 8 月建立青年意大利党，并创办同名机关刊物，继续宣传革命。他主张通过起义推翻奥地利帝国的统治，把意大利联合成为一个独立和统一的资产阶级民主共和国。这也是青年意大利党的宗旨。在《给"青年意大利"弟兄们的总指示》中，他明确宣布"青年意大利"的政治目标是"使意大利重新成为一个自由、平等、统一、独立、主权的民族"。1833 年热那亚起义失败后，虽然青年意大利党瓦解了，但是马志尼通过宣传和活动，已经把统一和独立的思想灌输给了意大利人，这对意大利民族解放运动产生了重要影响。有历史学家评价说，"意大利的统一，归功于马志尼的思想，加里波第的刀剑和加富尔的外交"。

经过几年的沉寂，1840 年 4 月，马志尼宣布

重建"青年意大利党"。同时，他还在伦敦创建"意大利工人同盟"，创办报刊，以此来宣传革命，扩大爱国运动的群众基础。在 1847—1857 这十年间，他先后组织了多种形式的起义斗争。1849 年，青年意大利党人推翻了教皇在罗马的统治，建立了以马志尼为首的罗马共和国。在 1848 年欧洲革命衰落时建立起来的罗马共和国，实现了马志尼建立资产阶级共和国的愿望，同时也标志着青年意大利党活动高潮的到来。但在教皇和奥地利的联合绞杀下，共和国在坚持数月后，因罗马城陷落而失败。

1857 年，马志尼组织了那不勒斯远征行动，目的是攻打波旁王朝控制的两西西里王国。这次远征失败后，他丧失了在意大利民族解放运动中的领导地位。之后，马志尼淡出政治舞台，转向著述，并于 1860 年完成了《论人的责任》一书的写作。这是马志尼用一生来完成的使强权者感到恐惧的著作，因为它集中地表达了对意大利独立与统一的强烈愿望。1872 年 3 月 10 日，马志尼逝世，享年 67 岁。

开国领袖 朱塞佩·加里波第

他的出生平凡，却有不平凡的志向；为了国家统一，他身先士卒，冲锋陷阵；胜利之后，他又急流勇退，淡泊名利，而为世人敬仰。

意大利的开国领袖加里波第，是意大利民族独立运动中涌现出来的杰出代表和具有传奇色彩的革命领袖。年少时，因参与革命活动，被迫出走南美，在异国他乡建立一支劲旅。人到中年，逢故国革命活动高涨，毅然亲率千人红衫军，收复失地。革命成功之时，急流勇退，隐居故乡。

平淡不平凡的早年

朱塞佩·加里波第出生于平民之家，父亲是一名商船船长，母亲是一位和蔼可亲的妇人。加里波第后来在回忆录中这样写道："我的童年，正如很多儿童一样，在嬉笑和哭泣中度过。在我的童年，没有什么特殊的东西。"不过值得注意的是，加里波第早年喜爱翻阅罗马史，熟读意大利作家和革命家福斯科洛的诗歌《墓地哀思》。这是一首抒情长诗，诗人鼓励生者以先贤为榜样，让意大利重新发扬过去的荣光，创造出历史的明天。

在书本之外，加里波第更加向往蔚蓝色的大海。14 岁那年，他开启了人生的第一次航行。一望无际的大海，开拓了他的视野。三年以后，他随父亲出海，远眺罗马，看到那些雄伟的建筑，历史的陈迹，联想到今日为外族人所统治的罗马，有一个信念在他心中形成，就是渴望恢复昔日罗马的荣耀。取得船长证以后，他在海洋的怀抱里成长，磨砺了意志，拥有了宽广的胸襟。一次，他与一名青年意大利党信徒巧遇，他们的交谈，让他看到了意大利的希望。

1833 年，加里波第加入青年意大利党，参加意大利海军，还参与

朱塞佩·加里波第（Giuseppe Ganibaldi，1807—1882 年）是"意大利建国三杰之一"、统一运动的灵魂人物。他献身于意大利统一大业，亲自领导了许多战役，与埃马努埃莱二世、加富尔、马志尼被公认为"意大利国父"。

1833 年 11 月，朱塞佩·加里波第在日内瓦遇到朱塞佩·马志尼，两人进行了长期合作。图为两人首次会面情形。

了热纳西暴动。起义失败后，他逃脱追捕，辗转来到了南美的巴西。这是一片革命的热土，他在这里很快找到了一批志同道合者，并以饱满的热情，加入了里奥格兰德共和国（今巴西南部）独立的事业之中。1841 年，在一次与乌拉圭海军的战斗中，加里波第的右耳被子弹打穿，还伤及了喉咙。伤愈之后，他没有表现出丝毫的退缩，又前往乌拉圭，继续投入战斗。他将革命战斗视为自己的生命，这种顽强的革命精神，极大地鼓舞着意大利争取民族独立的仁人志士。正是在南美，他锻炼了领导指挥才能，还组建了一支为意大利独立而战的红衫军。也正是在南美，他遇见了让他心动的女人阿明达，他们结成伉俪后，携手走在革命的道路上。

知识链接：意大利红衫军

意大利民族解放运动领袖加里波第领导的"千人义勇军"。这是一支素质高、装备好、战斗力强的革命军队。由于他们头戴三角帽，身着红色外套，故称"红衫军"。乌拉圭与阿根廷战争期间，1843 年阿根廷军队包围乌拉圭首府，并扬言要杀光城内的所有居民，从而激起了外国侨民的反抗。流亡南美的加里波第，领导意大利军团投入了保卫乌拉圭的斗争。这是红衫军的起源。1860 年 5 月由加里波第率领的这支"千人义勇军"远征西西里岛为实现意大利统一做出了重要贡献。

保卫罗马共和国

1848 年 1 月，西西里岛掀起了声势浩大的人民起义，由此揭开了 1848 年欧洲革命的序幕。加里波第关注欧洲时局，一直心系祖国。此刻，他难抑思乡之情，带上部分红衫军，踏上了驰援意大利

1845 年，加里波第在英法封锁拉普拉塔河期间，设法占领科洛尼亚－德尔萨克拉门托与马丁·加西亚。他又通过游击战，赢得塞罗和圣安东尼奥－德尔桑托两场战役的胜利。图为 1846 年加里波第参加乌拉圭的圣安东尼战役。

的归途。6月21日，他乘坐的"希望号"船抵达意大利，受到人们的热烈欢迎。西西里岛的星星之火，在意大利已成燎原之势。米兰起义者赶走了当地的奥地利军队，撒丁王国也正准备加入对奥战争。加里波第情绪高昂地说："当前，最危险的是战事延长，我们要尽最大的努力把奥地利人赶出去。"经过一番波折，他招募了数百人，开始对奥地利军作战。由于撒丁王国军事上的失利，他被迫带领志愿军退到瑞士境内。这时，游击战开始发挥威力。加里波第指挥一支千人左右的队伍，屡次以少胜多，成功地牵制了兵力占优势的奥军主力。奥方多次组织围剿，都无济于事。一位奥军军官在会见撒丁王国的一名外交官时，也不得不承认："为你们的战争做出巨大贡献的人，你们至今尚未器用，这个人，就是加里波第。"

1849年2月，教皇国的革命成功后，成立了以马志尼为领袖的罗马共和国。但是教皇并不甘心失败，他号召欧洲的各天主教国家，武装干涉新生的罗马共和国，法国、西班牙、奥地利等国出兵响应，两西西里王国也派兵参与，使新生的罗马共和

国深陷危机之中。当法国军队兵临罗马城下时，马志尼不得不启用加里波第。加里波第率军进城后，负责罗马西北面的防务，挫败了法军一次又一次的进攻。但是，他提出乘胜追击的要求被马志尼拒绝。就在两人的分歧难以弥合之际，获得喘息之机的法军，乘势包围罗马，共和国寿终正寝，加里波第本人不得不再次流亡海外。

为意大利独立而战

1848—1849年革命失败后，意大利依然处于分裂状态。19世纪50年代末，撒丁王国试图统一意大利。加里波第获得征召后，捐弃前嫌，不计较个人得失，积极抗敌。但是，撒丁王国的统治者仍旧虚与委蛇，使得加里波第无法得到所需的战争装备。对奥战事正进行得如火如荼之际，西西里岛出现了革命征兆，使统一运动再现高潮，可惜起义遭到了两西西里王国的残酷镇压。在马志尼的建议下，加里波第决定远征西西里岛。临行前，加里波第发表了题为"所有的人，拿起武器吧"的演讲。他指出："我们必须把它看作国家复兴的最后一个阶段，并准备好问心无愧地完成世世代代仁人志士设计的宏伟蓝图。"1860年5月，满载着士兵和枪

红衫军，泛指19世纪意大利军队，训练有素，装备精良，其战斗力可与欧洲大陆强国陆军相比。图为19世纪五六十年代朱塞佩·加里波第统帅的千人志愿军（红衫军）攻占意大利南部。

支弹药的船只启程，由此拉开了"西西里远征"的序幕。

为了掩人耳目，加里波第派遣数人前往罗马，散布红衫军将进攻教皇国的言论。实际上，他本人率领的主力部队已在西西里岛南部的马尔萨拉登陆，抄小路直取两西西里王国首府巴勒莫。两西西里王国是意大利最古老，也是面积最大的王国，国王弗朗切斯科二世手下拥有一支10万人的军队。红衫军逼抵巴勒莫城下时，以8000人对阵守城的两万士兵，敌我力量对比极为悬殊。加里波第采取声东击西的办法，派少量兵力佯装由西南面进攻，时战时退，成功地吸引了敌人的近半火力；然后，红衫军主力由东南方向发起进攻，再加上巴勒莫城人民的内应。7月，加里波第解放整个西西里岛。

紧接着，加里波第又挥师渡海北上，前去解放那不勒斯。在各路游击队的配合下，红衫军势如破竹，越战越勇，加里波第依靠高昂的士气和巧妙的指挥，仅用不到12天的功夫，就占领了两西西里王国的大片领土。9月7日，那不勒斯城守军不战而降。10月1日，临时政府宣告成立。就在意大利基本实现统一之际，加里波第以大局为重，急流勇退，毅然辞去包括两西西里国家元首在内的所有职务，隐居到卡普雷拉岛，过着闲居的普通人生活，直到1882年6月与世长辞。

淡泊名利的民族英雄

加里波第是意大利当之无愧的民族英雄。纵观其一生，可谓是战斗的一生，革命的一生。从接触革命到早年在南美的一系列活动，从听从祖国呼唤到指挥罗马共和国保卫战、再到参加著名的"西西里长征"，以及解放那不勒斯，他把自己的一生都奉献给了意大利的独立事业。从流亡南美开始萌芽的游击战思想，到数次以少胜多的战役中体现出的杰出军事指挥才能，这些都是加里波第留给意大利、留给世界的弥足珍贵的财富。

后人把他与马志尼、加富尔并称为意大利民族复兴大业的三杰，马克思称赞他"不仅是勇敢的领袖和卓越的战略家，而且还是足智多谋的统帅"。而他始终将民族和国家的利益置于一切之上，淡泊名利，功成身退，这一点最能令人肃然起敬。在生前写下的政治遗嘱中，他倾吐了"热爱自由、热爱真理；仇恨谎言、仇恨暴政"的心声。他那热爱自由的思想和永不停歇的战斗精神，激励着一切向往自由的民族为理想而奋斗。

1860年4月，两西西里的农民起义，为朱塞佩·加里波第提供机遇。他集结了千名志愿者（红衫军），乘船离开热那亚，登陆西西里岛西端的马尔萨拉。是年9月，加里波第进入那不勒斯。图为人民兴高采烈欢迎加里波第进入那不勒斯的情形。

开国首相
加富尔伯爵

睿智的头脑，让他在商业上大获成功；冷静的个性，助他在政治上纵横捭阖。正当功成名就之际，他却溘然长逝，令人叹息。

意大利的开国首相加富尔，原为都灵加富尔家族的次子，因无法继承家族的产业，所以发奋图强创办实业，为自己赢得了丰厚的财产。实业上大获成功后，他在政坛上崭露头角，出任撒丁王国首相，力行改革，发展经济，使撒丁王国成为意大利半岛上经济实力最为雄厚的国家。除此之外，他联合法皇拿破仑三世，力图用外交手段促进意大利统一。然而，就在国家统一前夕，他与世长辞，令人扼腕叹息。

实业起家的政治家

加富尔，出生于意大利都灵古老的加富尔家族，以加富尔伯爵而立名。1649年，该家族获得"加富尔"城堡，随即取得伯爵领地。加富尔的双亲都是旧式贵族的典型。父亲为加富尔侯爵和伊索拉贝拉伯爵，曾担任都灵警察局长一职，母亲为塞隆女侯爵。加富尔在这样的家庭中成长，不免带有贵族做派。但他又不满于贵族家庭的迂腐守旧，想走自己的路。10岁时，加富尔被送进都灵军官学校接受教育，六年后从军校

加富尔伯爵（Conte Cavour, 1810—1861年）是"意大利建国三杰之一"和意大利统一运动的领军人物。他运用灵活熟练的外交手段，带领撒丁王国完成意大利大部分的统一，被誉为促成意大利统一的建筑师和"现代意大利的大脑"。

毕业时，已成长为一名工兵校尉。在瑞士、热那亚等地居住期间，他逐渐接受了一些新教思想。1830年法国七月革命之际，他因言论过激而受到当局的监视，不得不出游海外。

1835年，从海外归来的加富尔，接管了一部分家产。因是家中次子，他没有继承权。为了尽快实现经济独立，他在管理好家产的同时，开始涉足实业。格林赞恩的家族地产是他的实业起步的端点。他将自己研究的耕作技术和农业机械的成果，应用于产业经营实践，很快就将格林赞恩庄园改造成为一座现代化的农庄。他还率先采用轮船进行贸易活动，不但拓展了市场空间，而且积累了一定的财富。他又将这些收入进行投资，开办了蜡烛工厂。他还是都灵和热那亚银行的创始人之一。在生产经营的同时，他也发表了大量关于农业、商业和政治问题的研究成果，成为贵族进入实业和科研领域的代表性人物。这些实业成就和管理经验为其日后主持撒丁王国改革，提供了实际经验和理论依据。

除了实业之外，加富尔对政治也颇有热情。1846年，教皇庇护九世大赦政治犯，并推行了一些改革。这在意大利激起了强烈反响。次年，加富尔在都灵创办《复兴报》，致力于为意大利统一事业服务。1848年6月，加富尔当选众议院议员，开始正

1852 年 11 月，加富尔伯爵被任命为撒丁王国首相后，开始推行一系列新政策：制定修建公路和铁路计划，改革货币、税务和海关体制，加快完成撒丁王国的工业化。图为在官邸工作的加富尔伯爵肖像（1852 年）。

式涉足政坛。1850 年秋，当时的农商大臣因病去世，加富尔凭借在农业和商业上的傲人资本，被任命为王国的农业、商业和运输大臣，不久又晋升为财政大臣。主管王国财政期间，他实行自由主义的经济政策，降低原料进口关税，重新修订税率，并修建了都灵通往热那亚的铁路，这些有利于经济发展的重要举措，促进了意大利各地区的经济交流和统一市场的初步形成，为日后意大利的统一奠定了一定的经济基础。

关于意大利统一，始终存在着两条不同的路径。一方面，以加里波第为代表的民间力量实践者，主张"自下而上"地实行意大利的统一；另一方面，以撒丁国王维克托·伊曼纽尔二世和他的重臣加富尔为代表，主张以撒丁王国为核心，以王朝联合为主，以外交联合为辅，"自上而下"地统一意大利。作为统治阶级的一员，加富尔明确反对通

知识链接：维克托·伊曼纽尔二世

维克托·伊曼纽尔二世（Victor Emmanuel II，1820—1878 年），撒丁王国末代国王，统一后的意大利开国之君，被意大利人尊为"祖国之父"。他生于撒丁王国，1842 年与其表妹奥地利的阿德莱德结婚，29 岁时继承王位。作为一个开明君主，他在政治上表现出灵活性，容忍自由派的思想，并保留了 1848 年颁布的宪法，使撒丁成为意大利诸邦中唯一保留立宪制形式的国家。他独具慧眼，任用著名实业家和政治家加富尔，积极推动改革，为完成意大利统一做出了重要贡献。

过武力方式进行统一。他说："我是一个地道的中庸之人。我渴望以自己的全部力量去谋求社会进步，但我坚决反对以普遍的社会改造的代价换取社会进步。"

出任王国首相

1852 年末，加富尔出任撒丁王国首相一职。

维克托·伊曼纽尔二世是撒丁国王和意大利统一后的开国之君。他曾任命加富尔为首相，支持统一运动，并着手建立一个统一而巩固的意大利王国。图为罗马的维克托·伊曼纽尔二世纪念像。

在继续关注财政问题的同时，他推行了一系列富国强兵之策。在军事上，他削减旧式军队的比重，建立了一支装备更加先进的新军，并改进军队的训练方式，以提高战斗力；在政治上，他实行政教分离，通过没收部分教产的办法，达到限制教会权力的目的；在思想文化上，他开放部分思想言论自由，放宽对居民参与政治的限制，这主要体现为默许报刊上转载反奥地利统治的文章，允许意大利其他地区的人民前往撒丁王国政治避难。这些举措扩大了撒丁王国的影响力，将意大利人民对统一的希望吸引到撒丁王国这方面来。

之后，加富尔放眼于整个意大利，谋划以撒丁王国之力来领导意大利统一运动。他借助于外交和王朝联合的方式，自上而下地统一意大利，其主张与撒丁国王的意愿是一致的，也是切实可行的。加富尔深谙，撒丁王国是意大利诸邦中的一个蕞尔小国，而且处于欧洲列强的环伺之中，如此仅靠一己之力，根本无法统一意大利。同时，由于意大利已经四分五裂，它又成为奥地利和法国两强竭力争夺的重要目标。在这种复杂的格局下，撒丁王国必须与强国结交，借力于人，才有希望统一意大利。经过深思熟虑，他将目光投向了法国。

当然，加富尔之所以选择法国作为依靠的对象，有一个不可忽视的因素，就是法兰西第二帝国皇帝拿破仑三世流亡意大利期间，曾经加入过意大利的秘密革命组织烧炭党。毫无疑问，这是加富尔积极向法国靠拢的重要原因。撒丁王国向法国靠拢的第一步，是与英法一起参加了1853—1856年的克里米亚战争。不过，这一行动在撒丁国内引起了争议，许多人认为这是一场无关紧要而又劳民伤财的战争。但是，撒丁王国作为战胜国参加巴黎和会之际，加富尔想方设法将意大利问题加入会谈内容，以博得列强的同情。随后，撒丁王室与法国王室联姻，使双方的关系再向前迈进一步。

1858年，为了尽快将奥地利的势力逐出伦巴第和威尼斯，加富尔前往法国的普隆比埃会见拿破仑三世，双方达成协定：法国将在未来的奥地利与撒丁王国战争中出兵20万，援助撒丁王国；建立一个包括伦巴第、威尼斯、撒丁王国以及教皇领地在内的上意大利王国，归属撒丁王国的萨伏依王朝统治；法国将取得萨伏依和尼斯两地。根据这个协定的主要精神，撒丁王国既取得了法国在未来战争中予以支援的承诺，又牺牲了意大利的部分领土，如此结果，不免为人诟病。

库斯托扎战役，又称第二次意奥战争，发生于1866年6月。意大利国王维克托·伊曼纽尔二世率领的意大利军主力，被兵力只有意军人数一半的奥地利军击败，从而使得俾斯麦把奥地利军队牵制在意大利的设想落空。

1862 年 6 月，朱塞佩·加里波第从热那亚乘船出发，在巴勒莫登陆后，喊出"无罗马，毋宁死"的口号，设法召集志愿者，参与拯救罗马的军事行动，热情的意大利青年纷纷响应。图为他的队伍为占领罗马与意大利皇家军队交战。

心系祖国统一

有了法国后援这颗定心丸，加富尔回国之后，便迅速着手整顿军备，动员全国一切力量，积极备战。首先是筹措战争经费，加强军队训练，在边境附近修筑军事要塞。其次是号召和发动意大利人民在日后撒丁王国与奥地利作战之际，以策动起义的形式，配合撒丁军队的行动。最后是在撒丁国王的支持下，通过志愿军条例，启用民族独立运动领袖加里波第来领导伦巴第和威尼斯的志愿军，配合撒丁军队与奥地利人进行战斗。一切准备就绪之后，只待奥地利挑起事端。

果不其然，1859 年 4 月，奥地利向撒丁王国下达最后通牒，要求限期三天，停止撒丁国内的军事动员。通牒无效后，奥军越过意奥边界，与撒丁王国的军队交战。此时，法军依约出兵，前往支援意大利，撒丁军队先后取得了伦巴第和米兰等地。撒丁军队连连获胜、意大利本土多处爆发人民起义，正当这关键时刻，拿破仑三世被意大利如火如荼的革命形势吓倒，因担心本国利益受损以及普鲁士可能的介入，乃单方面与奥地利媾和，和约规定

伦巴第由法国"转交"撒丁王国，威尼斯仍归奥地利占有，中部意大利各邦恢复君主统治。这个和约对撒丁王国来说是一个沉重打击，而在是否接受这种安排的问题上，撒丁国王自感实力不足而吞下苦果，加富尔则以辞职来抗议。

几个月后，加富尔复出，不久西西里岛爆发了民众起义。为支援当地人民争取自由的行动，加里波第率领数千名"红衫军"，远征西西里岛。但是，西西里岛获得解放后，加里波第不顾加富尔的反对，继续进军那不勒斯，加富尔因害怕此举会引起法国的干涉，感到十分恐慌。不过，加里波第并没有贪图个人的利益，而是拱手将南意大利交给了撒丁国王。随着西西里岛的并入，此时除去威尼斯和教皇领地外，撒丁王国基本上统一了意大利。1861 年 3 月 17 日，意大利王国成立。同年 6 月 6 日，加富尔溘然长逝。直到生命的最后一刻，加富尔依然惦念着意大利的统一，他在留下的遗书中这样写道："请所有的意大利人民都要团结，通过公民投票一心为意大利统一，令我走的安心！"

加里波第不喜欢撒丁王国首相加富尔伯爵。他不信任伯爵的独断和现实政治，因为伯爵曾以他的家乡尼斯和法国人做交易。统一后意大利该走什么路，两人也有较大分歧。图为加里波第和加富尔关于创建什么样的意大利互不相让的讽刺漫画（1861 年）。

高歌猛进：法英西葡诸国

　　对于欧洲来说，19世纪既是经济上迅速发展的时代，也是政治上剧烈动荡的年代。劫后余生的法国，迅速成立了第三共和国。在温和共和派主政时期，由于排犹主义抬头，19世纪末发生的德雷福斯事件，是法国对普鲁士作战失败后民族主义和复仇主义日益膨胀的反映。对于19世纪的英国人来说，他们创造了前所未有的百年辉煌。一方面，通过三次议会改革，英国渐进地推动民主政治的发展；另一方面，在迪斯雷利、格莱斯顿等政治家主政时期，英国的工业革命达到顶峰，资产阶级在积累丰硕财富的基础上，对内扩大民主，提升了人民的生活水平，对外则扩张殖民势力范围，成功地造就了维多利亚时代引以自豪的"日不落帝国"。然而，对于西班牙人和葡萄牙人来说，虽然19世纪初他们不得不面对拿破仑军队的大举入侵，但是伊比利亚半岛战争的胜利，有效地牵制了法军大量兵力，打击了拿破仑的扩张野心，书写了一曲半岛人民不畏强敌、不屈斗争的英雄凯歌。半个多世纪后，西班牙终于建立起第一共和国。

劫后余生
法兰西第三共和国的建立

法兰西第三共和国，生于危难之际，带领法国结束战争，走上和平发展之路。

1870年9月，普法两国军队在色当展开决战。法国匆忙中拼凑起来的26万军队，不敌普鲁士精锐之师。法皇拿破仑三世做了俘虏，法兰西第二帝国宣告垮台。在政局动荡不安的背景下，法兰西第三共和国迅速成立。

色当战役后的动荡

1870年9月2日，拿破仑三世接受法国战败的事实，正式签署投降书。次日傍晚，消息传回首都，巴黎民众一片哗然。人们高呼着"推翻帝国""共和国万岁"等口号走上街头，包围了波旁皇宫与卢浮宫。此时，共和派正与立法团开会，讨论废除法国帝制问题。在一片嘈杂声中，参加会议的代表们争论不休，未能达成一致意见。9月4日，愤怒的巴黎民众闯入位于波旁宫的立法团会场，要求立法团立即宣布废除帝制，成立共和国。同时，

这幅漫画展示的是革命派艺术家古斯塔夫·库尔贝（1819—1877年）推倒皇家统治的象征——旺多姆神柱。

一批布朗基派成员正赶往市政厅，策划建立革命政府。在这危急关头，共和派议员甘必大（Léon Gambetta，1838—1882年）向群众呼吁道："我们不应该待在这里，我们应该在市政厅宣布（成立）共和国。快跟我走吧！我带你们到那里去！"

甘必大和议员儒勒·法夫尔领着群情激昂的民众涌入市政厅。此时此刻，市政厅已经是人山人海，布朗基派和新雅各宾党人已经草拟好了临时政府成员名单，因等待在巴黎人民心目中影响较大的维克托·亨利·罗什福尔，推迟了发布时间。这样，甘必大等人便迅速召集部分共和党人，在市政厅的一个房间内拟定了临时政府成员名单，闻讯赶来的罗什福尔也参与了草拟工作。为了提升共和派在群众中的影响力，他们将罗什福尔的名字加入名单，并委托他宣读了名单。于是，法兰西第三共和国在匆忙之中成立了。

第三共和国成立了，但此时的巴黎，聚集着数量庞杂的派系，新生政权时刻受到威胁。除了共和派外，有望在法国建立统治的至少还有三股势力：一是波拿巴家族，虽然拿破仑三世兵败色当，被囚禁在德意志，但他随时有可能从狱中归来，重返法国；二是波旁家族，复辟王朝的第二代君主查理十世之孙尚博尔伯爵仍然在世，他也有可能在保皇党的支持下再次复辟；三是奥尔良家族，"七月王朝"皇帝奥尔良公爵路易·菲利普之孙，巴黎伯爵路易·菲

巴黎圣心大教堂，洁白的大圆顶融合了罗马式与拜占庭式两种风格，由建筑师保罗·阿巴迪（Paul Abodie）设计，1875年开始动工，1914年正式完工。由于位于巴黎的蒙马特高地，加上独特的设计风格，它成为巴黎著名的地标之一。

利普·阿尔伯特·奥尔良在国内的支持者也甚众。实际上，第三共和国的建立，完全是诸多派系妥协的结果，因而共和国的命运充满了不确定因素。

共和国走上正轨

　　法国以沉重的代价，结束了普法战争，但共和国却危机四伏。在法德和约签订时，为了保住阿尔萨斯南部的军事重镇贝尔福，梯也尔政府被迫接受德军在巴黎香榭丽舍大道阅兵的交换条件。消息传回法国，巴黎民众深感空前的屈辱，加上梯也尔政府要求迁都凡尔赛、收缴国民自卫军的大炮等举措，矛盾激化。1871年3月18日，梯也尔下令迁都，国民自卫军中央委员会接管巴黎，成立巴黎公社。这是世界近代史上第一个无产阶级政权。受蒲鲁东无政府主义的影响，巴黎公社渴望将法国改造成为一个革命公社联邦，并表示坚决不向梯也尔政府妥协。梯也尔本人则表示"宁要法国，不要首都"！当巴黎公社为建设理想社会而奔走时，梯也尔却集结重兵，包围巴黎城。5月21日，政府军

攻入巴黎城，由此开始了残酷的"流血周"。27日，近200名公社战士在巴黎东郊的拉雪兹公墓被处死，历时72天的巴黎公社革命结束。

　　1873年9月，最后一批德国驻军离开，法国基本结束了国内外战争。其后数年，法国先后经历君主派、波拿巴派的死灰复燃。在1877年10月的议会选举中，共和派获得多数席位，结束了长达八年的政体之争，法兰西最终成为一个议会制共和国。自此，第三共和国开启了近70年的历程。可以说，第三共和国结束了战争状态，为法国的持续发展赢得了机缘，其历史地位值得肯定。

拉雪兹公墓，巴黎市区内最大的墓地，也是世界上最著名的墓地之一。

罪与非罪之争
德雷福斯事件

德雷福斯事件是 19 世纪末发生在法国的一起政治事件，是法国对普作战失败后日益膨胀的民族主义、复仇主义的反映。

1879 年法国议会选举后，虽然共和派一举成为议会第一大党，但其内部分裂为温和与激进两大派别。19 世纪最后 20 年，温和共和派主政，其间教会活动升温，极端民族主义盛行，排犹主义抬头，德雷福斯事件就是一个缩影。

排犹主义的抬头

温和派主政期间，法国奉行对德和解政策，尽力避免两国之间的冲突。此举却引起了"报国无门"的民族主义者强烈的不满，他们对外渴望进行一场反德战争，对内则强调纯粹的法兰西民族主义，于是排犹主义开始抬头。

众所周知，犹太圣殿被毁后，犹太人散居世界各地，法国境内就有少量犹太人。中世纪时期，犹太人一直活跃在法国的金融商业领域，固守着他们的民族传统。虽然他们被视为"异类"，但一直与法国人保持着相安无事的状态。1814 年，路易十八在普奥等国的扶持下登上王位后不久，即宣布法国境内的犹太人与法国人一样，是"完全平等"的法兰西公民。自此，犹太人在法国过上了正常生活。但欧洲长期存在的"排犹运动"却大有愈演愈烈的趋势，因而大量的犹太人纷纷涌入法国，这就激发了法国极端民族主义者的排外情绪。此时，记者出身的德律蒙成为法国反犹运动的急先锋。1866 年，他发表了《犹太人的法兰西》一文，宣称犹太

人的势力在法国的银行等金融行业剧烈的膨胀，正在侵蚀着整个法国。随后，他又与其追随者组建"反犹联盟"，宣传排外思想。

德雷福斯事件

1894 年 9 月，法国情报人员获得一张寄给德国驻巴黎的武官施瓦茨考本的无署名便签，上面详细列举了法国陆军参谋部的国防机密。军方怀疑是任职法军参谋部的见习军官、犹太人阿尔弗雷德·德雷福斯（Alfred Dreyfus，1859—1935 年）

西奥多·赫茨尔（1860—1904 年），居于他两侧的是他的犹太复国主义的同志——匈牙利人马克斯·诺尔道和俄国人曼德尔施塔姆。1897 年赫茨尔成为世界锡安大会的第一任会长。

1898 年德雷福斯在"恶魔岛"服刑时的照片。

上尉所为。在没有确凿证据的情况下，是年 12 月，军方以"间谍罪"之名，将德雷福斯流放到法属圭亚那的"恶魔岛"服刑。虽然德雷福斯本人拒不认罪，其家人甚至尝试向德皇威廉二世写信，要求德国承认没有从德雷福斯手中获取情报，但申诉最终不了了之。此时，社会舆论也没有什么反响。如果说人们有什么不满的话，那就是对间谍处置得太轻。法兰西第三共和国总理乔治·克里孟梭说过："德雷福斯能算政治犯吗？我要毫不畏惧地说：不能。谁都明白军法里必须保留死刑。"

然而，一年多以后，德雷福斯案突然发生转折。1896 年，陆军情报处长皮卡尔经过核实后，认定德雷福斯被误判了，真正的泄密者是总参谋部的埃斯特拉齐上尉。但军方为了保住面子，下令此案不得重审。不过，为德雷福斯鸣冤的皮卡尔，还是将此事告知了友人，于是冤案消息随即在全国的报刊上被披露出来。在社会舆论的压力下，军方决定重审此案，并于 1898 年 1 月宣布埃斯特拉齐无罪，维持对德雷福斯的原判。长达四年的争论，让民众感到厌倦，此案看似已经画上句号。

由于著名作家左拉挺身而出，此事发生了重要转机。在经过数月的思索与整理后，左拉认定德雷福斯是冤枉的。1898 年 1 月 3 日，《震旦报》上发表了左拉的《致共和国总统的一封信》，激进派领袖乔治·克里孟梭为其加了醒目的标题《我控诉!》。

此举在法国社会引起了强烈反响，全国很快分裂成对立的两派：一是拒绝重审者，大都为民族沙文主义者、反犹太的军人、军国主义者等；二是支持平反者，大都为社会主义者、进步知识分子等。在经历了十年的曲折后，德雷福斯终于得以平反。德雷福斯事件是普法战争后法国社会混乱的一个缩影，德雷福斯是一个牺牲品。

关于德雷福斯事件的海报。

步步为营 英国的三次议会改革

英国的议会改革，步步为营，逐渐深入，堪称西方现代民主政治的典范。同时，议会改革也奠定了英国"渐进式民主"的传统。

经过 1688 年光荣革命，英国确立起君主立宪制，议会成为国家政治生活的重心所在。英国的议会分为上下两院，上院由教俗贵族组成，席位世袭；下院由选举产生。但是，光荣革命后实行的一系列选举制度，促使下院成为土地贵族的囊中之物，国家政权的实际掌控者是大土地所有者，而不是普通人。随着工业革命的不断深入，工商业资产阶级崛起的势头不可阻挡，他们日益要求取得与其经济地位相称的政治地位，议会改革势在必行。

威廉·贺加斯（William Hogarth，1697—1764 年）是英国著名的讽刺画家和欧洲连环漫画的先驱，其作品涉及范围广，从现实主义肖像画到连环画系列，多讽刺和嘲笑当时的政治和风俗。后来，这种风格被称为"贺加斯风格"。图中表达的是议会改革之前竞选时拉票的腐败情形。

议会改革的背景

17 世纪末期，土地仍然是英国财富的主要来源，也是英国的社会地位和政治权力的象征。统计资料显示，1688 年，英国农林渔业收入为 1930 万英镑，工矿业收入为 990 万英镑，地产房租收入为 250 万英镑；1801 年，上述对比数据发生了明显变化：农林渔业收入为 7550 万英镑，工矿业收入为 5430 万英镑，地产房租收入为 1220 万英镑；1831 年，这些数据再变更为：农林渔业收入为 7950 万英镑，工矿业收入为 11710 万英镑，地产房租收入为 2200 万英镑。此时，工矿业的收入已经远高于农业部门。经济的变化导致了社会结构的转变，工业革命后，工业资产阶级和无产阶级开始登上英国的政治舞台。一方面，工厂主以其日益膨胀的财富傲然独立；另一方面，工人阶级以其庞大的数量引人注目。然而，这两个举足轻重的阶级都没有选举权，无法实现自己的政治诉求。

与此同时，英国传统的议会制度已经暴露出了许多弊端，诸如选区分布不合理、选民比例低下、选举手段腐败，等等。议会改革前，议席分配沿用中世纪传统，乡村选邑与城镇选邑共计 202 个，其中大部分是在爱德华一世时期确立的，几百年过去后，已有近百个选区衰败了。据统计，19 世纪初，人口在 50 人以下的选邑多达 28 个，其中加顿镇人口仅有五名，却占有选民两名；老萨勒姆无人居

小威廉·皮特（William Pitt the Younger，1759—1806年）是英国著名的政治家，年仅 24 岁即出任首相，迄今仍然是英国历史上最年轻的首相。当时欧洲风起云涌，法国大革命和拿破仑战争相继发生，他因领导英国对抗法国，声名大噪。

住，竟有选民五名。所有的这些选邑，都可以选举两名议员，平均两三名选民就可以产生一名议员。而像伦敦那样的大城市，数万名选民才能产生两名议员。不仅选区分布极不合理，而且衰败选区还更容易为达官显贵所控制，成为他们左右下院的工具。总而言之，传统的议会选举制度，已经不能适应英国社会发展的需要，议会改革已经刻不容缓。

18 世纪末叶，法国大革命的爆发，激发了英国下层人民的政治热情，而神学家理查德·普莱斯的一次布道演说及其引发的争论，为普通民众走上政治舞台奠定了思想基础。1789 年，普莱斯在参加"光荣革命"纪念日活动之际发表演说，他指出："光荣革命最重要的遗产就是人民有权利选举自己的政府，并能随时替换它。"这个观点招致保守派政治家埃德蒙·伯克的激烈反对，后者曾发表《法国革命感想录》一文，认为大革命已经演变为一场颠覆传统和正当权威的暴力叛乱，

因而必须维护传统，以保障国家安全。对此，激进民主主义者托马斯·潘恩认为，选择政治制度是每一代人的天赋权利，人民的天赋权利任何人无权予以剥夺。

1792 年，由工匠、小店主、小手艺人等创办的"伦敦通讯社"开始运行，这个机构通过集会、分发小册子等方式，宣传改革议会、实行普选的思想。而此时的英国，由政治上的保守派托利党主政，他们于 1799 年颁布《结社法》，宣布伦敦通讯社为非法组织，并依法将其取缔，同时还禁止各种形式的工人结社活动。在此后十余年中，群众运动转入低潮。1815 年反法战争结束后，英国再次兴起议会改革运动。面对人民日益高涨的改革热情，当政者竟然制造了"彼得卢惨案"，并通过"六项法令"，全面禁止言论、出版、集会与结社自由。此后，人民的斗争意志消沉，但托利党内部分化出以乔治·坎宁、罗伯特·皮尔为首的自由派。受工商业资产阶级影响的自由派，主张放弃政治上的高压政策，在经济上降低关税、提倡对外贸易。无疑，这给英国议会制度改革带来了曙光。

三次英国议会改革

19 世纪英国议会的改革，前后经历过三次，呈现出渐进深入发展的趋势，最终成为欧洲民主政治的典范。1830 年 11 月 15 日，托利党代言人威灵顿公爵因腹背受敌，在托利党顽固派、坎宁派与辉格党的共同反对下宣告倒台。次日，辉格党格雷伯爵上台后，着手制订议会改革方案。1831 年 3 月 1 日，辉格党在下院公布了一个激进的改革草案。它要求取消不足 200 人的衰败选邑的选举资格，把议席重新分配给人口众多的城镇，通过限制财产的方式扩大选民资格。该草案还提出，在保留原有选民的基础上，给予年收入 10 镑以上的公簿

持有农与年收入 50 镑以上的租地农、城镇居民拥有 10 镑以上的房产者选举资格。这份草案在全国受到普遍的欢迎，却遭到了托利党的极力反对。

3 月 23 日，在结束了长达两周的辩论后，下院仅以一票优势通过议会改革草案，上院则给予否决。随即，国内舆论哗然。格雷伯爵要求国王解散议会，重新选举。在之后的选举中，辉格党人也遥遥领先，但议案再次遭到上院否决。各家报纸纷纷报道了这一消息，愤怒的示威者开始向伦敦进发，革命的形势似乎正在形成。幸运的是，最终英王威廉四世建议托利党贵族通过缺席的方式，促成上院在 1832 年 6 月 4 日通过了议会改革法令。根据该法令，英国选民由 48.8 万人上升到 80.8 万人，占成年居民的 8%；取消部分衰败选邑，重新分配 143 个议席。然而，工人阶级却依然被排斥在政治之外。

1832 年议会改革后，格雷伯爵趋于保守，反

THE DERBY, 1867. DIZZY WINS WITH "REFORM BILL."

Mr. Punch. "DON'T BE TOO SURE; WAIT TILL HE'S *WEIGHED*."

1867 年议会改革的主要内容是进一步降低选举资格和取消"衰败选区"，使资产阶级在下议院的地位持续得到加强，令议会民主化推进了一大步。漫画内容是在 1867 年的德比辩论中，迪斯雷利表现得很好，超越了格莱斯顿。

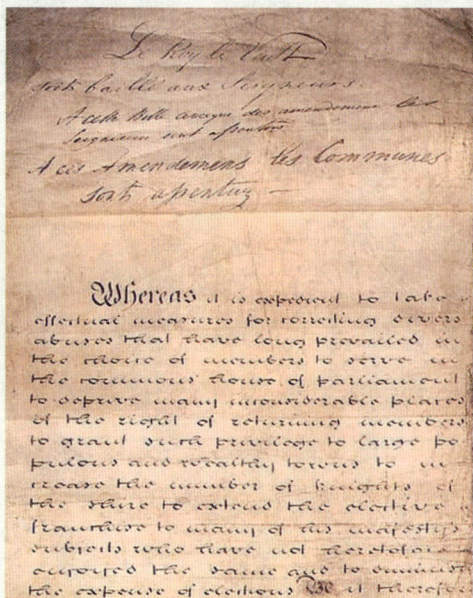

从 19 世纪 30 年代起，英国开启议会改革程序，国王威廉四世批准《1832 年改革法案》，将工业资产阶级吸收进入下院，不仅扩大了下院选民的基础，而且改变了原先由托利党独占议院的状态。这是英国政治民主化进程的重要步骤。图为当时 1832 年议会改革法案文本。

对给予工人阶级选举权。但是，下层人民的呼声日益高涨，尤其是宪章运动的冲击，进一步推进议会改革已不可避免。1866 年 3 月中旬，下院代表格莱斯顿提出《人民代表权法》，要求将城市的 10 镑房产限制下降到 7 镑，农村的 50 镑租地农资格限制下降到 14 镑，要求进一步取消衰败选邑。保守党认为这样的改革步伐太大，因而要求修改该法令，此举却引发了工人阶级的反抗游行。最终，第二次改革方案于 1867 年 7 月 15 日获准通过。它规定：城镇缴纳济贫税与缴纳 10 镑年租的房客拥有选举权；农村居民中年收入 5 镑的农户与缴纳 5 镑的租地农享有选举权；取消了 46 个衰败选邑。通过这次改革，英国的选民人数由 130 万上升到 200 万，工人阶级的主体取得了选举权，但矿工与农业工人仍旧被排斥在政治之外。

威廉·格莱斯顿（William Gladstone，1809—1898 年）是英国著名的自由党政治家，以善于理财而闻名。他的父亲是个成功的商人，主要从事远洋贸易，并通过运输谷物、食糖、奴隶，积聚了巨额财富。图为 1884 年的威廉·格莱斯顿。

1884 年，格莱斯顿第二次组阁后，又推动第三次议会改革，基本实现了成年男子的普选权。

民主政治的基本实现

英国的议会改革，发轫于 18 世纪晚期，延续到 20 世纪早期，集中体现为 19 世纪的三次改革活动。通过这三次改革，英国基本完成了政治现代化，国家权力的实际掌控者，已经由大土地所有者转变为新兴工业资产阶级；同时，还在一定程度上实现了中下层人民参政的愿望，可谓是现代资产阶级民主政治的典范。这样，延续一个世纪之久的英国议会改革，与狂风骤雨般的法国大革命形成了鲜明对比，后者轰轰烈烈、反反复复，从形式上打碎了旧的国家机器；而前者在诉求传统的名义下，循序渐进，平稳发展，体现了资产阶级民主政治的基本精神。这就是所谓的"传统与变革之间"的英国政治文化模式吧。

知识链接：宪章运动

1836—1858 年，英国的工人阶级为了争取普选权等政治权利而发动的集体行动，得名于运动的纲领《人民宪章》。工业革命结束后，工业资产阶级和无产阶级已经登上英国的历史舞台，他们联合起来，开始争取自身的政治权利。但是，由于 1832 年的议会改革没有满足工人阶级的要求，他们不得不走上街头，要求议会继续改革。1837 年，伦敦工人递交请愿书《人民宪章》，提出了实行普选、匿名投票、取消选举人财产限制等内容的政治诉求。1848 年，宪章派第三次请愿，却遭到英国政府的无情镇压，宪章运动转入低潮。尽管如此，宪章运动的性质和意义是不言而喻的，它是"世界上第一次广泛的、真正群众性的、政治性的无产阶级革命运动"。

随着工业革命即将完成，英国的资产阶级积聚了大量财富，工人阶级则更加贫困，而且没有任何政治权利。1839 年 11 月清晨，在南威尔士发生了纽波特矿工起义，导火线是政府对递交《人民宪章》请愿书的工人采取镇压行动。

大英帝国舵手
迪斯雷利

迪斯雷利，既是一名文学家，又是一名政治家。他在文学领域内佳作连连，在政治领域内功绩累累，为后人称道。

在英国的历任首相中，本杰明·迪斯雷利经历颇丰，且别具一格。他的前半生以写小说为生，文笔流畅，佳作甚多；年近中年，开始步入政坛，曾两次出任首相，成功地扮演了大英帝国舵手的角色，为维多利亚英国的繁荣做出了重要贡献。

早年的文学生涯

1804 年冬，本杰明·迪斯雷利出生在伦敦的一个意大利籍犹太人家庭。他的父亲伊萨克·迪斯雷利是享有盛名的文学家，迪斯雷利自幼皈依犹太教，并在犹太教的庇护下成长。13 岁那年，伊萨克与犹太教徒马尔克斯发生争吵。盛怒之下，伊萨克拒绝参加犹太教的集会活动，并安排自己的孩子们接受了英国国教的洗礼。这导致迪斯雷利幼年的教育背景极为特殊：13 岁以前，他在希伯来语的环境下成长；改宗以后，他成为一名国教徒，并进入不信奉国教的伊利科根牧师创办的学校学习。曲折的成长与教育经历，促使迪斯雷利学会了批判的接

一话一说一世一界一

本杰明·迪斯雷利（Benjamin Disraeli，1804—1881 年）是英国著名的保守党政治家，在保守党的现代化过程之中扮演了重要角色。在国际事务中，他产生巨大的影响力，将保守党和大英帝国的荣誉与力量紧紧地联系在一起。

受，同时也锻炼了独立思考的能力。

1819 年，迪斯雷利辍学回家。不久之后，他在父亲的安排下，进入律师事务所学习，并开始了文学创作。1824 年，他随父亲前往德国，短暂地游览了莱茵河，这大大开阔了他的眼界。从德国归来后，他离开律师事务所，决定干出一番事业。受父辈友人、出版商约翰·马雷的赏识，迪斯雷利应邀参与合办报刊《代表》。然而天有不测风云，《代表》创刊半年即告破产，迪斯雷利也背上了沉重债务。此后，他继续从事文学创作。《维维安·格雷》是他的第一部中篇小说，因讽刺、攻击马雷，遭到了文学界友人的冷遇。在这一系列的打击下，迪斯雷利身心均遭重击。为了重拾信心，他进行了为期16 个月的长途旅行。其间，他不仅创作了《年轻的公爵》《波帕尼拉大尉旅行记》等文学作品，还表现出对政治事务的热情。

政坛翘楚的诞生

结束国外旅行后，迪斯雷利决心投身政坛。1832 年搬入资产阶级聚居的伦敦西区，他频繁地走访政界人士，积极准备议会选举。此时，正值第一次议会改革。他以独立的激进派角色展开了竞选。在一次公开演说中，他这样说道："我是保守党，保守我们制度中一切好的；我又是激进派，革除一切坏的。"折中的政治取向，导致他多次竞选失败。直到 1837 年，他才以托利党议员的资格进入议会，正式开启了政治生涯。

1878—1880 年，英属印度统治当局和阿富汗酋长国之间发生第二次英阿战争。当时的阿富汗，处于巴拉克宰王朝统治下。1880 年 7 月，阿军在迈万德之战中大败英军。同年 9 月，英阿双方缔结协定，阿富汗获准内政自由。

在政治上，迪斯雷利建树颇多，最引人注目的当属他促成 1867 年第二次议会改革和辅佐维多利亚女王建成大英帝国。1848 年，他击败皮尔出任托利党领袖。此时，托利党已四分五裂，他力图重振该党。在第二次议会改革期间，他抓住格莱斯顿失败之机，提出并促成一个更加激进的改革方案，而此举帮助那些缴纳济贫税、年租 10 镑并租满一年的城镇居民与年入 5 镑以上的农民、缴纳 12 镑以上的租地者获得了选举权。1867 年议会改革的成功，不仅巩固了托利党的势力，也大大地提高了迪斯雷利的声望。次年年初，他接任首相职位，"攀爬到油滑竿的顶端"。

除了重建托利党外，迪斯雷利还谋求建立强大的英帝国。1874 年，托利党在大选中获胜，由迪斯雷利组阁执政，这一年他已年届七旬。1875 年埃及总督伊斯梅尔帕夏遭遇财政危机，准备向法国出售所掌握的苏伊士运河股票，但法国当局一再压低股价。消息传到迪斯雷利耳中后，他连夜向罗斯柴尔德家族举债，花 400 万英镑购得运河股票的 45%，一举取得东西海上运输命脉的控制权。在他的动议下，1876 年议会决定授予维多利亚女王以

"印度女皇"的称号，从而圆了维多利亚的女皇梦。此举不仅向印度人民炫耀了"大英帝国"的强盛，也将帝国称号确定下来，大大激发了英国人的民族自豪感。为了表彰迪斯雷利的功绩，女王晋封他为比孔斯菲尔德伯爵，他走到了人生的巅峰。

1876 年一幅关于迪斯雷利的政治漫画，内容涉及 1874 年重新掌权后的迪斯雷利，展现出一个帝国主义者的公众形象，为巩固大英殖民帝国大厦立下汗马功劳，并推动议会通过法案，使维多利亚女王加上了"印度女皇"的头衔。

自由派政治家
格莱斯顿

格莱斯顿是一位不可多得的自由派政治家。他顺应时势潮流，由土地贵族转变成为资产阶级代言人，在政坛上建树颇多。

格莱斯顿曾四次出任首相，与本杰明·迪斯雷利并称19世纪下半叶英国最有影响力的政治家。他的政治思想对美国总统伍德罗·威尔逊影响很大，以至于被后者盛赞为"有史以来最伟大的政治家"。格莱斯顿对内扩大资产阶级民主、提升人民生活水平；对外极力扩张英国的势力范围，谋求新的发展。在英国人看来，格莱斯顿的政绩可圈可点，是一位崇尚民主政治和值得敬仰的政治家。

从"保守"到"自由"

1809年岁末，威廉·尤尔特·格莱斯顿（William Ewart Gladstone，1809—1898年）出生在伦敦的一个富商之家，他的父亲约翰·格莱斯顿因经营奴隶贸易致富。得益于优渥的家境，格莱斯顿先是就读于享有盛名的伊顿公学，继而进入牛津大学学习。良好的教育，培养了他的演讲口才，所以在求学期间就获得了"第一雄辩家"的赞誉。在政治态度上，他受父亲的影响，拥护保守的托利党，倾向于维护土地贵族的利益。

第一次议会改革期间，格莱斯顿发表演讲，旗帜鲜明地反对辉格党提出的改革举措。他的这个举动，受到了托利党领导人纽斯卡尔公爵的赏识。在公爵举荐下，他当选为纽瓦克郡议员，开始步入政坛。早在1829年，为平息爱尔兰混乱的政局，威灵顿公爵促成议会颁布《天主教解放法》，取消了对天主教徒的歧视，并授予他们平等的公民权。对此，托利党内保守派极为不满，格莱斯顿本人也极力反对"非国教徒"的合法化。他还出版《国家与教会关系》一书，竭力维护英国国教在爱尔兰的正统地位。除此之外，他还秉持典型的托利党人立场，拥护代表土地贵族利益的《谷物法》。

19世纪40年代，格莱斯顿加入罗伯特·皮尔内阁后，支持政府在财政税收方面的改革，主张降低关税，实行自由贸易。1846年，他又与皮尔不顾党内的反对，通过联合辉格党，高票通过了废止《谷物法》的法令。这次经历促使格莱斯顿与托利党渐行渐远，正因为这样，他失去纽斯卡尔公爵的支持，并被剥夺议员资格。随即，他伴随皮尔一起下台。他意识到自己与保守派的政见相左，最终于1859年加入了辉格党。

显著的政治成就

1867年，辉格党领袖约翰·帕麦斯顿病逝，格莱斯顿晋升为自由党领袖。1868年，他代表自

威廉·格莱斯顿在长达60多年的政治生涯中，从1868年到1894年，曾四度出任首相，四次担任财政大臣。由于在工人阶级中的声望，他赢得了"人民的威廉"的称号。

1868 年，格莱斯顿第一次领导自由党组织政府，通过国民教育改革、文官制度改革、陆军改革等一系列的改革，使英国完成了自 19 世纪以来资产阶级对上层建筑的改造，迎来了他统治的黄金时代。油画图为格莱斯顿的 1868 年的内阁。

由党上台组阁，进行了教育、官职与军事三方面的改革。在他主持自由党的 30 年间，其政治成就集中表现在内政改革方面。

19 世纪 70 年代，英国的基础教育仍旧为教会所把持，除了家境殷实的富家贵族子弟外，平常人家的孩子很难接受良好的教育，这就造成了英国基础教育滞后的状况。为此，格莱斯顿主导国民教育改革，由政府出资兴建初级学校，提升适龄儿童的入学比例。针对吏治混乱的英国政坛，他促使枢密院颁布关于文官改革的指令，开始通过分科考试的方式选拔官员。此举成功地为英国建立了廉价而又高效的政府机关，并成为欧洲国家文官改革的蓝本。在他执政期间，英国开始实行短期义务兵役制，并创设内政部监督地方自治机关。

格莱斯顿在内政建设上精彩连连，而在外交方面却乏善可陈。1876 年，迪斯雷利政府主导的对外战争把英国拖入了财政赤字的泥潭，政府不得不提高个人所得税率，结果引发了资产阶级的不满。在 1880 年的大选中，格莱斯顿击败迪斯雷利，再次出任首相。可是，格莱斯顿政府并没有停止对外战争的步伐，先后发动了英布战争（1880—1881 年）、英埃战争（1881—1883 年），他没能因这些战争而

获得荣誉，反而被讥讽为"一个坐在马朱巴山和喀土穆侮辱下的怯懦的小英格兰人"。之后，虽然格莱斯顿又两次组阁，但他极力主张的"爱尔兰自治"却不了了之，这颇有英雄迟暮的感觉。

1898 年 5 月，政治家格莱斯顿与世长辞。纵观其一生，顺应了当时英国社会发展的现实需要，因推行一系列内政改革，赢得了可观的称誉。

19 世纪六七十年代，英国在完成工业革命后成为"世界工厂"，格莱斯顿标榜自由主义，竭力维护工业资本家的利益。这是一幅 1866 年的漫画，表现的是代表改革、骑在驴子上的格莱斯顿，遭到获得资产阶级支持的迪斯雷利的阻挡。

登上帝国巅峰
维多利亚时代

维多利亚统治下的英国，将大英帝国推上了发展的巅峰。这既是日不落帝国全盛的时代，也是英国人最为骄傲的时代。

维多利亚时代，上承乔治四世，下启爱德华七世，指的是维多利亚女王在位的 19 世纪中后期。这是英国的工业革命完成与大英帝国及至巅峰的时期。当时，英国的国土面积空前广大，政治民主化进程持续加深，科技文化也达到相当高的水平，而其国民收入占到了世界的 70% 以上。总之，维多利亚时代的英国从偏居一隅的蕞尔岛国，最终发展成为名副其实的"日不落帝国"。

日不落帝国梦成真

1837 年，维多利亚（Queen Victoria，1819—1901 年）登上英国王位时，年仅 18 岁。女王在日记中曾写道："既然上帝把我置于这个国家的王位上，我将尽力履行自己的职责。我尚年轻，可能在许多方面缺乏经验，但我肯定，几乎无人像我这样怀着为国为民的良好意愿和真切希望。"维多利亚继位之初，英国已经完成工业革命。工业革命后，大机器生产基本代替了传统的工场手工业，英国在大幅提升生产力水平的基础上，确立了它在世界上的工业霸主地位。1850 年，英国向全世界贡献了半数的金属制品、棉纺品与生铁，煤产量占世界总量的 2/3。与此同时，由于《谷物法》的废除与自由放任政策的推行，1850 年时，英国对外贸易占世界贸易总量的 20%，1860 年则上升到 40%，伦敦成为世界的经济中心，英镑成为通行的国际货币。

1851 年，第一届世界博览会在伦敦召开。女王的丈夫阿尔伯特亲王筹办了这次展览，他委托约瑟夫·帕克斯顿爵士设计了宏伟瑰丽的"水晶宫"。这是一座宏大的钢铁玻璃建筑物，占地面积广大，达到了惊人的 8 万平方米，却仅用 6 个月就竣工交付使用，令人惊叹不已。壮丽的展厅，以及内部轰鸣的机器，向世人宣告了英国的强势崛起。一位法国参观者感到不可思议，并由衷地称赞道："像英国这样一个贵族国家，却养活了它的人民；而法国，一个民主国家，却只为贵族生产。"在 19 世纪下半叶的 50 年中，英国经济的发展更是突飞猛进。根据统计资料，英国的国民生产总值按 2.5%—3.3% 的年率增长，人均增长率达到 1.3%—1.9%。

在经济腾飞的同时，英国成功地实现了"日不

维多利亚女王（1837—1901 年在位），1876 年 5 月，她额外获得印度女皇的头衔。在她的统治时期，英国的工业、科学与军事走向全面繁荣，大英帝国真正成为一个"日不落帝国"。

1840 年 2 月，维多利亚女王与阿尔伯特亲王的婚礼在伦敦圣詹姆士宫皇家教堂隆重举行。自此，阿尔伯特取代墨尔本勋爵，成为女王的重要政治顾问以及伴侣。由于他们的九个子女与大陆的皇室和贵族的联姻，女王赢得了"欧洲的祖母"的绰号。

等书籍。1812 年的一个偶然机会，他听了化学家汉弗里·戴维的讲座，对科学产生了浓厚的兴趣，后来如愿地成为汉弗里·戴维的助手。经过多年的努力，法拉第取得了许多研究成果。1831 年，他证实了电磁感应现象，随后研制了世界上第一台发电机，揭开了电气时代的序幕。

除此之外，查尔斯·达尔文的生物进化论获得重大突破，创造性地解释了人类与物种起源的问题。达尔文出生于一个医生世家，父亲希望他能继承祖业。16 岁那年，达尔文被送往爱丁堡大学学

落帝国"的宏伟梦想。英国是最早开始殖民扩张的西方国家之一。进入 19 世纪以后，英国有意识地将扩张的重点放在东亚、东南亚、美洲与非洲等有利可图的地区。1840 年，它通过鸦片贸易打开了中国的国门。随后又通过数次战争和不平等条约，在中国划定了自己的势力范围。它还相继发动了侵略阿富汗和缅甸的战争，参与克里米亚战争，镇压印度民族大起义，并确立了女王对印度的直接统治，举债购入苏伊士运河股票，插手非洲事务。频繁的战争与殖民，扩大和巩固了广阔的统治疆域，铸就了空前广大的"日不落帝国"。

科学文艺的极盛

维多利亚时代的强盛，与 19 世纪英国科学技术的发展关系极为紧密。这一时期，英国的科学家群星灿烂，像迈克尔·法拉第、詹姆斯·克拉克·麦克斯韦、约瑟夫·李斯特、查尔斯·达尔文等一个个科学家的名字如雷贯耳，彰显了科技的繁盛。法拉第出生于贫苦之家，幼年仅仅接受了两年教育，但这难以阻挡他如饥似渴地求知奋斗。即使是上街卖报之际，他仍坚持阅读《大英百科全书》

"水晶宫"（The Crystal Palace）是世界上第一座以钢铁为骨架、玻璃为主要建材的巨型温室建筑，通体透明、宽敞明亮，是工业革命的重要成果，大英帝国强盛的象征。伦敦水晶宫是现代建筑的报春花，1851 年万国工业博览会在此举行。

医，可他喜好采集自然标本，又转学到剑桥大学，学习神学。但他对自然历史的兴趣与日俱增，便放弃了神学，专心钻研植物学与地质学。1831年大学毕业后，他跟随"比格尔号"船，开始了为期五年的环球旅行。达尔文进行了一系列地质与自然环境的考察，收集了大量动植物标本与化石，掌握了许多第一手材料。受到马尔萨斯《人口论》的启发，达尔文豁然开朗，开始构建自己的生物理论：在竞争的环境下，适应环境的物种能存活下来；不适应环境的物种，或者灭亡，或者生成新物种。1859年11月，他将自己的研究成果公诸于世，引起轰动。他提出的"物竞天择，适者生存"的进化论，被恩格斯称为"19世纪自然科学的三大发现之一"。

19世纪，英国在文学领域取得的成果同样令

> **知识链接：19世纪三大自然发现**
>
> 细胞学说、能量守恒定律与生物进化论，是19世纪的三大自然发现。19世纪30年代，德国植物学家施莱登与动物学家施旺通过观察动植物，提出细胞理论，指出细胞是构成动物与植物的基本结构单位，是生命活动的基础。这一重要发现为辩证唯物主义的发展提供了一定的基础。19世纪40年代，德国青年医生迈尔发表《论无机自然界之力》，首次提出能量守恒原理；英国人焦耳通过实验证明了能量守恒定律。1859年，英国生物学家达尔文出版《物种起源》，进一步论证了生物进化论与物种起源学说。上述三大自然发现，有力地推翻了以上帝造人为代表的宗教神学世界观，奠定了现代科学世界观的理论基础。

这幅污蔑性的漫画将达尔文画成猿猴的样子，出现在1871年的期刊上。

人瞩目。文学家从人道主义出发，以自己独特的视角，借助细腻的笔触，着力刻画了这个时代的英国社会，由此兴起了批判现实主义文学运动。除了查尔斯·狄更斯、威廉·梅克比斯·萨克雷、托马斯·哈代等伟大的男性作家外，英国文坛还形成了独特的"女性文学"潮流。其中，简·奥斯丁的《傲慢与偏见》，通过讲述乡绅之女伊丽莎白·班内特的爱情故事，反映了19世纪英国静谧的乡村生活；在奥斯丁之后，勃朗特姐妹留下了脍炙人口的《简·爱》《呼啸山庄》等佳作；《弗洛斯河上的磨坊》是爱略特的第二部长篇巨著，反映了19世纪英国的乡村生活。总的来说，维多利亚时期的科学成就举世瞩目，文学艺术辉煌灿烂。

维多利亚风尚

维多利亚时期的英国，社会风尚也因国家实力

图为 1857 年拍摄的维多利亚女王全家福。他们育有九个孩子，从左到右依次是：爱丽丝、阿瑟、爱德华、利奥波德、路易丝、比阿特丽斯、阿尔弗雷德、维多利亚和海伦娜。

的上升而悄然改变，逐渐形成了别具特色的"维多利亚风尚"。英国社会一改乔治四世时期宫廷生活的紊乱，开始注重婚姻和家庭；教育与大众媒介开始有意识地承担改良风化的作用；受贵族风气的影响，普通人在穿着、饮食、习俗等方面向贵族模式靠拢。虽然阶级分化依然严重，下层人民的地位也有所改善。

维多利亚继位之初，贵族子弟的丑闻不断，烟柳之事有增无减。女王本无意过多关注这些生活琐事，但阿尔伯特亲王开始整饬宫内淫乱与私通等不良现象，宫廷风气大为改观。阿尔伯特与维多利亚婚后相濡以沫，他们共养育了九个孩子。即便亲王早逝，女王仍旧洁身自好，成为英国社会美德的代表。受女王与良好风气的影响，子女众多成为家庭和美的象征。据学者统计，19 世纪中期英国家庭平均有 4.7 人，19 世纪末发展到 6.1 人。与此同时，社会风气呈现出一种"向上看齐"的趋势，中产阶级与小资产阶级在教育、服饰、出行等方面均保持向贵族看齐的风尚。

维多利亚时代，英国的工业革命发展到顶峰，资产阶级在积累丰硕财富的基础上，走到了政治舞台的中心，并带领英国建成"日不落帝国"。这一时期，维多利亚女王践行"统而不治"，两党政治开始形成，议会改革深化了民主化进程，现代生活

风尚得以建立。可以说，维多利亚时代构成了现代英国的基础。维多利亚统治中后期，英国的经济增长相对放缓，德意志与美国开始崭露头角；英国国内的贫穷问题未能得到很好的解决，对外战争显露疲态，殖民地独立运动开始兴起，这些都埋下了大英帝国衰落的隐患。

图为维多利亚女王纪念碑的顶部鎏金的胜利女神和两个侍从。该纪念碑位于伦敦购物中心的尽头，由著名雕刻家托马斯·布罗克设计，建造于 1911 年。这是一座大型纪念碑和雕塑组合。

缔造共和
伊比利亚半岛战争

正是西班牙这个脓疮，把我毁了。

——拿破仑

伊比利亚半岛战争是拿破仑战争时期的一场重要战役。1808 年拿破仑占领西班牙，引发了半岛战争，交战双方是拿破仑治下的法兰西第一帝国与西班牙、葡萄牙和英国。

半岛战争始末

1808 年 3 月，拿破仑派遣朱诺元帅率领 10 万法军，以保卫西班牙领土和解决王室争端为名，入侵伊比利亚半岛。西班牙皇帝查理四世和斐迪南七世父子在拿破仑的胁迫下，宣布放弃王位。随即，拿破仑辅佐他的哥哥约瑟夫·拿破仑登上西班牙王位。1808 年 5 月 2 日，马德里爆发大规模起义，工人、农民和普通士兵拿起武器，与法国人激战在街头巷尾。马德里起义的消息，迅速传遍半岛各地。起义者聚集在塞维利亚，并把这里定为临时首都。同年 6 月，葡萄牙也爆发了反法起义。8 月 1 日，在威灵顿公爵的带领下，一支 1.7 万人的英军在葡萄牙登陆，为反法战争增添了新力量。8 月 21 日，英军在维梅罗附近与朱诺指挥的法军遭遇。英军采用后坡战术，布兵于山的背面与洼地，出其不意，战胜了在人数上、火炮装备与骑兵数量上均占优势的对手。不过，威灵顿本人因受政府的猜疑，不得不只身回国，直到 1809 年才重返西班牙战场。

1809 年 10 月，拿破仑亲率 20 万大军远征西班牙，并于 12 月 4 日占领马德里。出于对奥地利

弗朗西斯科·戈雅在法军枪杀马德里市民这一事件发生 6 年后，创作了《1808 年 5 月 3 日》。它表现了荷枪实弹的法国军人处决西班牙抵抗者的情形。这幅作品残酷的主题和大胆、戏剧化的用光使得它被认为是艺术史上一幅革命性的画。

战争的需要，拿破仑很快又返回国内。1809 年末，他再次率军亲征，几乎剿灭了所有西班牙正规军。此时，西班牙国内开始了零星的游击战，也成为牵制法军的重要力量。1812 年前后，西班牙的游击队总人数已达 3 万—5 万，并成为得到战时政府认可的合法抵抗组织。

1812 年 7 月，英、西、葡联军与法军爆发萨拉曼卡战役。此时，威灵顿公爵指挥联军 4.8 万人，与马尔蒙率领的近 5 万法军对阵。在这次战役中，法军伤亡 1.5 万人，其中有 3 位将军战死、5 位将军被俘，可谓是一败涂地。自此，法军的败局已定，再难组织起强有力的进攻。半岛战争的胜利，

可以说是西班牙与葡萄牙人民不屈斗争以及与他国齐心作战的结果。

西班牙第一共和国

1868 年 9 月伊莎贝拉二世被废黜，西班牙发生政变，军事将领胡安·普里姆与弗朗西斯科·塞拉诺等人组成临时政府，召开制宪议会。1870 年 11 月，议会推选意大利国王维克托·伊曼纽尔二世的次子、萨伏依王朝的阿梅迪奥（Amadeus，1845—1890 年）为西班牙国王。但是，阿梅迪奥的统治遭到了西班牙天主教会和许多大贵族的反对。1873 年，由于军队企图废黜国王，阿梅迪奥不得不宣布退位。此后，议会以压倒性优势通过决议，宣布成立联邦制共和国（1873 年 2 月至 1874 年 12 月）。

然而，阿梅迪奥的退位却导致了卡洛斯内战。卡洛斯派支持老唐·卡洛斯之孙卡洛斯三世（Don Carlos Ⅲ，1848—1909 年）继承王位，他们以西班牙北部为主要根据地，还在南方的城镇建立帮会，开展游击战。由于部分将领倒向卡洛斯派，政府军陷入了分裂状态。到 1873 年末，卡洛斯派军队已经占领了埃布罗河以北，直到法国边境的整个北部地区，塞维利亚和加的斯等重镇也相继落入卡洛斯派之手。1874 年 1 月，塞拉诺将军再次发动政变，建立军事独裁。

1874 年 12 月，保皇派将领发动政变，迎回伊莎贝拉二世之子阿方索十二世（Alfonso Ⅻ，1857—1885 年），西班牙波旁王朝得以复辟，共和期间的混乱状况告一段落。阿方索十二世即位后，立即采取政治和军事双管齐下的策略，以解决卡洛斯派的问题。他还亲临前线督战，挫败了加泰罗尼亚和阿拉贡的卡洛斯派。同年，他命令议会起草新宪法，效仿英国政治模式，并建立两党制，从而奠定了后来西班牙民主政治的基础。

西班牙女王伊莎贝拉二世（Isabel Ⅱ de Borbón，1830—1904 年），西班牙国王斐迪南七世和他的第四任妻子玛丽亚·克里斯蒂娜的长女。1833 年斐迪南七世去世，伊莎贝拉二世突破《萨利克法典》的限制而继位，她年仅 3 岁。但是，她的叔父唐·卡洛斯亲王立刻发动叛乱，宣称女性无权继承王位。七年以后，叛乱被镇压下去，唐·卡洛斯出逃法国。伊莎贝拉二世统治时期，宫廷阴谋和政变革命层出不穷，一些学者认为这是女王"混乱和无秩序的写照"。1868 年，西班牙军官胡安·普里姆发动政变，伊莎贝拉二世流亡法国。

图为一本期刊所呈现的西班牙第一共和国。女神像象征着共和国，天平是公正的象征，下面的基座刻有共和国成立年。这一共和国持续不到两年。

"上帝偏爱"：美利坚合众国

美国是世界上最大的移民国度，也是一个名副其实的"民族大熔炉"：截至 2017 年 1 月，在 3.24 亿总人口中，非拉美裔白人为绝大多数，占 62.1%；拉丁裔占 17.4%，非洲裔美国人占 13.2%，亚裔和混血者分别占 5.4% 和 2.5%，另外还有美国印第安人、阿拉斯加州原住民等少数族裔。立国之初，美国的地域范围并不大，仅限于阿巴拉契亚山脉以东。但借助渗透、战争与购买等多种手段，至 19 世纪中叶，美国已将领土从大西洋沿岸一直扩张到太平洋沿岸，难怪"山姆大叔"常说"上帝偏爱美利坚"。美国史是一部领土扩张史。通过西进运动，美国大肆驱赶和杀戮印第安人，为完成工业革命和迅速崛起创造条件。南北战争爆发后，随着《宅地法》签署和《解放黑奴宣言》公布，共和党总统亚伯拉罕·林肯领导北方赢得了胜利，避免了国家的分裂，为资本主义发展扫清了政治障碍。19 世纪末，美国开始大举对外扩张，占领了波多黎各岛、菲律宾、关岛和夏威夷岛等地；它还利用两次世界大战，取得了资本主义世界的领先地位。苏联解体后，美国战胜所有竞争对手，成为当今世界唯一的超级大国。

新边疆
19世纪美国西进运动

淘金是那个时代所有美利坚人的梦想。

18世纪末开始、前后持续一个世纪之久的西进运动，是美国东部区居民向西迁移和开发西部的重大历史事件。它开拓了美国的新疆界，扩大了国内外市场，有力地推动了工业革命，为美国在19世纪末发展成为世界头号经济强国，打下了坚实的基础。西进运动充满了流血、竞争和冒险，在某种程度上，它激发了美利坚民族的进取心理，但是，由于大批印第安人遭到屠杀，美国的西进之路，又成为印第安人的"血泪之路"。

最初的垦殖活动

北美地区的移民，始于殖民地时期。北方的工业资本家，中部和南部的棉花与烟草的种植园主，以及广大贫苦的拓荒者，如农民、牧民、矿工和猎人等，都希望获得广袤的西部土地。英国政府为了最大限度地控制殖民地人民的活动范围，于1763年颁布法令，禁止移民越过阿巴拉契亚山以西地区。独立战争结束后，英国把阿巴拉契亚山脉至密西西比河之间的一大片为印第安人所有

西进运动伤害了原住民印第安人。19世纪，美国军队一直在和美洲原住民部落作战，将他们驱赶进保留区。新墨西哥州和德州的阿帕奇人战败后，被迫迁移到保留区。图为穿着兽皮制成的衣服的阿帕奇人。

的土地给了美国政府，于是，许多来自东部地区和欧洲的移民，纷纷越过阿巴拉契亚山，涌向了尚未开发的西部。这一时期，西进运动的核心是土地问题，主要内容是农业开发。当时，西部存在一大片富饶肥沃的处女地，独立战争的胜利使得美利坚民族坚信，这些新土地是北美十三州人民用生命换来的，应该归他们所有，他们有权进行开垦和种植，而将印第安人的主权利益置于不顾。

工业革命的推动力

1830年，安德鲁·杰克逊总统（Andrew Jackson，1767—1845年）签署《印第安人迁移法》，强制土著的印第安人迁到密西西比河以西地区。此后，西进运动在密西西比河以东地区得到迅速拓展。当时的西南部，包括田纳西、肯塔基、密苏里、阿肯色以及密西西比和亚拉巴马诸州，主要被种植园主占有；西北部包括印第安纳、伊利诺伊、威斯康星以及俄亥俄和密歇根诸州，由工业资本家占有。作为西进运动的主体，广大平民拓荒者为了谋生来到了西部。美国的工业革命与西进运动保持着密切的联系，可以说它们的关系是互相促进的，同时还扩大了国内外市场，推动了东部制造业的发展，改善了交通

一话一说一世一界一

18 世纪末期，美国开始了西进运动。作为美国史的一个里程碑，它充斥着驱赶、屠杀印第安人的暴行，记录了资本主义拓殖中最为血腥的一页。

条件，为几百万移民创造了就业机会。19 世纪 30 年代建成的俄亥俄-伊利运河，将大西洋、五大湖和密西西比河连成一体，贯通了美国的内外水系。从 19 世纪 40 年代起，西部又掀起了修筑铁路的热潮，经过短短的几十年时间，便建成了横贯北美大陆的五条干线，形成了较为完备的水陆交通体系。交通的迅速发展，改变了西部地广人稀和劳动力缺乏的状况，反过来又促进了工业革命的发展。

淘金热的诱惑力

19 世纪中叶以前，密西西比河以西地区，总体上人口稀少，但自从 1848 年加利福尼亚发现金矿以后，随着西进运动向纵深推进，太平洋沿岸地区的移民，便呈现出爆发式的增长，促进了工业革命迅猛发展。旧金山最先受到淘金热的冲击，所有的企业都关门歇业，士兵离开营房，海员弃船而去，工人抛弃工厂，纷纷涌向了金矿发源地。这股热潮席卷整个加利福尼亚，甚至还包括南部的墨西哥。成千上万的淘金者涌入后，加州人口猛增，金矿所在的城镇很快变成大城市。总之，淘金热使西部社会财富骤增，带动了采矿业及相关服务业的发展，将美国的西进运动推向了高潮。

旧金山（San Franciso），音译为"圣弗朗西斯科"，位于美国西部加利福尼亚州的太平洋沿岸。它的名称，源自天主教修会组织方济各会创始人圣方济各（San Francesco，1182—1226 年）。1776 年，西班牙殖民者胡安在该地设置军事要塞，直到 1846 年，一直处于西班牙统治下。墨西哥战争结束后，美国占领圣弗朗西斯科。19 世纪中期，这里曾是淘金热的中心地区，许多华人也远渡重洋，涌入该地，以采矿谋生。他们称此地为"金山，或"三藩市"。1851 年，澳大利亚发现金矿后，为了与被称作"新金山"的墨尔本相区别，改称圣弗朗西斯科为"旧金山"。

旧金山，又译三藩市或圣弗朗西斯科，是加利福尼亚州太平洋沿岸港口城市，加州北部的文化、商业和金融中心，以及联合国的诞生地。从 20 世纪起，它一直是美国的嬉皮文化和自由主义、进步主义的中心之一。

第 142—143 页：自由女神像
位于美国纽约自由岛，1886 年 10 月 28 日铜像落成。自由女神穿着古希腊风格服装，头戴光芒四射的冠冕，七道尖芒象征七大洲。右手高举象征自由的火炬，左手捧着《独立宣言》；脚下是打碎的手铐、脚镣和锁链，象征着挣脱暴政的约束和自由。

一桩大买卖
路易斯安那
购地案

立国之初，美国人便将剑锋从大西洋指向太平洋。

建国之初，美国就同法国进行了一桩意义非同寻常的买卖。1803年，美国政府以1500万美元的价格，从法国手中购得200多万平方公里的土地。这桩路易斯安那购地案，将美国的国土面积扩大了近一倍，并为西部开发和工业革命奠定了重要的物质基础。不过，这样一笔关乎美国未来发展的交易，当时却遭到许多人的反对；这1500万美元的代价，也大大超出了美国的承受能力。

购地案出台的背景

法属路易斯安那，原本受西班牙的控制，密西西比河流经此地，在水上交通和贸易方面，对美国来说十分重要。1795年，美、西签署《马德里条约》，西班牙给予美国密西西比河的航运权和新奥尔良港的关税自主权，从此新奥尔良成为美国进出口的重要港口，而且其影响力与日俱增。1800年，法国与西班牙签订密约，西班牙将路易斯安那送给拿破仑，以换取拿破仑在殖民地问题上对西班牙的

支持。西、法签订条约后，西班牙并未将路易斯安那立即交予法国，但该条约的内容已经泄露，这引发了美国的担忧。托马斯·杰斐逊总统（Thomas Jefferson，1743—1826年）认为，法国一旦控制了路易斯安那，就会在北美扩大影响力，美国则会失去使用新奥尔良的权利。于是，杰斐逊政府决心不惜代价，获得新奥尔良及其周围路易斯安那和密西西比河以东地区，以维持密西西比河的畅通。

购地的简要过程

在这种潜在的威胁下，美国国内掀起了一股强大的舆论压力，甚至不惜与法国兵戎相见。可是，杰斐逊总统主张和平解决，并决定向拿破仑提出购买路易斯安那。1801年，他派特使罗伯特·利文斯顿和詹姆斯·门罗出访巴黎，洽谈购地事宜。起初，拿破仑并不愿将路易斯安那卖给美国，谈判过程充满了曲折。但是一年之后，移民美国的法国贵族皮埃尔·杜邦（Pierre du Pont，1739—1817年）

新奥尔良（New Orleans）是爵士乐的故乡、路易斯安那州最大的城市，扼守着密西西比—密苏里水系的出海门户。这是一座以殖民地文化而闻名的港口城市，因其留下了殖民地时期浓重的法兰西色彩，有"美国的巴黎"之称。

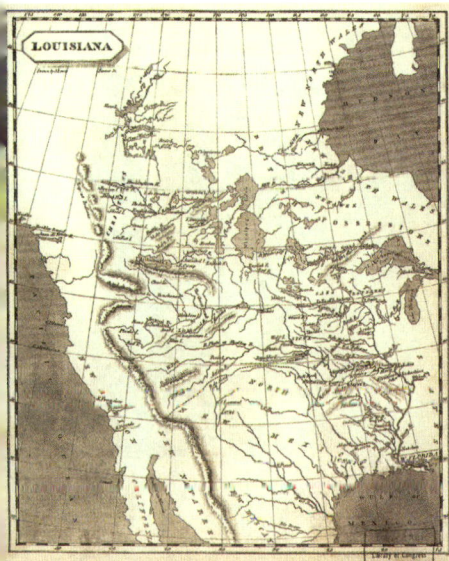

1803 年，美国以 1500 万美元的代价，从拿破仑手中购得法属路易斯安那，使其领土面积几乎翻了一倍，疆界向西一直扩展到科罗拉多的落基山脉。根据 1804 年的路易斯安那地图，落基山脉就是美国的最西端。

在杰斐逊总统的邀请下，回到法国，去帮助利文斯顿和门罗与拿破仑政府谈判。

拿破仑原本想在北美和加勒比海地区扩张势力，但是，法军在海地的军事行动并不顺利。1803 年，法、英之间的军事冲突看来已经不可避免。于是，他决定放弃在西半球扩大势力范围的战略，以便集中精力对付老对手英国人。他决定要价 1500 万美元，与美国交换路易斯安那。

购地案的意义

杰斐逊派利文斯顿、门罗和杜邦前往法国时，要求他们就购地金额和法国进行谈判，不超过 1000 万美元。当时，路易斯安那只限于新奥尔良港及附近，但是当杰斐逊得知拿破仑愿以 1500 万美元的价格将整个路易斯安那卖给美国时，他欣喜若狂，遂决定立刻签订条约，因为他担心夜长梦多，拿破仑会改变主意。1803 年 4 月，购地条约终于签订，10 月即获美国参议院的批准。一年之后，美国政府在圣路易斯举行仪式，庆祝路易斯安那成为美国的一部分。

花 1500 万美元购买 200 多万平方公里的土地，对美国来说，无论是当时还是现在，都是一桩划算的交易，虽然当时美国的财力相当吃紧。拿破仑要求美国立即支付全部购地款，美国联邦政府只能举债两家欧洲银行，直至 1823 年，购地款的本金和利息共计 2300 万美元才彻底还清。美、法虽然签订了购地条约，路易斯安那的边界还有待商榷，这就导致了美国与西班牙和英国的战争，以及一系列西部探险传奇故事的登场。当然，这些都是后话。

1541 年西班牙探险家索托最早发现路易斯安那北方的河谷地带。1682 年，法国探险家拉萨尔声称整个沿河流域均为法王属地，并以路易十四的名字命名。图为 1803 年 12 月 20 日新奥尔良升旗仪式，标志着路易斯安那主权转归美国。

为统一和自由而战
美国南北战争

一幢裂开的房子是站不住的，我相信这个政府不能永远维持半自由和半奴隶的状态。

南北战争，又称美国内战，是美国两百多年历史上发生的唯一一次内战，它以南方军的失败和北方军的胜利而告终。作为工业革命后进行的第一次大规模战争，南北战争对美国的影响是巨大的。马克思称之为"军事史上少见的大战争，具有世界性的历史和革命意义"。

南北方的矛盾与冲突

北美十三州独立后，美国的经济发展依其地域状况，可分成三种不同的类型：资本主义工业的东北部、自由农经济的西部和种植园经济的南部。东北部和西部的资本主义工业和自由农经济，均以自由劳动力为基础，而南部的种植园经济的基础是与时代脱节的奴隶制。在殖民地时期，南方种植园主要生产稻米、烟草和蓝靛。独立战争后，种植园的农产品价格一度下跌，但是工业革命兴起，美国国内外市场对棉花的需求量激增，而随着轧棉机的发明，南方奴隶制种植园经济因生产成本低，又重新发展起来。早在19世纪初，欧洲各国就已经废除了黑奴贸易。然而，这种罪恶的买卖在美国依然生意兴隆，这与南方的种植园经济密不可分。美国的黑奴人数，从1789年的60多万人，猛增至南北战争前夕的近400万人，其中绝大多数都在种植园里劳动。虽然种植园经济从属于世界资本主义经济体系，是其中的一个有机组成部分，但是美国的南

在南卡罗来纳州卡普斯岛上的勒格里庄园里的主人与奴隶。庄园的房屋通常有宽阔的走廊和用于遮阳的活动护窗。

方，仍然处于传统的农业社会，这里没有大工厂，大城市也很少，而遭受残酷剥削的黑人奴隶不断进行争取自由的斗争。

在美国的西部和北部，各州均禁止奴隶贸易。一些政治家还通过各种社会活动，呼吁废除残存的南方种植园奴隶制，一些人道主义者还发起了将黑奴运送回家乡的运动。19世纪30年代，废奴主义者在社会和政治领域展开反对奴隶制的斗争，新英格兰相继成立了反奴隶制协会和废奴社，废奴运动形成高潮。到1840年，西部和北部共有千余个废奴组织，在其中起着主导作用的是白人知识分子和宗教界领袖。著名作家斯托夫人的小说《汤姆叔叔的小屋》（旧译《黑奴吁天录》），就生动展示了美国黑奴的悲惨生活，深刻揭露了现代奴隶制的残忍，从而引发了广大民众的强烈共鸣。在斯托夫人

哈莉特·塔布曼是美国著名的废奴主义者。1849年她的奴隶主死亡后，她踏上逃亡之路，并受到废奴主义者和贵格会教徒的帮助。不久，她加入"地下铁路"活动，成为最活跃的向导，帮助奴隶逃亡。

矛盾才暂时得到缓和。1854年，为在密苏里河以西修建铁路，美国国会决定建立内布拉斯加和堪萨斯两州。由于这一地区位于北纬36°30′以北，依《密苏里妥协案》的规定不准蓄奴，但在南方种植园主的压力下，国会又通过《堪萨斯－内布拉斯加法案》，规定新建州实行何种制度，由当地居民"自决"。这使得南北矛盾更加激化，最终导致了堪萨斯内战，从而揭开了南北战争的序幕。

的感召下，数十万美国妇女在声讨南方奴隶制的宣言上签名。废奴组织还修建了帮助黑奴逃往北方的"地下铁路"，黑奴女英雄哈莉特·塔布曼就只身潜入南方16次，先后救出数百名黑奴。

北方的自由资本主义制度，与南方的奴隶制种植园制度是根本对立的，随着工业革命的深入，南北方之间的矛盾更加尖锐。北方要求提高关税，保护国内工业，但南方却要将棉花输往英国，以换取廉价的工业品，因而反对联邦政府干涉各州重大事务。南方的种植园主极力扩张种植园经济，要求新建州为蓄奴州；北方工业资产阶级要求更多的自由劳动力，禁止新建州实行种植园奴隶制。新建州是蓄奴州还是自由州，事关南方种植园主和北方工业资产阶级谁能控制联邦参议院，因而西部建州问题，进一步激化了南北双方原已存在的矛盾。1819年，密苏里州申请加入联邦，南北方经过激烈的争执，于次年通过《密苏里妥协案》，确定密苏里州为蓄奴州，作为交换条件，同时从马萨诸塞州划出一个新州——缅因州作为自由州，并规定北纬36°30′以北地区的新建州禁止蓄奴。这样，南北

新奥尔良位于密西西比河口，是美国重要的河海、海陆联运中心。独立战争时期，法国通过新奥尔良走私数目庞大的军火和补给；战后的新奥尔良，通过密西西比河运输着南来北往的货物，是新英格兰和英国之间棉纺织品最大的进出口港。

南北战争之初，美国联邦军陆军上将温菲尔德·斯科特制订了一项镇压南部邦联的战略计划。它以联邦封锁主要港口来削弱邦联经济，然后夺取密西西比河，对所有南部港口实施封锁，终止邦联的国际运输。这就是所谓的"蟒蛇计划"。

内战烽烟

堪萨斯内战爆发后，美国的政治力量进一步分化改组，形成了共和党和民主党两大政党对垒的局面。1860年大选时，共和党总统候选人亚伯拉罕·林肯在竞选纲领中提出"不再给奴隶制一寸新的土地"的承诺，北方工业资产阶级和废奴派予以积极支持。是年11月，林肯当选为第16届总统，这就意味着共和党反对奴隶制扩张的施政纲领势在必行。南方各州不愿受制于北方，于是立即采取了分裂联邦的行动。从12月起，南卡罗来纳等七个蓄奴州相继宣布退出联邦。次年2月，这七州还宣布建立美利坚联盟国，以里士满为首都，选举杰弗逊·汉密尔顿·戴维斯（Jefferson Hamilton Davis，1808—1889年）为联盟国总统。4月，南方军

占领联邦军要塞萨姆特，南北战争正式爆发。

从南北双方的力量对比来看，北方占有优势，它拥有全国3/4的领土，2/3的人口，以及9/10的工业产值。但是内战初期，南方却占有军事优势，这是由以下几个因素决定的：其一，南方投入了全部的人力和财力，处于战略上的防御地位；其二，南方早已酝酿分裂，战备工作较为充分；其三，南方种植园主为了防范黑奴暴动，日常军事训练频繁；其四，北方联邦军队中很多有能力的将领是南方人，他们在内战爆发后，纷纷加入了南方军。这些条件使得南方军得势于一时。起初，林肯政府对战争的艰巨性估计不足，采取战略上的守势，直至连番失利后，才转变为进攻性战略。一方面，北方军实行"蟒蛇计划"，对南方实行封锁；另一方面，北方军将矛头直指南方军首都里士满，集中力量予以进攻。这样，内战形成了东西两个战场，前者以波托马克河流域为中心，后者以密西西比河流域为中心。1862年之前，在东战场，罗伯特·李（Robert Edward Lee，1807—1870年）指挥的南方

罗伯特·李将军（左旁坐者）在阿波马托克斯法院投降。根据协定，南方邦联的士兵可以返回他们在南方的家乡。

葛底斯堡战役，发生于宾夕法尼亚的葛底斯堡及其附近地区，是美国内战中最为血腥的一场战斗。联邦军少将乔治·米德所率的波托马克军团，抵挡由联邦军的罗伯特·李将军所率的北弗吉尼亚军团的进攻，最终获得决定性的胜利。

军多次战胜北方军；而在西战场，格兰特（Ulysses Simpson Grant，1822—1885 年）率领的北方军则接连取得胜利。共和党中的激进派要求宣布废除奴隶制，并把黑奴武装起来，采取坚决的军事行动对付南方军，尽快取得战争胜利。

1862 年 5 月，审时度势的林肯，签署了著名的《宅地法》，据此规定：一切忠于联邦的成年男子，只需交付 10 美元登记费，即可在西部领取 160 英亩土地，且在耕种五年后，即可成为这块土地的主人。《宅地法》鼓舞了广大民众参战的热情。同年 9 月，林肯又公布了震撼世界的《解放黑人奴隶宣言》，宣布：自 1863 年 1 月 1 日起，所有南方叛乱各州的奴隶获得自由，并赋予黑人服役的权利。《解放黑人奴隶宣言》的发表，标志着美国内战转入第二阶段：为消灭奴隶制而战。

林肯政府的这些举措深得民心，对扭转战局产生了积极的影响。1863 年 7 月，南北两军在东战场的葛底斯堡进行了最大规模的会战，北方军歼灭了南方军主力；而在西战场上，哈得孙港的南方军被迫投降。这样，北方军完全控制了密西西比河流域，从根本上扭转了不利的开局。1864 年，林肯任命格兰特为北方军总司令，谢尔曼（William Tecum-

seh Sherman，1820—1891 年）为西战区司令。谢尔曼从田纳西挺进，成功夺取了佐治亚首府亚特兰大。随后开始"向海洋进军"，横扫佐治亚，并于年底占领重要港口萨凡纳。在东战场，格兰特率军南下，与对手几经苦战，成功牵制了罗伯特·李指挥的南方军主力，支援了谢尔曼。1865 年初，谢尔曼挥师北上，与格兰特会合，完成了对南方军中心城市的包围。面对势如破竹的北方军，罗伯特·李率残部向格兰特投降，历时四年的内战宣告结束。为维护美国统一、解放黑奴和促进资本主义发展，林肯政府做出了巨大贡献。

1865 年 3 月 28 日，联邦高层谢尔曼、格兰特、林肯和波特在"皇后河号"轮船上召开战略会议，讨论内战最后数周的行动计划。美国和平主义画家乔治·希利完成的油画作品《和平缔造者》（1868 年）再现了当时的场景。

伟大的平民总统
亚伯拉罕·林肯

让这个国家在上帝的庇佑下获得自由的新生，让这个民有、民治、民享的政府与世长存。

作为首位共和党人总统，亚伯拉罕·林肯为避免美国分裂、推动国家向前发展，做出了巨大贡献。作为世界历史上最伟大的人物之一，他深受美国人民的尊敬和爱戴，马克思予以高度评价，称"他不会为困难所吓倒、不会为成功所迷惑，是一位达到伟大境界却仍保持优良品质的极其罕见的人物"。

坎坷的早年生活

亚伯拉罕·林肯，诞生在肯塔基州的一个荒凉农场。15岁时，林肯才开始认字，每天都要走十二三里的森林小路到学校。他买不起书，就先向别人借，再用信纸大小的纸片抄下来，然后用麻线缝合，做成自制的课本。他以不定期上课的方式，接受了学校教育，所学知识都是一点点积累起来的。他所受的正规教育，总计不过一年左右。下地干活时，他也将书本带在身边，一有空闲就看书。中午吃饭时，他也是一手拿玉米饼，一手捧书。没有暗礁，激不起美丽的浪花。在后来被提名为总统候选人时，他曾说过："我之所以能获得这一点小成果，完全是应付日后各种需要，时时自修学习的结果。"其实，他无论干什么都不忘记学习。他不向命运低头的精神，更是奠定了日后成功的基础。林肯刻苦攻读哲学、历史、法学和文学著作，获得了丰富的知识。后来，林肯对政治产生了浓厚的兴趣，并积极从事一些政治活动。25岁那年，他当选为伊利诺依州议员，开始了政治生涯。1836年，他又通过考试，成为一名律师。

青年时期，林肯就极为痛恨种植园奴隶制。他当水手时，曾多次到南方运货，亲眼目睹了种植园奴隶主的野蛮和黑奴遭受的折磨。成为议员之后，他经常发表演讲，抨击不人道的蓄奴制度，因而赢得了广大民众的支持。1854年，共和党成立。该党主张废除奴隶制，林肯选择加入共和党。两年以后，他在共和党第一次全国代表大会上被提名为副总统候选人。他在竞选演说中说过："我们为废除奴隶制和争取自由而斗争，直到我国的宪法保证自由，直到整个辽阔的国土在阳光和雨露下，劳动的只是自由的人民。"1858年，林肯在参选伊利诺斯州参议员时，还发表了一篇题为《裂开的房子》的著名演说，把南北两种制度并存的局面比作"一幢裂开的房子"。他充满激情地指出："一幢裂开的房子随时都可能坍塌，我相信这个政府不能永远保持半自由、半奴隶的状态。"林肯深入浅出的演说，表达了北方工业资产阶级的要求，反映了全国人民的愿望，那就是结束国家的分裂局面。

亚伯拉罕·林肯（Abraham Lincoln，1809—1865年）是美国著名的政治家、第16任总统。他领导联邦经历了最为惨烈的内战，使美国摆脱了严重的道德、宪政和政治危机，维护了国家的完整与统一，推动了美国的现代化进程。

拉什莫尔山国家纪念公园，俗称美国总统山，是一座坐落于南达科他州的总统纪念馆。公园内有四座高达60英尺的美国历史上著名的前总统头像，他们分别是华盛顿、杰斐逊、老罗斯福和林肯。图为林肯像。

平民总统生涯

1860年，林肯当选总统，这对南方种植园奴隶主的利益构成了严重威胁，他们不愿意一个主张废除奴隶制的人来领导美国。为了重新夺回国家领导权，他们在林肯就职之前就发动了叛乱。起初，林肯并不主张用过激的方式废除奴隶制。他认为，可以采用和平方式，先限制奴隶制的发展，然后再逐步予以废除，而关键问题在于维护联邦的统一。在这种思想支配下，联邦政府没有进行必要的战争准备。内战爆发后，政府军（北方军）只是仓促应战；蓄谋已久的南方军，拥有精良的装备和训练有素的军队。所以在战争初期，尽管联邦政府在许多方面都占有优势，但还是被打得节节败退，连首都华盛顿也险些失守。北方军的失利，引起了广大民众的强烈不满，许多城市爆发示威游行，要求联邦政府采取措施，扭转被动局面。至此，林肯才意识到，要想打赢这场战争，就必须调动广大农民的积极性，还有解放黑人奴隶。在这种情况下，林肯相继颁布《宅地法》和《解放黑人奴隶宣言》，为战争胜利奠定了基础。

在美国历史上，南北战争被称为继独立战争之后的第二次革命，林肯则被看作是解放黑奴的象征。然而，南方种植园奴隶主却对他万分仇恨。1865年4月14日晚上，林肯在华盛顿福特剧院看

戏时，遭到种植园奴隶主收买的一个暴徒刺杀。林肯的不幸逝世，引起了国内外的巨大震动，美国民众深切哀悼他，有150万人瞻仰了他的遗容，有700多万人停立在道路两旁，向出殡的行列致哀。作为一位杰出的政治家，林肯为推动美国社会向前发展做出了不朽的贡献，在美国人的心中，他的威望甚至超过了开国元勋华盛顿。

知识链接：《解放黑人奴隶宣言》

1862年9月，美国总统林肯签发颁布的、旨在调动广大人民积极性、解放南方种植园黑人奴隶的宣言。宣布：自1863年1月1日起，南方叛乱诸州的奴隶，永远获得自由，政府和军队承认将保障他们的自由；合乎条件的人可以自愿加入联邦军队；对于未参加叛乱的蓄奴州，将采取自愿的、逐步的、有赔偿的解放黑奴。宣言的颁布，不仅标志着北方人南北战争政策的转变，同时也是美国黑人取得平等地位的起点。

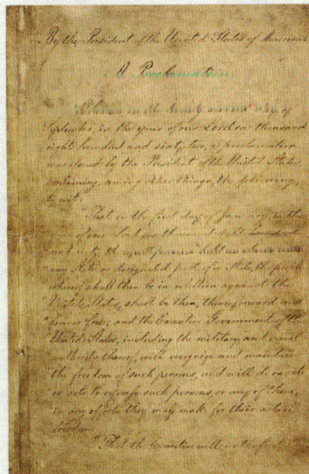

《解放黑人奴隶宣言》，宣布美国从法律上废除现代奴隶制，把黑人兄弟从残酷的奴役中解救出来。他庄严宣布："在我的一生中，从来没有比此刻签署这个文件时更加坚信自己是正义的。"

第152—153页：林肯纪念堂

纪念堂位于华盛顿特区，与国会和华盛顿纪念碑成一直线，它被视为华盛顿市标志。纪念堂与东端的国会大厦遥遥相望，是一座用通体洁白的花岗岩和大理石建造的古希腊神殿式纪念堂。

一话一说一世一界一

民族大熔炉
19世纪美国移民浪潮

没有移民，美国何以能成为世界上最强大的国家，这是美国的成功，更是美国移民的成功。

早在17世纪初，欧洲人就已经有组织地向北美移民。不过由于自然和交通条件的限制，移民的规模非常有限。殖民地时期，外来移民约为100万人。在独立后的最初几十年里，由于地广人稀，美国社会经济发展迫切需要大量的劳动力，联邦政府对外来移民持欢迎态度。从19世纪二三十年代起，欧洲移民大量涌入美国。特别是1848年革命以后，移民浪潮呈现递增态势，其原因是多方面的。

1859—1880年，大约有4万名意大利人来到美国，他们主要来自意大利北部地区。后来，许多意大利南部的人也来到这里。

工业革命的刺激

18世纪中叶以后，英、法、德等国相继发生工业革命和农业革命。由于工业革命成果的广泛应用，19世纪上半叶，欧洲农业开始采用马拉播种机、收割机、割草机等农业机械，改进耕作技术，农业单位面积产量大大提高。大农业的发展，导致农业人口迅速减少。况且欧洲人多地少，在农业资本主义的发展过程中，土地关系发生急剧变化。许多小农丧失土地，资本主义农场的发展又使越来越多的雇工丧失生计。1850年，2000个土地所有者掌握了英国1/3的耕地。从美国运来的廉价农产品，更加速了英国小农破产的过程。与欧洲相比，美国有大量的土地急待开发，当城市发生经济危机时，剩余劳动力可以流向农村，农村起着"安全阀"的作用。而此时的欧洲，农业剩余劳动力难以在国内寻找生计，因而不得不向海外寻求生存之路。

19世纪中期，产业革命已在美国如火如荼展开。图为1859年沃尔瑟姆钟表公司在马萨诸塞州开业，该公司雇佣了许多移民，其中包括妇女。

欧洲的政治和宗教迫害

19世纪，为逃避国内的政治和宗教迫害，不少欧洲人漂洋过海，历经险阻，来到美国。不过，

移民们在古斯瑞认领一块土地，古斯瑞成为俄克拉荷马州的第一个首府。

单纯因政治原因而移民者并不多。在德国移民中，1848 年德意志革命迫使约 5000 名欧洲革命者逃往美国。其他如 19 世纪 30 年代，波兰和法国的革命流亡者以及英格兰和苏格兰的宪章主义者，都到美国寻求政治避难。早期移民美国的欧洲人，绝大多数是新教徒。德国统一后，随着"文化斗争"运动的进行，许多天主教徒被迫移居美国。相对欧洲来说，美国是所谓自由的天堂。早在 1776 年弗吉尼亚议会就通过了《弗吉尼亚权利法案》，其中最后一条规定："任何人都有按照良知的指示，自由信仰宗教的平等权利。"正是在宗教自由政策的吸引下，许多欧洲移民才会来到美国实践自己的信仰。

高歌猛进的美国工业化

18 世纪末，美国工业革命已经取得了一定的进展，加之美国幅员辽阔、人口稀少、资源丰富，与出现大量相对过剩人口的欧洲形成了鲜明的对比。此时，美国的矿山、铁路、制造业、建筑等行业急需大量的熟练技工和廉价劳动力。此外，美国的西进运动更为移民开辟了无限广阔的前景。到 19 世纪 40 年代，美国通过侵略战争和廉价购买，把边疆扩大到太平洋沿岸，使其版图增加到独立时的三倍。1848 年加利福尼亚发现黄金，出现了淘金狂潮，各地移民蜂拥而至。从外部看来，北美有取之不尽的宝藏、广阔无边的土地，到处充满了机遇，简直就是人间的乐土，所以纷纷迁往这里。正如美国史学家所说，移民洪流是"美国历史的中心主题"，比"没有贵族政治、边疆的存在、自然资源的富庶、企业家的推动力，或被两大洋隔离的安全，更加重要"。这样，外来移民不断为美国的社会、文化、经济的发展，注入了勃勃生机。

欧洲移民坐船进入纽约港时，经过自由女神像的情景。

觉醒的希腊与比利时的独立运动

希腊是一个酷爱自由的国家，但是历史上长期受外族人统治。尤其是中世纪时期，由于奥斯曼帝国染指巴尔干半岛，希腊饱受其野蛮的殖民统治。19世纪，希腊人反抗外族压迫、要求民族独立的呼声高涨。1821年3月，希腊本土爆发起义，并迅速涉及伯罗奔尼撒半岛、克里特岛、爱琴海诸岛屿、卢麦里以及马其顿等地，转变成为反抗奥斯曼帝国统治的民族独立战争。1822年1月1日，第一届国民大会宣布希腊独立，希腊民族国家终于建立起来。

比利时是欧洲的小国。在历史上，它曾经历过西属尼德兰、奥属尼德兰、法属尼德兰和尼德兰王国等若干阶段。而属尼德兰时期，尼德兰联邦七省的清教徒爆发起义，反抗西班牙的统治，并成立乌特勒支同盟，也即联省共和国（荷兰），南北分离。拿破仑战败后，依据1815年的《维也纳和约》，比利时并入荷兰，荷兰则与奥属尼德兰合并为尼德兰王国。1830年11月，比利时国民大会宣布比利时为独立的君主立宪国家，并颁布宪法予以确认。

燃起希望
希腊民族主义的觉醒

地中海世界的希腊人，曾经创造了灿烂辉煌的古典文明；近代以降，希腊人在经受外族的长期统治后，开启了追求民族独立的历史进程。

拿破仑帝国覆灭后，维也纳会议打着"正统主义"招牌，置各国人民的愿望于不顾，竭力恢复法国大革命前的欧洲旧秩序，把拿破仑统治的民族，又置于战胜国的压迫之下。但是，欧洲的反动势力并不能阻挡历史前进的脚步。到19世纪初，革命运动再次高涨起来。在西班牙革命、意大利革命的影响下，希腊人的民族意识被唤醒，燃起了民族独立的希望。

知识链接：东正教

基督教三大流派之一。东正教，原意为基督教的正统派，即基于正统派神学与东方礼仪制度的希腊正教会（东罗马正教会），源于11世纪东西教会大分裂。它以拜占庭为中心，而与西部的罗马基督教即天主教分庭抗礼。1453年东罗马帝国灭亡后，俄罗斯正教会逐渐发展成为东正教会的中心。

孤立而特殊的族群

希腊人是奥斯曼帝国境内一个被孤立的特殊族群。早在罗马统治时期，希腊地区已经接受了基督教。东西罗马分裂后，这里长期处于拜占庭的统治和东部教会的控制下。1054年，东西方教会大分裂，希腊地区的人民"并没有感到什么异样：拜占庭时期，官方通行文书是希腊语，希腊文化深深地浸染着这个国度"。土耳其人信奉伊斯兰教，他们入主希腊地区后，严厉限制其他宗教信仰。不过在侵入之初，土耳

其人就与东正教主教有过这样的约定："大主教带领他的信徒归顺土耳其，缴纳税款；作为回报，东正教可以继续存在"。据此，希腊人可以继续维持自己的东正教信仰。尽管如此，在土耳其统治者的眼中，非穆斯林都是"牲畜"，他们在许多方面都受到制约，大都只能从事一些被土耳其人视为低贱的工商业活动，甚至连服饰也必须与穆斯林区别开来。

现代民族意识觉醒

由于特殊的历史环境，希腊人事实上成为帝国境内贸易的垄断者，他们还将贸易活动的范围拓展到海外。到17—18世纪，正当英、法等西方国家应付海上战争之际，希腊的商船数量不断攀升，海上贸易实力不断壮大。海上商业的发展，反过来又

塞萨洛尼基的白塔，是希腊最著名的奥斯曼建筑之一。

里加斯·费拉伊奥斯，希腊独立运动先驱。他深受法国大革命的影响，计划发起一场全面的民族运动，旨在解放所有巴尔干国家，创建一个包括该地区土耳其人在内的巴尔干共和国。图为希腊雅典大学的里加斯·费拉伊奥斯雕像。

促进了希腊地区的农业、手工业以及手工工场的发展。那些取得成功的工商业资产阶级，开始涉足政治活动。奥斯曼帝国时期，从首府伊斯坦布尔到其他许多地方，希腊商人联合会与教会联合，共同掌握着本地区村社的管理权；传统的希腊村社管理制度渐趋合法化，并成为官方统治系统中的一环；包税制的实施，又使希腊富商掌握了帝国境内地方上的税收权。这一时期，相对独立的村社日益走向联合，形成了被现代希腊历史学家称为"联邦"的政治形态，其中以1715年成立的"伯罗奔尼撒村社联合会"最为典型。这些商人群体既具有雄厚的经济实力，又掌握着地方村社的管理权，逐渐发展成了现代希腊民族的中流砥柱。

在宗教和经济领域之外，古

希腊文化的再发掘，也构成了希腊民族意识觉醒的重要推动力。长久以来，欧洲人热衷于研究古希腊文化，早在拜占庭统治时期，希腊语就作为东罗马帝国的官方通行语言，是古希腊历史和文化得以传承的重要载体。尤其自文艺复兴以来，欧洲学者打着"回到古典时代"的旗号，积极开展对古希腊文化的发掘和研究。例如，1764年德国美学家温克尔曼出版的《古物的艺术和历史》一书，在细致深入地考察了古希腊的建筑、雕塑、壁画等文化成就的基础上，深刻地指出："希腊人具有高尚的人性主义，这些古物是希腊人集体创造的活力"所在，总之，对古典文化的崇拜和研究，也极大地促进了现代希腊民族意识的觉醒。

法纳尔（Phanar）是东罗马帝国灭亡后希腊裔在帝都君士坦丁堡的聚居区，法那尔人则是指居住在君士坦丁堡法那尔区信奉东正教的希腊裔居民，在奥斯曼帝国的影响力很大。希腊独立战争期间，他们在希腊国民大会的建立中扮演了关键角色。

浴火凤凰
希腊民族大起义

爱琴海诸岛和巴尔干半岛上的希腊，在经历了长期的痛苦和磨难之后，迫切需要一场战火的洗礼，变成一只实现民族独立的浴火凤凰。

民族意识觉醒后的希腊人，开展了各种形式的革命活动。一开始，这些活动是隐蔽的、孤立的，慢慢成长壮大，汇聚成为反抗外来侵略者、追寻民族独立的巨大浪潮。希腊民族大起义的爆发，就是希腊人建立民族国家的重要实践。

独立暗流涌动

奥斯曼帝国对希腊的统治，并非是铁板一块，在其暴政下，仍然涌动着反抗专制统治、追求民族独立的暗流。品都斯山区，位于希腊北部，是土耳其人鞭长莫及的地区。在这里，甚至还延续着公民兵制的古希腊传统。虽然奥斯曼帝国境内原则上禁止非穆斯林携带武器，但是由于天高皇帝远，当局的政策难以得到切实贯彻。同时，由于土耳其统治者为维护地方治安，仍保留着基层民兵武装，因而那些被称为"阿马托里"（Armatoloi）的基督教民兵组织幸存了下来。其中，有些阿马托里被统治当局所吸纳，成为这个庞大国家机器中的组成部分；有些则转化成为"克勒夫特"（Klephts），就是争取希腊民族独立的游击队。

克勒夫特产生的社会环境，是希腊乡村浓厚的个人英雄主义和对家庭光荣的维护。从自然环境来看，巴尔干半岛境内地势崎岖，山多耕地少，难以维持人们基本的生存需求。部分失地者迫于生计，在海上讨生活；有些人占山为王，变成了所谓的绿

信仰基督教的希腊民兵。

林好汉；还有无力偿债者，跟随亡命徒走上山林，变成了山贼、强盗。到了近代，在北美独立战争和法国大革命的影响下，一些有志于恢复希腊独立的人，拿起武器与土耳其统治者进行抗争，也被称作克勒夫特。而且，越来越多的克勒夫特带有反抗外族压迫、争取希腊独立的爱国色彩。因此，克勒夫特就构成了希腊人反抗土耳其统治的重要力量。

大起义爆发

希腊国土分崩离析，灾难深重，遭受奥斯曼帝国统治长达四个世纪之久。但是，希腊人反抗外族压迫的起义斗争，此起彼伏，从未停止。到19世

品都斯山脉是希腊的主要山脉，地处伊庇鲁斯大区、色萨利大区的分界线上。由变质岩和火山岩构成，在南欧巴尔干半岛中部，为迪纳拉山脉的延伸部分，长约270公里，宽45—60公里，从阿尔巴尼亚延伸到伯罗奔尼撒半岛北部。

🦉 **知识链接：品都斯山区**

位于南欧巴尔干半岛的中部，远离奥斯曼帝国统治的核心区域。品都斯山脉是迪纳拉山脉的延伸部分，从阿尔巴尼亚一直展延到希腊的伯罗奔尼撒半岛北部。品都斯山区，因山路崎岖，交通不便，土耳其殖民当局疏于管辖，直接将这里交由希腊本土官员治理。因此，这里就成为孕育希腊民族解放运动战士和仁人志士的革命圣地。

纪初，秘密革命组织友谊社成立后，成功地将希腊人要求独立的愿望与克勒夫特的活动紧密联系起来。

友谊社成立之初，希腊爱国者将独立的希望寄托在俄国及斯拉夫人的支援上。他们策划建立塞尔维亚和伯罗奔尼撒两个起义中心，由这两地同时爆发起义，一方面是为了分散土耳其当局的注意力，另一方面则意在联合更多的民族反对土耳其统治。在友谊社的鼓动下，1804年，塞尔维亚革命领袖卡拉·乔治会见统治当局，要求与希腊人共同反抗土耳其的殖民统治，但不幸被杀害。友谊社联合塞尔维亚人争取独立的计划落空了。而且，希腊人卡波蒂斯特利亚拒绝出任友谊社领袖，友谊社试图借助他的名声扩大影响力的计划也失败了。处于进退两难状态的友谊社，找到被土耳其皇帝称为"狮子"的江里那省（今爱奥尼亚）军阀阿里帕夏，希望借助他的力量发动起义，实现希腊的独立。1820年，当友谊社与阿里帕夏策划合作之时，土耳其统治者派遣一支五万人的军队进攻阿里帕夏。1821年3月4日，侨居俄国的友谊社领导人米特里·依普希兰狄斯率数百名友谊社成员，越过俄国与土耳其

之间的普鲁特河，前往希腊发动人民起义。在德拉加萨尼附近，起义军与土耳其近卫军遭遇，损失惨重，起义失败。

但是，依普希兰狄斯并没有放弃斗争，他想借势挑起巴尔干半岛各个民族的起义，而不久以后，他的牺牲引发了希腊更大范围的民族独立运动。在他的精神鼓舞下，希腊人拿起武器。顷刻之间，各地的起义形成燎原之势。这样，持续近十年的希腊独立战争，在这场声势浩大的民族大起义中拉开了帷幕。

一头咄咄逼人的俄国熊，正在威胁一只守护着小鸡的奥斯曼火鸡。

希腊独立秘密革命组织
友谊社

希腊的三位爱国友人，客居异国他乡，为了共同的革命目标，创办了秘密革命组织，点燃了希腊独立运动的烽火。

19世纪初，在奥斯曼帝国治下的伯罗奔尼撒半岛，民族独立浪潮暗流涌动。自奥斯曼帝国征服以来，特别是18世纪启蒙运动以来，希腊民族意识渐渐被唤醒，他们要求民族独立的呼声日益高涨，并付诸具体的实际行动。

秘密革命组织

1789年法国大革命的爆发，直接触动了希腊民族进行革命的愿望，巴尔干半岛开始出现了反抗土耳其统治、要求民族独立的人民团体和社团组织。1814年，三个侨居俄国的希腊商人，一个来自阿尔塔省的斯库菲斯，一个来自帕特摩斯岛的克桑索斯，还有一个来自约阿尼纳的查可洛夫，在敖德萨港创建了希腊秘密革命组织友谊社，成员主要是居住在俄罗斯和塞尔维亚的希腊的法纳尔人和地方酋长。

友谊社的宗旨是通过发动人民起义，来达到摆脱奥斯曼帝国统治和恢复希腊民族独立的目标。创建初期，友谊社成员约有20人，主要在俄国开展活动。早在1771年，俄国就帮助过伯罗奔尼撒半岛的起义活动，虽然起义以失败告终，但在希腊人的心目中，俄国人却留下了良好印象。在这种背景下，由俄国流传到希腊本土的友谊

友谊社是希腊的秘密革命组织，1814年成立于敖德萨，友谊社组织严密，等级分明，采用密语和暗号进行联络。图为友谊社通行证，上面有徽章，并书写有密码。

社的报刊和书籍，则被希腊人认为是受到俄国政府支持的宣传物，因而备受推崇。除了零星传来的书籍资料，友谊社的早期活动，大都是隐蔽的、秘而不宣的，而且局限于奥斯曼帝国以外的希腊人中，其影响极为有限。

1818年以后，友谊社总部迁往君士坦丁堡，希腊本土的克勒夫特、商人和贵族群体开始接触到友谊社。同时，在伯罗奔尼撒半岛上拥有自治权力的马尼，宣布对该组织及其活动进行保护。在希腊传播的过程中，友谊社吸收了大量的克勒夫特，入社者数以千计，这就壮大了反抗者队伍的军事力量。

随着克勒夫特首领科洛科特洛尼斯、帕特雷大主教日尔马诺等重要人物的加入，友谊社不仅在克勒夫特和基督教徒中起到了积极的宣传作用，而且开始广泛地被希腊人所了解和认可。友谊社的影响范围已经几乎遍及希腊的每一个地区。

希腊本土活动

为了自身与组织的安全，友谊社采取引荐方式吸收新社员，而且长期不变，因而在普通民众的心目中，它始终带有某种神秘的色彩。这种疏远民众的做法，不利于它的发展壮大。为了克服这种消极的影响，克桑索斯作为友谊社首领，希望拥立一位新的领导人。这样，在俄国担任外交官的卡波蒂斯特里亚就进入了他的视野。早在友谊社成立之初，社

1818 年，友谊社总部迁往君士坦丁堡，同时向希腊各地派出骨干，发动起义。不久，组织已遍布希腊各地，在其他巴尔干国家也有它的支部和成员。图为狄奥尼西奥斯·索克斯创作于 1849 年的油画作品《友谊社"入会宣誓"》。

员们就邀请他来领导他们，但被他婉拒。现在，友谊社急需借助他的声望来发展壮大，进而领导希腊人开展民族独立运动，但是又遭到了他的拒绝。于是，友谊社转向了发动人民起义。

友谊社计划在伯罗奔尼撒半岛和巴尔干半岛上同时发动起义，想以此来扩大自己的影响。虽然该计划在军事上是完全可行的，但在政治目标上却存在着争论：一种意见要实现纯粹的民族主义目标，就是解放希腊、塞尔维亚、罗马尼亚和阿尔巴尼亚等地区；另一种意见则要求成立一个巴尔干自治同盟。由此又衍生出塞尔维亚和伯罗奔尼撒两个起义中心。为此，友谊社领袖依普希兰狄斯前往塞尔维亚做宣传工作，但是塞尔维亚不为所动，因为它在 1814 年已经获得了事实上的独立。在鼓动塞尔维亚行动起来的幻想破灭之后，依普希兰狄斯将目光转向了土耳其境内的王公贵族，甚至他还想拉拢大军阀阿里帕夏参与希腊独立运动，结果均以失败告终。

发动起义。随后，依普希兰狄斯邀请地方实力派人物阿里帕夏加入，并单方面改变了起义计划。1821 年 2 月，起义因为仓促而失败，依普希兰狄斯被监禁，友谊社逐渐走向瓦解。此后，友谊社成员日尔马诺在卡拉夫里塔发动起义，引燃了长达数十年之久的希腊独立战争烈火。这样，友谊社成员带着追求民族自由的愿望，投身希腊独立战争。

希腊独立战争

1820 年 10 月初，友谊社成员云集比萨拉比亚的伊兹梅尔，共同商讨起义计划，决定聚集军事力量，在土耳其当局统治力量薄弱的伯罗奔尼撒半岛直接

罗马尼亚瓦拉几亚人民反对土耳其统治的起义，1821 年 1 月与希腊革命组织友谊社结盟后，在奥尔泰尼亚发动民众和地方边防军暴动。4 月 2 日，起义者进入首都布加勒斯特，发布《致布加勒斯特人宣言》《致国民宣言》。5 月，土耳其军队进逼首都，起义失败。图为土耳其军队屠杀起义军。

星火燎原
希腊独立战争

希腊人渴望自由、向往独立，拿起武器，反抗土耳其人的统治。革命的火种渐成燎原之势，经过浴血奋战，希腊终于赢得了民族独立。

伯罗奔尼撒半岛起义失败后，希腊民族革命转入低潮。但希腊人民的革命热情从未消泯，短暂的停歇后，是更猛烈的暴风雨。1821年，卡拉夫里塔镇的主教日尔马诺吹响了革命的号角，拉开了希腊独立战争的序幕。

点燃独立战火

伯罗奔尼撒半岛起义虽然失败了，但希腊人的热情没有减退，他们从依普希兰狄斯手中接过革命的火炬，英勇向前。活跃在伯罗奔尼撒半岛上的友谊社成员，趁土耳其政府将注意力转向应对阿里帕夏之际，酝酿新的起义。1821年3月25日，在风景如画的卡拉夫里塔，位于半岛北部的一个小镇，帕特雷地区主教日尔马诺带领友谊社成员和一些克勒夫特，开始了新的起义。这一天，后来被公认为希腊独立战争爆发纪念日。

日尔马诺主教召集的近3000名武装战士，在宣誓、鸣枪后，开始向卡拉夫里塔镇上的土耳其堡垒发动进攻。经过短暂的战斗，起义军占领了这个小镇。日尔马诺率领的克勒夫特与武装战士，并不是唯一的起义部队。4月7日、22日，斯佩采岛和普萨拉分别宣布起义；28日，伊德拉岛起义军民控制科林斯地区。一时间，伯罗奔尼撒半岛成为希腊革命的热土。其中，影响比较大的是科罗可特洛尼斯和帕帕弗罗萨等人领导的马里人起义。10月5日，希腊人攻占特里波利斯城，不久基本全部解放伯罗奔尼撒半岛。

与此同时，品都斯山区、奥林匹亚、马其顿等地也爆发起义。由于奥斯曼帝国的主力部队正与穆罕默德·阿里帕夏的军队鏖战，这些主要在友谊社倡导下爆发的起义，没有遭到过多的打击，起义者暂居上风，有力地配合了希腊独立战争。1822年1月，希腊起义者在厄皮道尔召开首届国民议会，宣布希腊独立，成立希腊执行委员会。在此起义军结成同盟，称"自由希腊"。

19世纪初，希腊爆发了反抗奥斯曼帝国的独立战争。1821年3月，希腊本土爆发起义，并迅速发展到整个伯罗奔尼撒半岛、克里特岛、爱琴海诸岛屿等地。此图表现的是，希腊化身为一名少女，与其他革命者一道投入了民族独立战争。

1822 年，土耳其人占领希腊的希俄斯岛，并实施了大屠杀，有希腊岛民 4.5 万人被绞死，5 万名希腊人被卖为奴，另外 2.3 万人遭到放逐。《希俄斯岛屠杀》是一件油画作品，法国浪漫主义画家德拉克洛瓦再现了当时的恐怖场面。

曲折中的发展

面对希腊人民的胜利，土耳其人不甘心失败，大开杀戒，以报复希腊人在攻打特里波利斯时杀死当地土耳其人的行为，致使许多希腊的主教、手工业者、工厂主惨遭杀害。仅在安纳托利亚小镇凯多内斯，就有 2 万余名希腊人遭到杀戮，小镇化为一片废墟。此时，伊斯兰教领袖也在纵容，甚至鼓动穆斯林对希腊人进行迫害。1822 年 3 月，有几百名希腊义军登陆开俄斯，虽然发生了一些常规冲突，如希腊人摧毁了岛上的一些清真寺，但是并没有任何激烈的屠杀行为，而且岛上的反土耳其起义也未和希腊本土的起义发生直接的联系。然而，土耳其军队占领该岛后，约有 8.2 万名希腊人被绞死、集体屠杀、故意饿死或被土军折磨致死，5 万名希腊人被贩卖为奴隶，2.3 万名希腊人被驱逐出岛。大屠杀过后，只有大约 2 万名希腊人幸存下来，留在岛上。土耳其民族主义者公然进行种族灭绝，累

累白骨堆积在小岛之上，无声地控诉着这惨绝人寰的野蛮行径。

1822 年 1 月，土耳其军队解决阿里帕夏之后，全力处置希腊起义问题。土军兵分东西两路，北上应对伯罗奔尼撒半岛战况。东线部队由马赫穆德·德拉马里帕夏率领，一路北上，势如破竹，首先攻下了底比斯城，而在攻打科林斯卫城时，希腊人竟然不战而降。结果，匆忙组建的希腊临时政府溃败，逃难的民众则四处逃散，游击队也转向深山，革命陷入危机之中。土耳其人在攻下纳夫普利翁后，德拉马里帕夏下令收兵，撤回科林斯，但在回撤过程中遭到希腊人的伏击。西线部队由挫败阿里帕夏的土军改组而成，他们出发不久，便与支援希腊革命的欧洲志愿军发生了遭遇战。志愿军因成分驳杂，内部分歧较多，很快被土军击破。但是，当西线土军进攻军事重镇米索朗基时，欧洲志愿军与希腊正规军相互配合，给土耳其人以重创，土军

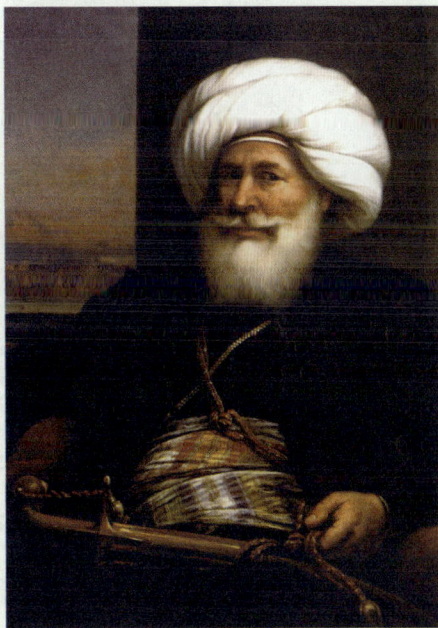

穆罕默德·阿里帕夏（Muhammad Ali Pasha, 1769—1849 年）是奥斯曼帝国驻埃及总督，阿里王朝的创立者，有现代埃及奠基人之称。他的兴起使得西方宁愿帮助一蹶不振的奥斯曼帝国，也不愿看到一个将取而代之的新强人崛起。

指挥官在圣诞节深夜饮弹自尽。

6月，土耳其以近3万人的兵力对伯罗奔尼撒半岛实施大规模进攻，他们到达科林斯卫城后，即向南深入半岛内地，希腊起义军遭到毁灭性的打击。但是在海上，希腊利用小船对抗土耳其人的炮舰，迫使侵略者舰船全部逃进了达达尼尔海峡。然而，关键时刻义军领导集团内部发生分裂，贻误了战机，未能扩大战果，解放中北部地区，以赢得独立战争的胜利。

土埃联军反攻

东西两线土军在双双失利之后，又将目光投向了迈索隆吉翁。这是一座希腊西部城市，位于埃托利亚－阿卡纳尼亚州南部，帕特雷湾北岸。土耳其当局的意图是想占领这座重镇，控制希腊西部地区，进而打通进入伯罗奔尼撒半岛西南部的通道。土耳其人和希腊人都把迈索隆吉翁城当成了争夺的重点，在这里双方展开了拉锯战。战事延续到1824年，土耳其人眼看这条路径收效甚微，故而不得不寻求外援，以期解决希腊半岛问题。

马赫穆德·德拉马里帕夏（Mahmud Dramalı Pasha，1770—1822年）是奥斯曼帝国政治家和军事领导人，后在镇压希腊独立战争的德凡纳基亚战役中被击败，不久死亡。图为亚历山德罗斯·伊赛德的油画"马赫穆德·德拉马里帕夏远征阿戈斯"。

1824年初，土耳其统治者与处于半独立状态的埃及地区帕夏穆罕默德·阿里达成协议，规定土耳其承认阿里对克里特岛的统治权，并承认阿里的养子易卜拉欣对伯罗奔尼撒半岛的统治权，而前提条件是阿里必须出兵帮助土耳其镇压希腊人民起义。此后，阿里帕夏联合土耳其当局制定了缜密的进攻计划，由阿里帕夏设法取得克里特岛，并以克里特岛为据点，进攻希腊海军；另一方面，由易卜拉欣率领驻扎埃及的土军经克里特岛，前往伯罗奔尼撒登陆，配合盘踞在半岛中部的原土军，形成三股势力，联合镇压希腊革命。

埃土双方正欲接近，意在协同剿灭革命组织"自由希腊"之际，希腊起义者内部却发生内讧，以科洛科特洛尼斯为首的克勒夫特群体与伯罗奔尼撒半岛贵族和伊兹拉岛船主之间冲突不断。早在1821年起义之初，希腊起义者参加起义的目的是不尽相同的，而在对土耳其当局作战取得阶段性成果后，他们又迅速形成了多个派别，并且争斗不止。这样，起义军不但受到严重内耗的打击，而且错失了在埃及军队到来之前赢得胜利的有利时机。

1825年初，阿里帕夏命令易卜拉欣带领9万人远征希腊。其中，先头部队1.8万人，分乘146艘运输船，在多艘战舰的掩护下，从亚历山大港启航。他们先占领克里特岛西北端港口哈尼亚，在那里站稳脚跟，建立了稳固的补给基地后，便仰仗雄厚的物资供应，又朝北驶去。易卜拉欣指挥的军队，一路畅通无阻，迅速登陆伯罗奔尼撒半岛。这年冬季，易卜拉欣率军进攻迈索隆吉翁，完成了与土耳其军队的会师。至此，希腊革命情势急转直下。

不灭的革命火种

1826年，易卜拉欣占领伯罗奔尼撒半岛后，似乎已经扑灭了希腊人反土耳其起义，但是希腊

乔治·拜伦（Georage Byron，1788—1824年）是英国第二代浪漫诗派的重要代表人物。1823年7月，他前往希腊参加民族解放战争，后病逝于希腊军中。临终时，他说过："我的财产，我的精力都献给了希腊的独立战争，现在连生命也献上吧！"

知识链接：拜伦

拜伦是英国19世纪初伟大的浪漫主义诗人，出身于贵族家庭，10岁时继承男爵称号，大学毕业后，即获得贵族院议员席位。诗体小说《唐璜》是拜伦的代表作，成功地塑造了"拜伦式英雄"，被德国大诗人哥德称颂为"绝顶天才之作"。拜伦不仅是一位浪漫主义诗人，还是一个为理想而奋斗的勇士。他积极投身希腊民族解放运动，并成为领导人之一。1824年拜伦不幸逝世，希腊独立政府宣布全国哀悼三天，并为他举行国葬，以表达希腊人民对这位异国英雄的崇高敬仰之情。

革命的火种并没有熄灭，因为希腊人只会越挫越勇。土耳其当局兑现对阿里的承诺时，却极少涉及易卜拉欣统治下的伯罗奔尼撒半岛。在这片热土之上，希腊人隐蔽的游击活动虽然是零星的，但从未停止。尤其在强敌围攻面前，四分五裂的起义者已经意识到问题的严重性，并捐弃前嫌，握手言和。1827年4月，希腊第三届国民议会召开，一致选举卡波狄斯特里亚为总统。

土耳其当局在希腊的镇压活动，引起了国际社会的广泛关注。希腊起义初始阶段，就有一部分欧洲人表达了他们支持起义者的态度。除了经济上的支援外，还有一些欧洲人，奋不顾身，前来参战，以实际行动声援希腊人民。在支持希腊人民独立战争的过程中，英国著名的浪漫主义诗人拜伦不幸患病辞世，地点正是在迈索隆吉翁。他长眠于此，在这里与他为伴的还有众多在独立战争中奉献出自己生命的希腊英雄。

伯罗奔尼撒半岛沦陷后，"自由希腊"作为希腊存在的重要标志，得到诸多国家的承认。1827

年7月，英、法、俄签订条约，建议派遣三国联合舰队，前往希腊执行停火协议。由于土耳其当局拒绝停止军事行动，10月20日，英、法、俄三国舰队在纳瓦里诺海湾重创埃土联合舰队。在欧洲列强的干预下，希腊独立战争加快了步伐。1830年4月，土耳其政府接受英、法、俄三国于2月3日订立的伦敦议定书，正式承认希腊独立。

1827年10月爆发的纳瓦里诺海战（The Naval Battle of Navarino），发生于希腊民族解放战争时期，是历史上最后一场完全以帆船来进行的重要海战。当时，英国、法国和俄国的舰队联合摧毁了奥斯曼帝国和埃及组成的联合舰队。

独立之战
1830 年
布鲁塞尔起义

列强安排下的合并并不能长久。冲突之下，人民只有拿起武器，为国家的独立而战。

历史上的比利时，曾与荷兰、卢森堡同属一个"低地国家"（尼德兰），还形成了法语区和德语区两个部分。18 世纪初，依据西班牙王位继承战争后签订的《乌特勒支条约》，南尼德兰等地割让给奥地利，尼德兰王国分裂成南北两部分。在长达两个多世纪的分离中，经济上走向不同的发展道路，宗教信仰也千差万别。1815 年的维也纳《最后议定书》不顾这一事实，人为地将它们再度合并。这样，蓬勃发展的民族主义，必将回应这个变故。

南北尼德兰合并

1815 年，当欧洲列强签订《最后议定书》时，没有任何国家同比利时人民商量过关于比利时命运的安排，甚至连告知一下的机会都没给他们。列强只是大笔一挥，就把已经分离两个多世纪、发展水平相差甚远的南北尼德兰两个地区捏合在一起，完成了所谓的尼德兰统一。实际上，尼德兰南北之间的隔阂与对立无法消除。首先，尼德兰北方普遍信奉新教，南方则依然忠于天主教；其次，新成立的尼德兰王国将荷兰语作为官方语言，这就引起了讲法语的尼德兰人的恐慌；最后，北方尼德兰商品经济发达，比较推崇自由贸易，而南方经济发展相对滞后，希望实施贸易保护主义。总之，人为的合并与强行的统一，只能起到暂时的作用，而最后的分离仍无法避免。

1839 年 4 月，欧洲列强和荷兰及比利时签署《伦敦条约》，规定确认比利时和荷兰的分离，卢森堡西半部给予比利时，东半部德语地区成立以荷兰国王为大公的国家，并承认比利时为永久中立国。图为约 1850—1860 年的比利时地图。

16 世纪宗教改革以后，欧洲日益分裂成为新教、旧教两个世界。尼德兰的宗教问题可以追溯到奥属尼德兰时期，当时约瑟夫二世采取措施，主要限制主教和教皇之间的联系，强化国家权力对公共教育领域的渗透，以削弱天主教势力的影响。但在南北合并之后，当尼德兰王国重启这些举措时，引起了天主教徒对国家宗教政策的极大不满，进而又转变成了对这个重新合并王国的不满。一场新的革命就在酝酿之中。

派系合并，共求独立

比利时，先后经历了西属尼德兰、奥属尼德兰、法属尼德兰与尼德兰王国等不同时期，每个时

受法国七月革命的鼓舞，1830年比利时人发动争取独立的革命，以反抗1815年维也纳会议强行合并荷兰及比利时两国的决定。革命成功后，他们赢得了比利时独立，同时对当时欧洲其他地区革命的爆发产生了积极影响。

知识链接：低地国家

西北欧洲三国荷兰、比利时和卢森堡的统称。"尼德兰"（The Netherlands）系荷兰语音译，意为"低地"，指欧洲西部莱茵河、缪斯河、斯海尔德河及北海沿岸一带的低地地区。历史上，这个地区北部主要由荷兰省和泽兰省组成，面向北海、波罗的海；南部主要由弗兰德斯省和布拉班特省组成，面向法国和勃艮第公国。1815年，维也纳会议将比利时并入荷兰，卢森堡获得大公国的称号。然而，由于宗教和语言的原因，1830年10月，比利时宣布独立。

期持续时间都不长；而经常处于变动状态下的比利时人，从政治诉求上，也就是在对待尼德兰重新合并之前旧制度的态度上，主要可以分为自由派、保守派以及青年天主教徒。保守派渴望恢复原来的旧制度，自由派则旗帜鲜明地拥护现有制度，而青年天主教徒希望建立一个教会势力强大的国家。当然，他们之间也有共同的愿景，就是谋求国家独立。为此，这些成分驳杂、思想差异明显的不同派别还是走到了一起。面对如此发展的革命形势，统治当局感到了恐慌，并采取一系列的粗暴手段，如取消出版自由、限制言论自由等，阻挠比利时独立运动的发展。

正值此时，法国发生了推翻复辟王朝的七月革命。消息传来，南尼德兰人民群情激奋。1830年8月25日，一群劳工走向布鲁塞尔街头，开始反对奥地利统治的起义。紧接着，更多的失业工人加入起义队伍。在起义过程中，发生了一些抢劫和纵火事件，而工商业主为保护自己的财产，组建了个人武装。虽然工人起义很快被荷兰执政当局镇压下去了，但是工商业主的武装力量并没有解除，反而聚集起来，形成了反抗当局统治的重要力量。10月4日，比利时宣布独立，建立了世袭君主立宪制王

国。此时，荷兰国王威廉一世一面迅速调集军队，镇压布鲁塞尔起义；一面派自己的长子奥伦治亲王前往布鲁塞尔，与临时政府和谈。虽然舆论认为奥伦治亲王与其父亲不同，可以作为比利时的国王人选，但是荷兰军队竟然炮轰安特卫普城，打碎了双方和谈的美梦。1830年11月，经国民会议的确认，比利时完全独立。次年1月，比利时独立获得了奥地利、俄国、法国、荷兰和普鲁士等列强的承认。

在伦敦会议上（1830—1839年），奥地利、英国、法国、普鲁士和俄国等五大强国拟定了停火协定，同意比利时的独立。比利时的中立以画面的形式得到了保证。这幅讽刺画表明了列强们还有更紧迫的事情，如俄国需要镇压波兰革命。

冷热不均：东欧和北欧

19世纪，当西欧主要国家先后走上经济发展的快车道时，东欧和北欧的前行道路还充满荆棘。1825年俄国贵族革命家十二月党人发动武装起义，试图冲破旧制度的桎梏。1861年的农奴制改革，虽然没有根本触及沙皇专制制度，却使俄国走上了资本主义发展之路。波兰历史上多灾多难，沦为外族宰割的俎上鱼肉，先后三次遭到瓜分。但是，波兰人民进行了不屈不挠的反抗斗争，并于1863年发动了反对沙皇俄国统治的民族大起义。18世纪末的法国大革命及随后的拿破仑战争，深刻地改变着北欧诸国的政局。1809年，芬兰由瑞典划归俄国，成为俄国统治下的一个大公国，直到1917年宣布独立。挪威经历了数百年的异族统治，通往自由之路漫长而艰辛，1905年最终赢得独立。19世纪中叶，丹麦就石勒苏益格－荷尔斯泰因归属问题，先后两次与德意志的邦国交战，失利后只得拱手让出两公国，开始专注于国内事务。瑞典一度成为北欧强国，不过，它在推行斯堪的纳维亚主义遭到失败后，彻底退出欧洲的政治角逐舞台，很快就由一只"北方雄狮"蜕变成为一个"中立国"。

冲破桎梏
俄国十二月党人起义

这些革命者的圈子是狭小的，他们同人民的距离非常远。但是，他们的事业没有落空。

俄国十二月党人的可贵之处在于，他们不仅专注于舆论宣传和理论构建，而且更致力于革命实践活动。可以说，他们彻底背叛了他们所出身的那个享有特权的贵族等级，背叛了他们曾经捍卫的那个落后的封建制度，自觉地将民族和国家的命运与自

圣彼得堡十二月党人纪念碑，碑文记载了被沙皇杀害的十二月党人名字。

己的理想和追求联结在一起，不怕流血牺牲，向专制制度发起了第一波冲击，启动了俄国的政治现代化进程。

旧制度的桎梏

19 世纪初，俄国的封建农奴制趋于衰落，资本主义因素日益明显地表现出发展优势。1806 年，俄国有手工工场 2500 多家，到 1828 年增至 5400 家，因而雇佣劳动者数量获得了大幅增加。在一些工业部门，主要是棉纺织业，机器逐渐取代手工劳动。尽管机器大多是从国外进口的，数量也不多，但它代表了先进的生产力水平，也标志着俄国资本主义工业从工场手工业开始向大机器生产的过渡。不过，有些手工工场使用的是农奴劳动，这是俄国

1825 年 12 月 26 日，俄国十二月党人在圣彼得堡的参政院广场举行武装起义，反抗沙皇专制制度，遭到了沙皇尼古拉一世的镇压。图为坐落在圣彼得堡涅瓦河岸的十二月党人纪念碑。

拉吉舍夫是俄国的作家、社会批评家和启蒙思想家，曾在德国莱比锡大学学习法律和法国启蒙思想家的学说。他主张摧毁专制制度与农奴制，实行农民土地所有制，大力发展工场手工业。

> **知识链接：赫尔岑**
>
> 赫尔岑（Alexander Herzen，1812—1870年），俄国社会主义之父，出生于莫斯科的一个官僚贵族家庭。少年时代，受十二月党人思想的影响，他立志走反对沙皇专制统治的道路。青年时期，他开始投身革命，1847年因受沙皇政府迫害而流亡国外。1857年，他出版《钟声》杂志，号召一切进步力量为农民的解放和实现俄国的民主而斗争。他还在伦敦建立了自由俄罗斯印刷所，印刷出版期刊《北极星》《警钟》，从事民主宣传活动。1848年欧洲革命失败后，赫尔岑在思想上发生危机。他对西欧的社会主义运动感到失望，转而寄希望于日益高涨的俄国农民斗争，并错误地认为，俄国可以在保留宗法制的情况下，通过农民村社实现社会主义。这为后来的民粹主义奠定了思想基础。但是，即使在思想最矛盾甚至悲观失望的时候，赫尔岑也没有停止反对封建专制的斗争。

工业化中的特殊现象。此时，农业中的商品经济逐渐得到发展，各地区走向专业化生产的步伐越来越快，全国形成了数以千计的大型集市。这样，商品交换破坏了自给自足的自然经济，农村中出现了资本主义的生产和剥削方式，土地买卖现象越来越多，这一切无不动摇着封建农奴制的基础。

但是，俄国资本主义的发展受到农奴制的严重束缚。农民对地主存在着人身依附关系，不能为资本主义发展提供自由的雇佣劳动力；以农奴劳动为基础的自然经济存在，无法为资本主义工业提供充足的原料和广阔的国内市场。俄国经济与社会的发展越来越落后于其他欧洲国家，尤其封建农奴制生产关系已成为新生产力发展的桎梏。

贵族阶级革命家

俄国经济上的落后和国内局势的动荡，导致统治阶级内部分化：以沙皇为首的贵族顽固派，力图推行反动统治来维护农奴制和封建专制；另一部分贵族则主张，在保留农奴制和封建专制的基础上，实行一些有利于资本主义发展的改革，以此来缓和尖锐的阶级矛盾；还有一部分贵族，在国内外先进思想的影响下，看到了农奴制和封建专制必然灭亡的大势，走上了革命道路。十二月党人就属于后面这一部分人，他们都是贵族阶级的革命家。

十二月党人多数是青年贵族军官，他们早年受伏尔泰、孟德斯鸠和卢梭等人启蒙思想的影响。1790年，俄国早期启蒙主义者拉吉舍夫（Radishev，1749—1802年）出版《从彼得堡到莫斯科的旅行记》，深刻揭露了沙俄封建统治的黑暗，号召人民推翻专制制度。当时，不少十二月党人参加了1812年的卫国战争，他们看到法国资本主义发展状况,农奴制的俄国显得非常落后。回国以后,他们对农奴制、封建专制和人民生活困苦的现象已经感到无法容忍,便经常聚集在一起,探讨改变俄国落后面貌的问题。在人民反抗斗争的推动下,十二月党人终于走上了革命道路。

1821年,一些十二月党人军官被调往乌克兰地区,他们在土尔铁城建立了以彼斯特尔为领导人的"南方协会"。1824年,该协会通过了一份名为"俄罗斯真理"的激进纲领,主要内容如下:废除农奴制,把土地分给农民;土地分为公地和私地两部分,公地不能买卖,私地所有者可自由处理私地;推翻封建专制制度,建立共和国,并实行权力分立的原则;废除等级制度,法律面前人人平等;实行普选制度,规定言论、出版和信仰的自由;鼓励发展工商业;等等。"俄罗斯真理"是十二月党人改造俄国的蓝图,也是俄国解放运动史上第一部共和国宪法草案。

"南方协会"成立时,"北方协会"在彼得堡成立,其核心人物是穆拉维约夫。1823年,诗人兼出版商雷列耶夫加入"北方协会",很快就成为该协会领导人。"北方协会"内部存在着意见分歧,保守派以穆拉维约夫为首,他们主张实行君主立宪制,废除农奴制,承认土地是地主财产,只给农民少量的土地;激进派以雷列耶夫为代表,他们的主张与"南方协会"大体相同。尽管十二月党人在政治主张上存在一定分歧,但是,他们在废除农奴制和推翻封建专制统治的共同目标下走到了一起。南方和北方两个协会的领导人通过会谈,决定团结一致,共同举行武装起义。

举行起义

1825年冬,沙皇亚历山大一世突然去世,因他无嗣,皇位理应由御弟康斯坦丁继位。但康斯坦丁早已声明放弃对皇位的要求,并指定其弟尼古拉

1825年12月,由俄国十二月党人指挥的近卫军聚集在彼得堡的枢密院广场,准备武装起义,以迫使新沙皇和枢密院改制。为纪念这场革命发生一百周年,1925年苏俄将枢密院广场改名为"十二月党人广场"。图为起义场面。

尼古拉·穆拉维约夫是俄国贵族军官，他曾上书尼古拉一世，建议废除农奴制度。1858年，他乘中国陷入太平天国运动和第二次鸦片战争而无暇北顾之机，迫使清政府签订《瑷珲条约》。

为皇位继承人。不过，这样的安排并未公布。当圣彼得堡军民向康斯坦丁宣誓后，宫廷才宣布尼古拉为新沙皇，即尼古拉一世（Nicholas I, 1796—1855年）并要求举行再宣誓。这一做法使得人心惶惶，特别是军队内部的不满情绪剧增。于是，"北方协会"决定利用统治阶级上层内部混乱之机举行起义，打算在再宣誓那天，把倾向革命的军队集中到参政院广场，一方面表示拒绝对尼古拉一世的宣誓效忠，另一方面迫使参政院发布文告，废除农奴制，召开制宪会议。结果举行再宣誓那天，约有3000多名士兵先后集中到参政院广场，举行反

沙皇统治的起义，并处死了前来劝说停止起义的圣彼得堡总督米格拉多维奇。但是，起义总指挥特鲁别茨科伊竟然在关键时刻临阵脱逃，使起义一时处于群龙无首的状态，贻误了最佳时机，反让新沙皇尼古拉一世得以调集四倍于起义者的兵力，用以镇压起义，致使起义者死伤数百人。

半个月以后，南方协会也发动起义。但协会主要领导人彼斯特尔因奸细告密，在此前已被捕。第二年，南方协会起义也被镇压下去。十二月党人起义失败后，尼古拉一世对起义者进行了大肆报复，提交法庭审判者有数百人之多，雷列耶夫和彼斯特尔等五名起义领导人被判处绞刑，100多名贵族起义者被剥夺爵位，流放到西伯利亚，其他参与起义的士兵也受到残酷的鞭刑。

十二月党人起义是俄国历史上第一次有纲领、有组织的武装起义，强烈震撼了封建农奴制和沙皇的专制统治，对1861年农奴制改革和以后的资产阶级民主革命产生了深远影响。列宁把1825年作为俄国解放运动的起点，十二月党人就是俄国第一代革命家。当时俄国是欧洲封建统治的反动堡垒，十二月党人起义也沉重打击了维也纳体系和神圣同盟。

一话一说一世一界一

1825年12月14日"十二月党人起义"，新继位的沙皇尼古拉一世调动约万名士兵，前往彼得堡的枢密院广场予以镇压。1826年1月，穆拉维约夫再次发动起义，亦以失败告终。图为瓦西里·蒂姆的油画作品《十二月党人起义》。

争脱锁链
1861 年俄国农奴制改革

当农奴获得自由时，他们已经被剥夺得一干二净了。

1861 年俄国农奴制改革，是一场由沙皇亚历山大二世领导的、自上而下的资产阶级民主革命。改革废除了地主对农民的封建剥削和压迫，使 2000 多万农民从农奴制的锁链下解放出来，极大地促进了俄国资本主义的发展。

农奴制度的危机

19 世纪上半叶，西欧主要国家都经历了资产阶级革命，并先后走上了资本主义发展的快车道。但是，俄国仍旧实行落后的封建农奴制，农奴占全国 90% 的人口，世代被束缚在土地上，饱受地主和贵族的压迫和剥削。在农奴制下，农奴的死亡率极高，每年至少减少几万人。地主不但肆意虐待农奴，还像出卖牛马一样出卖农奴。这就是农奴制改革前俄国的社会现实。

19 世纪前期，俄国的农奴制已经走到了历史尽头。在西欧资本主义的影响下，商品生产从内部开始瓦解俄国的农奴制。1846 年英国废除《谷物法》以后，俄国的粮食出口激增，1850 年出口小麦近 50 万吨，比 19 世纪 20 年代增加两倍。出口粮食有利可图，促使地主增加农民每周的劳动天数，减少农民的份地，甚至完全收回农民的土地。然而，强迫劳动不但不能提高生产率，反而使生产率越来越低，因为农奴制剥削实际上已经无利可图。因此，某些生产和出口粮食的地区的地主，开始采用雇佣劳动来代替农奴劳动。此外，农民被束缚在土地上，无法满足工业对自由劳动力的需求。在地主的巧取豪夺下，广大农民一贫如洗，无力购买工业品，严重地限制着国内市场的扩大。显然，农奴制阻碍了俄国资本主义工业的发展，它的衰落已不可避免。到 19 世纪中叶，废除农奴制的问题已经提上了议事日程。

亚历山大二世（Alexander II, 1818—1881 年）是俄国沙皇、波兰国王和芬兰大公。克里米亚战争失败后，他为了谋求俄国的现代化，推行一系列的改革，诸如实行地方自治，修订司法制度，解放农奴，促进大学教育，实施全民兵役制。

农奴制改革的序曲

1853 年克里米亚战争爆发，进一步加剧了俄国国内的阶级矛盾。战争耗费了大量的人力、物力，广大农民深受其害，苦不堪言。政府加重农民的赋税以充军费，使得农民在原有不满的基础上，又添了新的不满。结果，农民运动开始席卷

车尔尼雪夫斯基（Nikolay Chernyshevsky, 1828—1889 年）是俄国民主主义者、批评家和民粹主义创始人。在哲学上，他以唯物主义精神改造黑格尔的辩证法；在政治上，他受到俄国社会主义之父赫尔岑的影响，认为阶级斗争是社会进步的动力。

车尔尼雪夫斯基是俄国著名的民主革命家和社会活动家。他知识渊博，充满战斗激情。他熟知农民的悲惨境遇，理解他们的利益和愿望，认为只有农民革命才是农民获得解放的唯一途径。因此，他对统治阶级不抱任何幻想。在抨击农奴制时，他积极宣传农民革命的思想，提出要废除农奴制，必须首先消灭专制制度的主张。他虽然是比赫尔岑更为坚定的革命者，但在俄国社会发展问题上，他同赫尔岑一样，带有空想社会主义的色彩。他认为，俄国有可能绕过资本主义发展阶段，通过农村公社直接过渡到社会主义。普列汉诺夫盛赞车尔尼雪夫斯基，把他比作俄国的普罗米修斯。

全国。仅 1860 年，就发生了 100 多次农民暴动。波澜壮阔的农民运动，动摇了地主和贵族的残暴统治。

在农民运动的推动下，俄国的革命民主主义者积极准备反专制统治的政治革命。早在 1859 年，车尔尼雪夫斯基和杜勃罗留波夫（Nikolay Dobrolyubov, 1836—1861 年）就在彼得堡成立秘密革命组织，并主动与赫尔岑和奥加略夫在伦敦的革命组织建立了密切联系，准备发动公开的起义。车尔尼雪夫斯基还制定了比较彻底的革命纲领，坚持"自下而上"的革命，主张通过农民革命消灭农奴制，使农民无代价地分到土地。1860 年末到 1861 年初，他起草了一份题为《领地同情者致领地农民书》的宣言，揭露了沙皇的真面目，并号召农民准备起义。不过由于叛徒出卖，这份宣言还没发出，

1841 年，俄国的亚历山大二世与黑森－达姆施塔特的玛丽亚·亚历山德罗芙娜公主结婚，育有六子二女。此外，他还有众多情人和私生子。这幅画描绘的是 1855 年 8 月 26 日沙皇和皇后在莫斯科克里姆林宫的圣母升天大教堂举行的加冕礼。

就落到了警察当局的手里。沙皇政府拥有强大的军事警察机器，加上农民力量涣散，觉悟尚低，革命民主主义者难以把分散的农民运动汇合成全面的大革命。这样，1859—1861年的农民运动和革命民主运动未能实现合流，结果"自下而上"地消灭农奴制的革命道路以失败而告终。

然而，波澜壮阔的农民运动却迫使沙皇政府走上了"自上而下"的改革之路。早在1856年，亚历山大二世就对莫斯科贵族谈及废除农奴制的问题。他认为，与其等农民自下而上地起来解放自己，不如由政府自上而下地解放农民。从1857年起，政府着手改革的准备工作。负责改革工作的是由高级官吏和大农奴主组成的"农民事务总委员会"，改革草案的基本原则是维护贵族地主的利益。亚历山大二世在最高国务会议最后审定改革方案时指出："诸位会相信，为了保护地主的利益，凡是能做的一切都做到了。"

农奴制改革的内容

1861年3月3日（俄历2月19日），沙皇签署了《关于脱离农奴依附关系的农民法令》，它宣布：第一，农民实现人身自由。地主再也不

1861年的农奴解放宣言，使得俄国的2300万农奴获得了自由。他们被赋予自由公民的所有权利，包括无需获得许可就可结婚的权利、拥有财产的权利、拥有自己事业的权利等。图为1864年普斯科夫的自由农奴获准离开教堂的情形。

1853年克里米亚战争爆发后，俄国害怕阿拉斯加殖民地被英国夺走，提议将它卖给美国。1867年3月，美俄同意以720万美元（相当于现今3万亿美元）成交，约为1.92美分1英亩。这是世界土地交易史上最大、也是最划算的一笔。

能交换和买卖农民，也不能干涉农民的家庭生活；农民有权用自己的名字订立契约、从事工商业活动，拥有动产和不动产，以及进行诉讼；农民可以改变身份，成为市民或商人。第二，以赎买办法解决农民的土地。全部土地仍属地主所有，农民可以按照规定赎买一小块。赎金数额高出土地实际价格2—3倍。赎金的1/4由农民以现金方式支付，其余则由政府以有息债券代付，而农民需在49年内向政府还本付息。第三，把农民组织在原

1864 年 1 月，沙皇亚历山大二世颁布诏书，宣布在地方上成立缙绅会议。这不仅是一个吸收了地方各社会阶层参与的议事机关，它还被赋予一些行政管理功能，涉及地方的通信、交通、医疗、卫生、教育和慈善机构等事务。图为贫苦百姓等待着郡县议会免费的晚餐。

来村社中。村社的公职人员由农民选举产生，但必须执行政府的一切法令，并隶属于地方行政机构。村社设置一个由地方贵族担任的调停人，负责处理地主与农民之间的关系，以保障地主的利益。村社实行连环保，以约束农民按时完成各类赋役。农民由过去受个别地主的支配，现在则归于地方政权的管理。

1861 年的农奴制改革，一定程度上可以看作是地主阶级对农民的一次大规模掠夺。农民在改革中分到的土地，按 1861 年市价计算，仅值 5 亿多卢布，但到 1905 年为止，农民共交付了 20 亿卢布的赎金。农民虽然付出高昂的赎金，但分得土地的面积比改革前减少了，质量也更差了。在改革过程中，地主把最好的土地割走，把最坏的土地留给农民。在黑土地带，地主平均割去农民使用土地的 1/4，在全国平均为 1/5。改革前归地主和农民共有的牧场、水塘和森林，改革后都归地主所有；改革以后，全俄每个农民平均分到 3.4 俄亩土地。由于耕地减少，经济上不能自立，农民不得不在受奴役的条件下向地主租地。获得"解放"的农民，又在"对分制"和"工役制"的形式下，

重新遭受地主的剥削。这些剥削方式都是农奴制的残余。改革以后，沙皇政府欺骗农民的真面目彻底暴露，引起了广大农民的极度不满，再次爆发了席卷全国的农民运动。1861 年到 1863 年，共发生 2000 多起农民暴动，最后都遭到沙皇军队的血腥镇压。大批革命民主主义者或遭逮捕，被判处苦役，或被流放。

俄国农奴制废除以后，沙皇政府又在其他方面实行一系列改革。1864 年，在省、县都建立了地方自治机构（自治会议和自治局）。1870 年，在城市建立杜马和自治局。但是，这些自治机构都控制在地方贵族手中，城市自治机构则受到大资产阶级的操纵。而且，自治机构又受到行政当局的严格监督，职权有限，只能管理地方的经济、教育和卫生。1864 年，俄国还参照西欧模式进行司法改革，建立陪审制度和律师制度，实行公开审判。司法改革在当时各项改革中是比较彻底的，但仍带有农奴制残余的色彩。政治案件往往由行政部门处理，被捕的革命者不经审判，就被流放到西伯利亚。这些事实表明，改革并没有根本触及沙皇专制制度。

为独立和统一而战
波兰民族大起义

惨遭瓜分的波兰，难逃灭国的厄运。波兰人民会甘做亡国奴吗？此起彼伏的起义，已经给出了最好的答案。

1772年5月，俄国、普鲁士、奥地利三国在圣彼得堡会谈，密谋瓜分地处群敌环伺下的波兰王国。结果，波兰丧失了1/3的领土与人口，沦为这三国的保护国。后又经过1793年和1795年两次瓜分，存续了800余年的波兰亡国，沙俄夺走了原波兰的核心区域。在异族的统治下，波兰人民掀起了一次次反暴政起义，其中以1863年的波兰起义最具典型意义。

波兰"红党"的兴起

由于俄、普、奥三国瓜分，1795年，波兰亡国。但是，孤立无援的波兰人民从没有停止对异族统治的反抗。19世纪50年代后期，原波兰王国境内出现了由青年学生组成的秘密革命小组。虽然这些小组缺乏明确的革命纲领与行动计划，但它们积极在波兰的工人、市民与手工业者中进行大量的宣传与组织工作，为随后波兰本土革命党派的形成，奠定了良好的群众基础。

1861年秋，伴随着波兰境内革命浪潮的高涨，华沙形成了"红党"。这是一个成分复杂、组织松散、由民主主义者领导的革命组织，成员涵盖工人、手工业者、城市贫民、青年军官、中小贵族等不同群体，幻想英、法等欧洲大国参与波兰问题，以促成波兰独立。

在"红党"革命力量蓬勃发展的同时，波兰的贵族地主也在积极对付革命发展的反动力量。他们组成"白党"，希望利用人民的力量迫使沙俄政府做出让步。

规模宏大的民族起义

1860年6月11日，华沙人民为在1830年十一月起义中以身殉职的爱国将领索文斯基的遗孀举行葬礼，华沙大学生借机秘密组织爱国游行活动。同年11月29日，华沙的工人与学生再次进行游行示威，"波兰还没有灭亡"的歌声回荡在城市的上空，由此拉开了波兰人民争取民族解放大起义的序幕。1861年4月7日，华沙人民掀起了规模

波兰军队领导人，也是波兰、立陶宛、白俄罗斯和美国的民族英雄塔德乌什·柯斯丘什科（Tadeusz Kosciuszko，1746—1817年）领导了反抗俄罗斯帝国和普鲁士王国的柯斯丘什科起义。图为1794年他在克拉科夫宣誓忠诚于波兰民族。

1863 年一月起义中在战斗的起义军。

知识链接：波兰十一月起义

1830 年 11 月，沙皇俄国统治下的波兰人民争取自由解放的民族大起义。11 月 29 日夜，一批贵族出身的青年军官和青年学生在华沙发动武装起义，袭击了俄国派驻波兰王国的总司令康斯坦丁·巴甫洛维奇大公官邸。起义军与波兰人民一道成立临时政府，解放华沙。沙皇尼古拉一世派遣 12 万大军，前往波兰镇压。1831 年 9 月华沙陷落，持续十个月之久的波兰起义失败。

更大的起义活动。第二天，沙俄军警对起义群众实行大屠杀，结果 100 多名无辜的波兰人民惨死，千余人受伤。

1863 年 1 月 22 日，帕德列夫斯基宣布成立波兰民族临时政府，颁布宣言与土地法令，宣布"所有波兰的儿女们，部分信仰、出身和地位，均是自由平等的国家公民。劳动人民通过缴纳代役租或服劳役而拥有的土地，从此无条件地永久为其所有"。宣言号召波兰、立陶宛人民参加起义，坚决推翻沙皇俄国的反动统治。

"白党"控制临时政府后，取消了宣言与土地法令。尽管如此，这也未能浇灭波兰人民战斗的激情。1863 年 4—8 月，波兰人民前仆后继，迫使沙俄不断增加驻军。次年 4 月，"白党"领导人先后投降，波兰民族大起义以失败告终。1864 年 3 月 2 日，沙皇亚历山大二世在波兰颁布了废除农奴制的敕令，它规定："1864 年 5 月 1 日起，废除波兰农民的一切封建义务，农民成为自己土地的主人；政府付给地主赎金以补偿其损失；农民有权参加村民自治；农民有权力使用公有森林、牧场和水源。"

实际上，敕令满足了波兰农民在起义之初提出的土地要求。

1863 年的波兰起义是波兰近代史上规模最大、影响最深远的反沙俄、反封建的民族大起义。起义震慑了沙俄统治者，显示了波兰人民不屈不挠、渴望民族独立的决心与意志。

1830 年，反对俄国沙皇独裁统治的十一月起义遭到镇压。

大国梦碎
瑞典斯堪的纳维亚主义失败

瑞典是北欧强国，它推行斯堪的纳维亚主义失败后，由一只"北方雄狮"蜕变成为一个"中立之国"。

1397 年卡尔马联盟的成立，将斯堪的纳维亚半岛上的北欧三国丹麦、瑞典和挪威的命运紧密地联系在一起。从古斯塔夫一世起，瑞典脱离卡尔玛联盟而独立。此后数百年间，瑞典奉行斯堪的纳维亚主义的扩张政策，到"三十年战争"时期已跃升成为欧洲强国，其领土范围包括现今的芬兰、爱沙尼亚、拉脱维亚、立陶宛以及俄国、波兰和德国的波罗的海沿岸地区。1718 年对俄、丹、波战争失败后，瑞典走向衰落。

斯堪的纳维亚主义的兴起

统一斯堪的纳维亚半岛，在瑞典有着悠久的历史。早在 1397 年 6 月，在玛格丽特女王主持下，丹、瑞和挪三国共同签署《卡尔马条约》，结成"卡尔马联盟"。女王作为三国的共主，是实现斯堪的纳维亚半岛统一的第一人。不过联盟在经历 90 余年后瓦解，瑞典国王古斯塔夫·瓦萨（古斯塔夫一世）与丹麦国王克里斯蒂安三世为恢复与重建联合，做出了各自努力。然而，由于"北方七年战争"（1563—1570 年）爆发，丹瑞关系恶化，统一设想暂时搁浅。

19 世纪初，斯堪的纳维亚主义再次兴起。丹瑞两国史前史研究者共同推动考古学发展，以阐释早期斯堪的纳维亚半岛史。通过持续的挖掘工作，丹麦的哥特学派与瑞典的格龙维特学派认识到半岛曾经是一个整体的事实，这样的学术成果首先得到

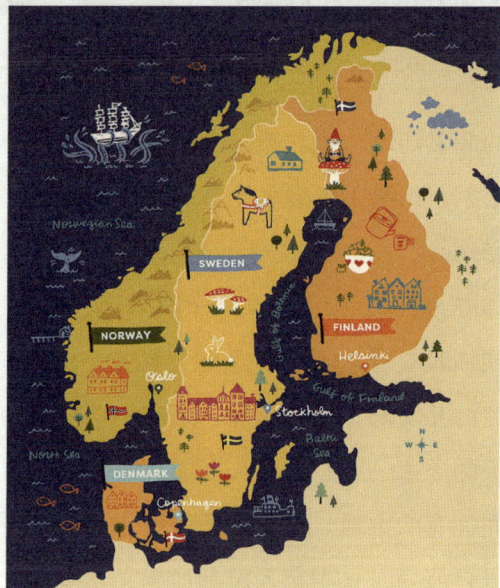

斯堪的纳维亚半岛是欧洲最大的半岛，半岛西部属山地，西部沿岸陡峭，多岛屿和峡湾；东、南部地势较平整。半岛的气候属温带气候，其北端严寒。

了两国大学生群体的广泛认可。1838 年冬，丹麦的哥本哈根大学生与瑞典的隆德大学生穿越冰封的松德海峡，进行了友好访问。

流传渐广的斯堪的纳维亚主义，与瑞典国内的政治现状相吻合。早在拿破仑战争之际，瑞典作为"反法联盟"中的一员，因受到为法国策动起来的沙俄进攻，丢掉了芬兰。反法战争结束后，瑞典强行与挪威组成联合王国，以弥补自己的损伤。可以说，瑞典长时间以来笼罩在英国与俄国的阴影下，国内对俄国势力扩张的不满情绪，愈加浓烈。与此同时，丹麦正处于"又穷又小"的状态，时刻面临着以普

斯堪的纳维亚主义是一种支持斯堪的纳维亚国家（或北欧国家）之间合作的政治运动。图为 19 世纪的一幅海报，挪威人、丹麦人和瑞典士兵（从左到右）手拉手。

知识链接：古斯塔夫一世

瑞典国王古斯塔夫一世（Gustav I，1496—1560 年），生于大贵族家庭，以古斯塔夫·瓦萨（Gustav Vasa）而闻名。从 1521 年起，他反对丹麦、挪威和瑞典三国的共主克里斯蒂安二世统治，致力于为一个独立的瑞典而奋斗。在打败丹麦占领军后，他于 1523 年 6 月被推选为国王，建立瓦萨王朝，此举终结了卡尔玛联盟和中世纪瑞典的选举君主制。古斯塔夫在统治后期，积极推进商业发展，提升瑞典国力，为后来称霸波罗的海地区奠定了初步基础。

鲁士公国为主导的德意志的威胁。由此，瑞典从政治上实践斯堪的纳维亚主义的时机，似乎已经成熟。

瑞典大国梦碎

第一次石勒苏益格战争爆发后，瑞典又迎来实践斯堪的纳维亚主义的良机。1848 年石勒苏益格地区的叛乱，得到了德意志邦联与普鲁士王国的有力支援，丹麦官方军队很快被击溃。消息传来，瑞典的斯堪的纳维亚主义者群情激愤，迫切地要求官方出面支援丹麦，对德意志采取必要的军事行动。

此时，瑞典国王奥斯卡一世赞同这种想法。在 1848 年 5 月召开的秘密委员会中，他公布了行动计划：瑞典军队绕开石勒苏益格和荷尔斯泰因两公国问题，陈兵口德兰半岛，对丹麦予以迂回式支援。然而在瑞典军队登陆前，普鲁士已从日德兰撤兵。经过瑞典与其他中立国家的施压，普鲁士与丹麦在当年 8 月达成停战协定。不过，次年双方再次交战，而奥斯卡一世考虑到丹麦国王行事不力，调整了策略，消极支援丹麦一方。

1853 年，俄国在东方问题上与土耳其发生冲突，俄国要求获得土耳其苏丹治下的东正教居民的特别保护权，战争一触即发。鉴于此，瑞典主导的斯堪的纳维亚国家结成中立联盟，以抵消俄国日益壮大的势力。同年 12 月，瑞典－挪威联合王国与丹麦发表联合宣言，以维持北欧强国联盟的姿态，试图阻止俄国势力的进一步扩张。然而，1859 年奥斯卡一世因病去世后，他的继承者查理十五世并没有继承他的遗志，而后者反复无常的性格，还有拒绝在普丹战争中支援丹麦的做法，必然导致斯堪的纳维亚主义走向衰落，湮没于历史尘埃之中。1905 年，挪威脱离瑞典独立后，瑞典彻底退出欧洲政治角逐的舞台，在两次世界大战中保持中立，成为闻名遐迩的"中立之国"。

奥斯卡一世（Oscar I，1799—1859 年），瑞典和挪威国王（1844—1859 年在位），1853—1856 年的克里米亚战争中，他支持土耳其，反对俄国。

TOUSSAINT
LOUVERTURE

高潮迭起：
拉丁美洲独立运动

1492 年哥伦布发现新大陆，这无论对于西方人还是美洲土著人，都是引起震撼的大事件。15 世纪末，西方人带着黄金梦想来到新大陆，在这片尚未开发的处女地上，他们不仅带来了先进的文明，也输入了野蛮的殖民制度，从而改变了拉丁美洲文明长期自由发展的历史进程。从 16 世纪开始，拉美地区陆续遭到西班牙、葡萄牙、荷兰、英国、法国等西方殖民主义者的入侵和奴役，不断加剧那里的阶级对立，激化殖民地与宗主国的矛盾，最终导致拉美民族独立运动的爆发。持续 16 年之久的拉美民族独立运动，1810 年从委内瑞拉首先开始，终于 1826 年西班牙殖民军队最后撤离秘鲁。如果将上限溯及 1791 年爆发的海地革命，那么，这个运动更是长达 35 年之久。可以说，它持续时间长，波及地区广，卷入人口多，并把拉美地区的反殖、反帝斗争推向新高潮，因而其伟大意义不可低估。拉美独立运动的胜利，既是土著印第安人的胜利，也是广大黑人奴隶的胜利，可以说是受奴役、被压迫民族的胜利。

兵祸连连
拉美地区的社会分裂

随着西方殖民者入侵而来的，是兵灾、是战祸，是土著人无法抵御的疾病，还有各色人种的杂居。欧洲人蜂拥而至，加速了拉美社会的动荡。

从 1492 年到 1550 年的半个多世纪，是西班牙人的大航海和殖民大扩张的时期，也是西属美洲殖民地统治模式形成和社会分裂加剧的时期。哥伦布曾宣称："一切荣耀归于伊莎贝拉女王。"西班牙发现美洲新大陆之际，正值哈布斯堡王朝专制制度强化之时。可以说，殖民地的一切权力均来源于王室，又属于王室，因为殖民地本身就是王室的财产，西班牙国王就是殖民地的最高统治者。

西属美洲总督区

起初，西属美洲殖民地分为新西班牙和秘鲁两个总督区，总督是西班牙王室派驻殖民地的最高长官，也是西班牙统治西属美洲殖民地的象征。新西班牙的核心区域为墨西哥南部、巴拿马以北的中美洲、加勒比海的西属岛屿等，首府位于墨

西哥城。秘鲁总督区的辖区，包括巴拿马地峡及南美除委内瑞拉外的全部殖民地，首府设于利马。例如，第一任新西班牙总督是安东尼奥·德·门多萨，他代表西班牙国王在殖民地行使支配权，负责殖民地的治理，涉及税收征缴、治安管理、保护教会等权利和义务。

在最高行政单位总督辖区之下，是省行政区和都督辖区。都督辖区是总督辖区的缩小版，在中央集权体系下，许多都督辖区改作总督辖区的省。而在省之下的市镇辖区，是殖民地最低一级的行政机

蒙特祖马二世（Moctezuma II，1475—1520 年）是古代墨西哥阿兹特克帝国的君主，他曾一度称霸中美洲。随着西班牙人的征服，阿兹特克帝国告亡。图为蒙特祖马二世与殖民主义者埃尔南·科尔特斯（Hernando de Cortez，1485—1547 年）举行会谈的情形。

构。在行政管理体例之外，市镇辖区还有检审庭，作为兼行政和立法双重职能的司法机关，以及负责商业事务的贸易署。这就是西属美洲殖民地的基本统治架构。

葡萄牙在美洲的行政设置与西班牙相类似，但多由葡萄牙皇家秘书来管理殖民地事务。就这样，西班牙和葡萄牙对殖民地的统治秩序得以建立起来。

克列奥尔人和梅斯蒂索人

来自西班牙和葡萄牙的殖民主义者，在美洲不可避免地要与土著人接触、交往，由此衍生出数个

西班牙殖民美洲时期，将派生的各混血人种统称为卡斯塔（Castas），并以种族、财富和出生地来划分拉美社会阶层。这是18世纪墨西哥的特坡佐特南总督区国立博物馆的种姓制度展览图片。

混血种人，因而拉美的民族构成和社会成分相当复杂。在拉美地区，白人群体主要有欧洲白人和克列奥尔人。其中，欧洲白人仅指来自伊比利来半岛的西班牙人和葡萄牙人，所以又被称为"半岛人"；克列奥尔人是指16—18世纪在拉丁美洲出生的白人后代，而且他们的双亲都是白人。在殖民时期的拉美地区，克列奥尔人虽然在法律上与西班牙人平等，但是实际上，他们却受到歧视，往往被排斥在教会和国家的上层机构之外，这导致他们和"半岛人"的嫌隙越来越大。墨西哥著名诗人弗朗西斯·德·特拉萨有一首诗，就充分地表达了他们的不满情绪："西班牙，你对那些初来乍到的人，是仁慈的母亲；而待我们却像凶狠的后妈，你慷慨赐予他们珍宝，留给我们的却是困苦和惆怅。"克列奥尔人无法谋取较高的政治地位，他们依靠自己在种植园和采矿业上积累财富，追求自己的实际利益。

梅斯蒂索人是白人和印第安人的后裔，他们

与克列奥尔人一样受拉美主流社会的歧视。西方殖民者在刚踏入拉美的土地时，为了冒险的成功，没有携带女性一同前往。征服拉美之初，由于白人女性稀少，男女性别严重失调，异族间的通婚现象就不可避免，也极为平常。但在欧洲人看来，混血的梅斯蒂索人都是不正当关系的产儿，因而后者备受"半岛人"的蔑视。这样一来，大量的梅斯蒂索人无法跻身于统治阶层，处于社会的底层，成为普通的劳动者。其中，一些人依靠自我奋斗，成为中小土地主；还有一些人无所作为，他们甚至加入了殖民地的民兵组织。作为白人的后裔，不论是梅斯蒂索人，还是克列奥尔人，都难以取得和外来的欧洲白人同等的社会地位，这样反差明显的身份与等级，造成了拉美社会的严重分裂和剧烈动荡。

梅斯蒂索人是欧洲和美洲印第安人的混血儿，或外国人和太平洋岛民的混血后裔，而不论这个人出生何地。这个词尤其指的是欧洲人与美洲原住民祖先混血而成的拉丁民族。图为西班牙男人和秘鲁土著女人及他们的混血孩子。

美洲的印第安人

印第安人是美洲的原住民，也是美洲土地上最早的主人。1949年，第二届美洲印第安人代表大会在秘鲁的库斯科召开，通过了关于印第安人的定义：印第安人是哥伦布到达之前美洲土著居民的后代，他们对自己的人格身份，形成了三点基本共识：基本信守固有的劳动制度、语言文化和习俗传

克列奥尔人是拉丁美洲土生的欧洲白人移民的后裔，其语言、文化和社群基于移民时代欧洲人和非欧洲人间的互动而产生。图为一户克列奥尔人家庭合照：这是一个西班牙后裔的墨西哥上层殖民者家庭（墨西哥城，新西班牙，约1730年）。

统。不过关于印第安人的称呼，过去有许多误会，其中之一就是哥伦布误称新大陆的结果。现在人们普遍认为，印第安人的祖先就是从亚洲穿过白令海峡到达美洲的智人。

在西方侵入新大陆之前，美洲的印第安人的总数约在 4000 万人到 4 亿万人之间，语言达 1700 多种，并形成了具备各自语言和文化传统的部族集团。为适应自然环境，他们还形成了阶级社会以前各类社会经济组织、生活方式和文化模式。由于长期与旧大陆文明世界隔绝的缘故，作为美洲大陆最古老的居民，印第安人的发展总体上滞后。

在众多的印第安人中，玛雅人、阿兹特克人和印加人最为先进，他们的社会、经济和文化的发展达到了印第安人的高峰。只是由于西方殖民主义者的到来，印第安人才从主人地位沦为奴隶的命运。特别是西班牙人进入美洲后，对璀璨的印第安文明成果感到震惊，对黄金的贪求压倒了对人类文明的欣赏和对印第安人生命的尊重。而这些所谓的"文明人"，为了追逐经济利益，早已丧失了人的理智和良知。他们烧毁了象征文明的古代建筑和文化典籍，毁坏了精美的雕像和器皿，掠夺走了他们所渴求的黄金、钻石、宝石等一切能拿得走的贯重物品，并大开杀戒，无视印第安人的性命。殖民地时期，美洲人口下降的速度是近代以来世界人口史上绝无仅有的。1519 年，墨西哥中部的人口约为 2500 万人，在欧洲人到达这里的头四年中，竟然锐减了 800 万。到 1630 年前后，美洲土著人口的数量，只相当于哥伦布之前的 3% 左右。

17 世纪中期，拉美土著人减少的趋势开始停止，并有缓慢回升现象。与此同时，由于种植园经济的推广和采矿业的需求，大批黑人被输入进来，加入劳动大军的队伍。在各色人种涌入拉美之后，混血人种的增幅显著提升，他们连同美洲的土著人和黑奴一起，从事着最辛苦、最低贱的职业，而他们创造的财富却被欧洲白人和宗主国所剥夺。这些苦难的境遇，在他们心里埋下仇恨的种子，只等振臂一呼，他们就会拿起武器，为生存与自由而战。

穆拉托人指黑人与白人的混血，这些人多数是男主人和女黑奴的混血儿，主要分布于非洲、北美洲、南美洲及加勒比海一带。

自由之火
1801 年海地
人民起义

自由之火

剥削压迫，他们无辜承受，
贫苦饥饿，他们默默忍耐。
但沉默久了，必将爆发！
因为自由之火，永不熄灭。

现代殖民主义是西方国家奴役亚非拉地区人民的工具和见证。哪里有压迫哪里就有反抗。面对法国和英国殖民者的双层压迫，海地人民没有一点退缩。虽然追求独立的道路艰难曲折，但是，他们向往自由的希望之火从未熄灭。在杜桑·卢维杜尔的带领下，海地人废除奴隶制，颁布宪法，后又发表《独立宣言》，建成了一个真正自由与独立的国家。

从海地到圣多明戈

海地，印第安语的意思是"多山的地方"。

1492 年哥伦布首航美洲时发现海地岛（西班牙岛），第二年又在该岛北海岸建立伊莎贝拉城，就此开始西班牙的殖民统治。1496 年 6 月，哥伦布委托其兄弟巴托罗缪·哥伦布代理总督，巴托罗缪在距离伊莎贝拉不远的地方，又修建了圣多明戈城。海地岛位于古巴岛和波多黎各岛之间，是加勒比地区仅次于古巴岛的第二大岛。1502 年，它正式成为西班牙殖民地，并被命名为"圣多明戈"。

此后数十年间，西方殖民者不断移往这里，以法国人居多。根据 1697 年的《勒斯维克条约》，该岛西部割让给法国，东部仍属西班牙。西班牙刚刚踏上圣多明戈时，岛上约有 25 万土著人，但是他们基本上被西班牙人捕

克里斯托弗·哥伦布（Christopher Columbus，1450—1506 年）是热那亚的航海家和殖民者，服务于西班牙王室，于 1492 年成功到达中美洲。后来，他又数次西航新大陆，并在伊斯帕尼奥拉岛建立永久点，拉开了西班牙美洲开发的序幕。图为哥伦布登陆伊斯帕尼奥拉岛。

法国殖民者的压迫遭到黑奴的反抗，图为海地黑奴在砍杀法国殖民者。

杀殆尽。西班牙人占领期间，大力发展种植园经济，种植甘蔗、咖啡、棉花、烟草等经济作物。到1791年，圣多明戈有2810个咖啡种植园、792个甘蔗种植园、705个棉花种植园，从这里出产的商品行销世界各地，总值高达数百万英镑。圣多明戈被人们称为一颗"安的列斯群岛的明珠"。

但是，这里有48万黑人奴隶，在54万人口中占绝大部分。他们过着非人的生活，每天需要工作16个小时以上，死亡率居高不下。有史料记载，圣多明戈的黑人奴隶："他们每天要工作16—20个小时，还经常会被主人无端的毒打，这些人在劳作七八年之后，耗尽身体，普遍死得比较早。"这种非人的待遇，使得拉丁美洲的底层人民与殖民者的民族矛盾日益尖锐。除了社会最底层的黑人外，还有少量的土生白人，作为欧洲人后裔的克列奥尔人和梅斯蒂索人，虽然同样是白人，却被排斥在统治集团之外。形成鲜明对比的是，来自欧洲的4万白种人，竭力剥削黑奴的劳动，享受极尽奢华的生活，从而导致黑人的反抗。每五年到十年，黑人就发起一次反对白人剥削和压迫的起义。海地的阶级

知识链接：黑奴贸易

西方殖民主义者以劫掠、贩卖非洲黑人为主要内容的贸易活动。1441年，一支葡萄牙探险队在非洲大陆最北点的吉兰角（今突尼斯境内）附近沿海劫掠10名黑人，带回里斯本出售，是为黑奴贸易的起点。1501年，第一船非洲黑人奴隶从西非运至加勒比海西班牙殖民地圣多明戈岛的奴隶种植园。从此，横跨大西洋的奴隶贸易兴盛起来，葡、西、荷、意、英、法、普等西方国家相继卷入其中。到17世纪中叶，奴隶贸易的范围主要集中在大西洋两岸，所以一般称为"大西洋奴隶贸易"。贩运奴隶的船只先从欧洲满载着枪支、布匹、甜酒和糖等廉价物品，航行到非洲，以换取非洲各地的黑人奴隶，再把黑奴运往新大陆，又以高价卖给美洲的种植园主或矿山主，换取当地的烟草、甘蔗和棉花等原料，最后运回欧洲宗主国，奴隶贩子从中可以获得数百倍利润。19世纪下半叶，奴隶贸易逐渐衰落。罪恶的奴隶贸易，严重摧残了非洲社会生产力的发展，是西方国家资本原始积累时期最野蛮的殖民扩张活动。

矛盾和种族矛盾已经相当尖锐，整个社会处于剑拔弩张的态势。

海地各地大起义

1789年爆发的法国大革命，震撼了整个拉丁美洲。圣多明戈传来了《人权宣言》的精神，上空飘荡着"人人生而平等""自由是天赋人权"的口号。海地的混血人和黑人觉醒了、觉悟了，他们要求公民权，却遭到当局的无理拒绝。1790年10月，在维桑特·奥热的领导下，圣多明戈爆

发起义。由于黑人奴隶未能被发动起来，起义军力量有限，很快便失败了。此时，法国的制宪会议通过法令，宣布自由的有色人种和白人在政治上平等。这可以看作起义者达成了部分目标，而黑人还处于不平等的地位，他们的反抗活动仍在继续。

1791 年 10 月，杜桑·卢维杜尔带领 1000 多名黑奴，烧毁圣多明戈北部的布雷达种植园，将海地起义推向高潮。杜桑提出的"为自由而斗争"的口号鼓舞人心，团结了一大批向往自由的斗士，起义军队伍迅速扩大。1793 年，英国与西班牙组成第一次反法联盟，意欲联合夺取圣多明戈。它们打着胜利之后解放黑奴的旗号，诱导杜桑带领起义队伍加入反法联军。但是，西班牙在占领海地北部后，却拒绝解放奴隶，甚至还大肆贩卖黑奴。正值此时，法国当局颁布废除奴隶制的法令，于是杜桑带领黑人，与法军联合作战，英勇抗击西班牙侵略者。

当然，黑人义军与法军之间并不是毫无间隙的，法国人在赶走西班牙人之后，撕下了自己的伪装，重新与起义军为敌。此外，还有一些英军驻扎

知识链接：圣多明戈

多米尼加共和国首都和最大的城市，加勒比地区人口最多的城市。位于加勒比海之滨的圣多明戈（Santo Domingo），拥有 500 多年历史。1496 年，克里斯托弗·哥伦布的兄弟巴塞罗缪·哥伦布来到奥扎马河东岸殖民，发现此地风光秀丽，位置显要，便率西班牙殖民者兴建了一座市镇。它是圣多明戈的前身。此后百余年间，圣多明戈作为西班牙、法国、美国等国的殖民地，多次易手。1960 年，圣多明戈结束了美国扶持的特鲁希略政权，最终获得自由。

在当地。1798 年，起义军向英军发起进攻，赶走了盘踞在圣多明戈西部的英国殖民者。同时，杜桑又率军进攻海地角，赶走了那里的法国殖民者。至此，海地基本上摆脱了法国的殖民统治。1799 年到 1800 年间，起义军还镇压了多起土生白人种植园主的叛乱活动，奠定了最终胜利的基础。

1801 年 1 月，起义军兵分两路攻打圣多明戈。一路在穆瓦兹的率领下，从北面进攻；另一路则由杜桑指挥，从南面进攻。他们攻占了圣多明戈城，并驱逐了西班牙殖民总督。同年 3 月，海地制宪会议召开，起草宪法。杜桑选拔和任用黑人和混血种人担任各级政府官员，并把土地分给农民和士兵。7 月，杜桑被推选为终身总统，海地宪法颁布，宣布永远废除奴隶制度，全体公民在法律面前一律平等，私有财产神圣不可侵犯，并提倡贸易自由。这样，不论肤色、种族，人人平等而自由的海地，终于诞生了。

杜桑·卢维杜尔，海地革命领导人，生于黑奴家庭，粗通法语，读过法国启蒙学者的哲学著作，赢得种植园主的喜爱，并成为管家。1801 年海地岛统一、建立政权后，他被推举为终身总统。

法军远征海地

在海地建国问题上，杜桑没有明确宣称海地是

一个独立国家。宪法不仅依然表明海地是法属殖民地，还保留了强制劳动和允许通过奴隶贸易进口劳动者的相关条款。宪法维护了法国的颜面，杜桑也足够小心谨慎，甚至公开表明自己是个法国人，尽力向法国皇帝再三表示忠诚。尽管如此，这一切对于法国而言，依然严重损害了它在海地的利益。于是，拿破仑派自己的妹夫勒克莱尔率领数万法军，劳师远征，企图恢复法国在圣多明戈的统治。而此时的杜桑，计划烧掉沿海的城市和平原，然后把军队撤退到山林中，以逸待劳，等待热病去摧毁长途跋涉而来的法军。

不过，他的计划并没有得到起义军的有效贯彻。1802 年，当法军抵达海地角时，亨利·克里斯托弗指挥起义军发起进攻，失败后不得不退回内地。杜桑在与强敌交手后，也将主力部队回撤，以保存有生力量，继续坚持斗争。但是在和谈诡计的诱骗下，杜桑被法军逮捕押送到法国，并于 1803 年 4 月在狱中去世。此后，海地起义军在让·雅克·德萨林、亨利·克里斯托弗和亚历山大·佩蒂翁的领导下，继续向法国远征军发起进攻，并于 1804 年 1 月 1 日正式宣布圣多明戈独立；同时恢复了印第安人的传统地名"海地"。经过不懈奋斗，海地人民终于赢得了民族独立。海地共和国是拉丁美洲最早独立的国家。

1803 年，法国恢复了加勒比海小安的列斯群岛中部瓜德罗普岛的奴隶贸易，圣多明戈的黑人闻讯后，担心法国在伊斯帕尼奥拉岛也恢复奴隶制，再度揭竿而起。由于拿破仑陷于欧洲战事而无暇他顾，圣多明戈的残存法军投降。

海地革命领袖
杜桑·卢维杜尔

生而为奴隶，但自由的天性一刻不曾失去。

杜桑·卢维杜尔（Toussaint Louverture，1743—1803年）一个出生于奴隶之家、身形瘦小的黑人，他却引发了海地的一场剧变；虽然出身卑微，他却演绎了黑人反殖、反帝斗争的一段传奇。他的一生是为废除奴隶制而奋斗的一生。他不仅把胜利的成果带给了海地人民，更鼓舞了全世界人民去追求自由与平等的明天。

生而为奴的黑人

杜桑·卢维杜尔，出生于海地北部海地角的一个奴隶家庭，是拉美独立运动领袖和海地共和国的缔造者之一。关于他的早期经历，人们知之甚少。有史学家认为，他的父亲原为西非的阿拉达（贝宁）王子，在战争中被俘房后，被卖为奴隶。杜桑幼年时，虽然体质瘦弱，但耐力却很好，且善于骑术。皮埃尔·巴普蒂斯特是杜桑的教父，不仅教会杜桑

图为海地货币上的杜桑·卢维杜尔，他是海地共和国国父。

使用法语和克列奥尔语，而且引导他熟读古希腊斯多噶派哲学家埃皮克提图、文艺复兴时期佛罗伦萨著名人文主义思想家马基雅维利等人的著作。

杜桑从小饱受奴隶主和法国殖民者的欺凌。1776年，他获得自由。由于生计问题，直到革命爆发前，他一直在圣多明戈的种植园里做工。先是负责照管种植园主的家畜，后负责监督奴隶做工。作为一个自由人，他开始累积自己的财产。他租了一个小型咖啡种植园，并拥有12个奴隶。革命爆发时，杜桑已经有了一定的资产。

投身独立运动

受到法国大革命精神的鼓舞，1791年，海地北部圣多明戈的自由黑人首先爆发反抗法国殖民统治的大起义，以争取自己的权益。杜桑介入起义后，即率领黑人奴隶烧毁布雷达种植园，并加入了乔治·比阿苏的起义军。作为一个小分队的指挥者，他参与了起义军行动的领导决策、战斗计划的制定，以及与西班牙支持者商洽有关供给问题，初步显露出一定的领导才能。

1792年，作为一支逐渐正规化的黑人起义军与西班牙同盟军的领导人，杜桑大败法国殖民者，进一步展现了出类拔萃的军事指挥才能。在法国大革命精神的感召下，他不仅积极宣扬自由、平等、博爱的启蒙思想，还在革命中率先废除奴隶制。但

一话一说一世一界一

1802 年，拿破仑再次派出远征军侵入海地岛，并以谈和之名，拘留海地革命领导人杜桑。随后，杜桑被解往法国的阿尔卑斯山区城堡。1803 年 4 月，杜桑病死狱中。图为杜桑被法军逮捕。

是，当杜桑与西班牙联军打败法军后，西班牙人却违背关于废奴的承诺，杜桑和西班牙的同盟产生裂痕。1794 年，陷入困境的法国宣布，废除海地奴隶制度，希望以此获得起义军的让步，并试图拉拢他们协同抗击西班牙人。杜桑与法国人联合，共同击退了西班牙侵略军，同时还打击了与法国处于敌对状态、没有在其殖民地废除奴隶制的英国人。

1795 后，杜桑负责维持废奴区的和平，并致力于恢复农业生产。他在公开发言中表达了这样的理念："圣多明戈人民的长期自由，应当建立在殖民地经济生存能力的基础上。"1796 年，他接受法国政府的任命，出任圣多明戈副总督，负责管理整个海地岛。在任期间，他平定海地岛南部的叛乱，改善圣多明戈的安全问题，促进了海地的经济发展。同时，海地还与美国和英国签订协定，训练大批正规军队，为独立战争奠定了人力、物力的基础。

海地民族独立

1801 年，海地制宪会议召开，颁布第一部宪法，

正式宣告废除海地的奴隶制度，杜桑成为海地首任总统。这样，海地人民终于实现了自己的梦想，就是建立一个不论肤色、种族，人人平等和享有自由的共和国。为了保存革命果实，尽管杜桑致信法国皇帝，尽力表达自己的忠诚之意，但是拿破仑非但没有回信，反而派遣自己的妹夫勒克莱尔率领远征军攻打圣多明戈，企图恢复法国在海地的殖民统治。勒克莱尔指派布鲁莱特去抓捕杜桑，后者写了一封言辞"恳切"的信，诱骗杜桑前往法军驻地。果不其然，法国侵略者背信弃义，使杜桑遭到不测。杜桑被捕后，被押送至法国，并经拿破仑授意，被关进监狱。1803 年 4 月，杜桑在狱中不幸去世。

作为拉美独立运动的著名领导人，杜桑曾警告那些抓捕他的人："打倒我，你们不过切断了圣多明戈自由之树的躯干，新的枝叶还会从树根中发出，而那是数不清的，深深扎根的。"正如这位伟大的黑人革命家所预言的那样，在杜桑死后，海地的自由之树蓬勃发展，生长得枝繁叶茂。1803 年，海地终于彻底击垮了法国侵略军，颁布《独立宣言》，宣告世界上第一个黑人国家的诞生。

杜桑·卢维杜尔的一生，是革命的一生、战斗的一生，与海地的命运紧密相连，值得历史永远铭记。为了实现海地的独立与自由，他奉献了自己宝贵的生命，是当之无愧的民族英雄。

威廉·杜·布瓦的《海地：黑色拿破仑戏剧》（1938 年）是一部描述海地解放者杜桑沉浮的传记作品。图为联邦剧场演出海报上的杜桑半身像。

自由呐喊
墨西哥的
多洛雷斯呼声

振臂一呼，应者云集。背水一战，舍生取义。

1519 年，西班牙人开始染指墨西哥，两年以后将墨西哥变成西班牙帝国的一部分。从此，墨西哥人民陷入水深火热的境地。殖民地时期，墨西哥人民迫切希望赢得民族独立，从未停止反抗西班牙殖民统治的斗争。可以说，压迫之下的反抗，沉默之后的爆发，始终在黑压压的乌云背后酝酿，墨西哥人民只待电闪雷鸣那一刻迅即而至的疾风暴雨。

勇于担当，果敢决断

1803 年，米格尔·伊达尔哥·伊·科斯蒂亚担任多洛雷斯教区神甫，他在当地传播平等、民主和人权的启蒙思想，以反对西班牙殖民当局的残暴统治。1808 年，墨西哥的土生白人组织了"文学与社交会"，以交流文学作品为掩护，旨在争取墨西哥独立，成为克列奥尔人密谋反抗的重要革命团

伊达尔哥是墨西哥独立战争早期领导人，被尊为墨西哥国父。1811 年 1 月，他率军与西班牙人在瓜达拉哈拉城外交战，兵败被俘后，惨遭西班牙人杀害。

知识链接：文学与社交会

19 世纪墨西哥独立运动初期建立的秘密革命团体。1808 年，由阿连德上尉等人提议，在墨西哥城西北 220 公里处的克雷塔罗城建立，成员包括克列奥尔人知识分子帕拉、拉索、阿尔塔米拉诺、下级军官阿里亚斯、兰萨戈尔塔、阿连德、阿尔达马等。1810 年拿破仑占领西班牙后，他们立刻召开秘密会议，决定趁机发动反抗西班牙统治的起义。会后，他们分散各地，秘密制造武器，联络革命者。不料，起义消息遭泄露，情急之下，阿连德与伊达尔哥决定立即发动起义，由此拉开了墨西哥独立的序幕。

体。该组织汇聚了众多的当地名流，其中包括神甫伊达尔哥，还有地方民兵上尉阿连德等人，他们积极进行革命宣传，并密谋起义，以反抗西班牙的殖民统治。

1810 年，法兰西皇帝拿破仑占领西班牙的消息传到墨西哥，西班牙因自顾不暇，放松了对西属美洲殖民地的控制。其间，美洲独立运动蓬勃发展。"文学与社交会"的核心成员商定，将于 12 月 8 日发动起义，并宣布独立。起义计划通过后，伊达尔哥开始在多洛雷斯地区进行秘密准备。他让印

图为多洛雷斯教堂的大钟，现在大钟被移到了墨西哥的国家宫。

第安人在自己的工厂中赶制长矛、匕首等武器，学习制造火药和炮弹。但是由于泄露了起义计划，西班牙殖民当局从 9 月 13 日起，开始大肆搜捕参与密谋的相关人员。

15 日夜，阿连德和几个"文学与社交会"成员连夜出逃，直奔多洛雷斯，告知伊达尔哥起义计划泄露的消息。此刻，同伴的生死，反抗事业的成败，广大印第安人的自由和人权，甚至整个墨西哥的前途和命运，如此之多的重担，一下子全都压到了伊达尔哥的肩上。面对这突如其来的情况，他当机立断，迅速做出重大决定：将错就错，提前起义。

多洛雷斯的呼声

为了尽可能减少损失，伊达尔哥和阿连德连夜召集多洛雷斯地区的爱国者，迅速采取行动，逮捕当地的殖民官员，释放囚犯，赢得了主动权。此时，天边已经泛起了鱼肚白。

9 月 16 日，这一天刚好是礼拜日。伊达尔哥和平时一样，把教堂的大钟敲得铿锵有力，陆续聚集了众多前来作礼拜的印第安人。伊达尔哥抑制不住内心的激动，健步迈向讲台，向听众大声疾呼道：

"孩子们！你们渴望自由吗？可恨的西班牙人夺去了我们祖先的土地，并霸占了三百多年，你们难道不想夺回来吗？"这掷地有声的疾呼，喊出了印第安人憋在内心深处长达三个世纪的愤怒。语音未落，台下已是人声鼎沸。这时，伊达尔哥带领人们高喊："独立万岁！美洲万岁！打倒坏政府！"饱受压迫的印第安人，追随伊达尔哥推动的革命，决心打倒西班牙殖民政府，争取民族独立。于是，多洛雷斯起义开启了墨西哥独立运动的大幕。

多洛雷斯的呼声，充分表达了受奴役、被压迫的土著人和黑人奴隶要求自由解放的强烈愿望。它震憾了西方的殖民统治者，更鼓舞了拉美人民为自由而战的勇气。在伊达尔哥率领下，起义军势如破竹，直逼墨西哥城。1811 年，苟延残喘的西班牙殖民军进行反扑，伊达尔哥在撤退途中落入敌手，不幸惨遭杀害。但是，伊达尔哥大无畏的战斗精神，激励着酷爱自由的印第安人。在他死后，莫洛雷斯接过了他肩上的重任，继续领导独立运动。1813 年，墨西哥终于宣告独立，建立共和国，并以 9 月 16 日伊达尔哥在多洛雷斯振臂一呼的这一天，作为国庆日。

墨西哥的伊达尔哥雕像。

墨西哥独立之父
伊达尔哥

学识渊博，援助穷苦于困境；心怀大爱，拯救人民于水火。

伊达尔哥家境优裕，接受了高等教育，尤为熟悉启蒙运动时期法国学者卢梭、孟德斯鸠等人的著作，深受启蒙思想的影响。他把自己的前半生，献给了上帝的事业，而后半生，献给了墨西哥独立事业。

自由的种子

米格尔·伊达尔哥·伊·科斯蒂利亚（Miguel Hidalgo y Costilla，1753—1811 年）出生于西属墨西哥的西裔拉美人家庭。他是家中的第二个孩子，出生第八天便接受天主教洗礼。童年时期，他一直处于父亲的庇护下，并由父亲安排生活。他父亲是个种植园主，希望他们兄弟都能从事受人尊重的职业，譬如担任教堂神职。为此，父亲让他接受了当地最好的教育，还请附近教区神甫来进行私人指导。15 岁那年，伊达尔哥和他的兄弟一起，被送进巴亚多利德的神学院，随耶稣会士学习。1767年，耶稣会士被逐出墨西哥后，他转入圣尼古拉斯神学院，继续学习神学。

1770 年，伊达尔哥再赴墨西哥城大学深造，并于 1773 年获得哲学与神学学位。在大学读书期间，他因聪慧获得了"狐狸"的绰号。正是在大学求学的几年中，他偷偷阅读了欧洲启蒙学者的著述，而这些书当时都是被天主教会列为禁书的。尽管如此，这丝毫不能影响他的求知欲和好奇心。25岁时，伊达尔哥被任命为神甫。1779 年到 1792 年，他在圣尼古拉斯神学院任教，主要讲授拉丁文文法和艺术。39 岁晋升为圣尼古拉斯神学院院长后，

墨西哥货币上伊达尔哥的形象，他是墨西哥的民族英雄和独立之父。

他制订了一个自由教学计划，但是因投资巨大，造成学院负债累累，结果被逐出了学校。

后来，伊达尔哥到科利马州和圣费利佩托勒斯摩卡教区工作，他时常举行舞会与文学沙龙，传播自由民主思想。直到 1802 年，他才去多洛雷斯教区，接替他哥哥的主教职位。在担任主教之前，他的生活是奉献给神的；但是由于启蒙思想早已在他的内心播下自由的种子，在他抵达墨西哥后，便在启蒙思想的引导下，开始为墨西哥的独立与自由而战斗。

同情与救赎

在多洛雷斯安定下来之后，伊达尔哥开始接触到广大的印第安贫苦农民，这些饱受摧残的人们的不幸，激发了他的使命感。伊达尔哥的目的是帮助印第安人和混血人，争取生活上的自给自足，尽量减少对殖民当局救助的依靠。但是，他的行为却违反了西班牙殖民者的利益，遭到当局的怀疑和迫害。他为帮助穷人而开辟的桑林和葡萄园，被当局

瓜达卢佩圣母，罗马天主教会所称的圣母玛丽亚，指的是墨西哥城瓜达卢佩圣母小教堂的圣母像。这种巴西利卡式基督堂，是基督教世界第三大圣地和最受欢迎的朝圣地。图为伊达尔哥和武装民兵的旗帜，旗上印有卢佩圣母像。

野蛮地摧毁，他的心中积满了对印第安农民的同情和对西班牙殖民统治的忿恨。他清楚地认识到，反抗西班牙殖民统治不能依靠土生白人，而要发动和依靠广大印第安人。他虽逐渐沉默寡言，但反对殖民统治的信念却愈加坚定。

1808年，伊达尔哥参加了克列奥尔人的秘密团体"文学和社交会"。1810年，当拿破仑军队占领西班牙的消息传到墨西哥后，该团体决定于12月8日起义。伊达尔哥在多洛雷斯秘密准备起义工作，包括制作武器等。但是由于计划仓促，准备时间不充分，加之消息遭到泄露，西班牙殖民当局便开始逮捕起义领导人。在这万分危急的关键时刻，伊达尔哥果断决定提前起义。于是，他立即行动起来，成功组织领导了"多洛雷斯呼声"的抗争，宣告墨西哥独立战争开始。他建立革命政府，并组织解放地区的行政管理机构，颁布法令，宣布废除奴隶制，取消苛捐杂税，把土地归还给印第安农民，让他们开始新的生活。他还编撰出版《美洲觉醒报》，向人民灌输革命思想，号召向往自由的拉美人民拿起武器，赶走侵略者，用双手建设属于自己的民族国家。

> ### 🦉 知识链接：启蒙运动
>
> 17—18世纪欧洲发生的以理性主义为核心、以反封建、反教会为特征的思想解放运动。启蒙思想家运用以理性为基础的知识去"照亮"人们的头脑，把人们的思想意识从传统偏见、宗教迷信和专制统治下解放出来。他们反对君主专制制度、反对封建等级特权，倡导天赋人权观，鼓吹法律面前人人平等。启蒙运动17世纪从英国起步，18世纪在法国达到高潮，为欧洲资产阶级革命做了舆论宣传，启蒙思想还越过大西洋，鼓舞了英属北美殖民地和拉丁美洲的人民拿起武器，赶走西方殖民主义者，争取民族独立。

1811年1月，伊达尔哥在与西班牙殖民当局的战斗中被俘，同年7月惨遭杀害。尽管如此，伊达尔哥向往自由和不屈抗争的精神之树是长青的，已经深深扎根于这片土地上。在伊达尔哥精神的鼓舞下，墨西哥人民最终推翻了西班牙的殖民统治，赢得了胜利与自由，并将伊达尔哥尊为"独立之父"。

19世纪的墨西哥奇瓦瓦政府宫，位于奇瓦瓦城中央，是该城的地标性建筑物。1811年7月30日，伊达尔哥在此受难。图为壁画作品《伊达尔哥在奇瓦瓦政府宫被处决地》。

南美独立运动领袖
圣马丁

戎马一生，军功赫赫，气吞万里如虎。
功成身就，急流勇退，南山篱下采菊。

　　圣马丁是南美西属殖民地独立战争的伟大英雄，他与西蒙·玻利瓦尔一起被誉为美洲的解放者。他的一生是在战场上厮杀的一生，始终战斗在杀敌的最前线，稳扎稳打，赢得了拉美人民的尊敬和爱戴，被阿根廷尊为国父，还被智利和秘鲁称为"自由的缔造者"。

漫漫军旅生涯

　　何塞·圣马丁（José Franciso de San Martin，1778—1850年）出生于阿根廷一个土生白人家庭。他没有完成六年的基础教育，在 11 岁那年，进入穆尔西亚步兵团，在西班牙开始了军旅生涯。

　　1791 年，圣马丁年仅 13 岁，即随西班牙军队到非洲服役，在梅利利亚和奥兰等地同摩尔人作战。摩尔人由阿拉伯穆斯林与非洲柏柏尔混合而成，这里指非洲西北部信奉伊斯兰教的非洲人。1793 年，圣马丁晋升为历史上最年轻的海军中尉，

何塞·圣马丁是西班牙南美殖民地独立战争的主要领导人。他将南美洲南部从西班牙的统治中解放出来。图为圣马丁升起阿根廷国旗。

那年他才 15 岁。在第二次反法同盟战争（1799—1802 年）中，西班牙与法国结盟对抗英国，圣马丁率领船队出海作战，失利后被俘、被英国囚禁，出狱后又继续参战。1801 年，在法国恣惠的奥朗热战役中，他参加西班牙军队对葡萄牙作战。1808 年以后，在西班牙抗击拿破仑侵略的民族解放战争中，圣马丁屡立奇功，荣获嘉奖，并晋升为中校。

　　1810 年 5 月，阿根廷爆发了反抗西班牙殖民统治的"五月革命"，由此拉开了阿根廷独立战争的序幕。一周之后，布宜诺斯艾利斯市民聚集在广场，宣布阿根廷脱离西班牙统治，并成立了拉普拉塔临时政府。1812 年初，圣马丁回到祖国，参加革命。早在西班牙南部，圣马丁就经常与留学西班牙的拉美进步人士进行交往，并参加了当地的秘密革命组织"劳塔罗"（Lautaro）。现在，他开始为民族独立与祖国自由而战了。1813 年，他加入反抗西班牙殖民统治的阿根廷军队，担任北方军司令，并击退敌人的反扑，保护了"五月革命"的成果。为彻底消灭殖民者的残余势力，保证独立运动的最后胜利，他主张穿越安第斯山，率先解放智利，进而联合智利，由海路出征，解放秘鲁。

　　不过，正当人们还在庆祝圣马丁保卫独立成功时，他却主动辞去了北方军司令职务，去担任偏僻的古乐省省长，专心组建并训练军队。多年的军旅生活，使圣马丁深刻地认识到，只有发动广大人民群众，才能真正撼动殖民军的统治。就在古乐，他

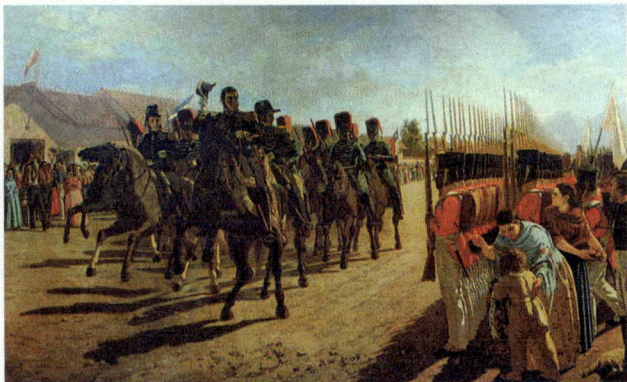

1817 年初，圣马丁率领安第斯军彻底击溃智利的西班牙守军。2 月，圣地亚哥解放。这次胜利使南美解放战争由战略防御转入战略进攻。图为圣马丁检阅安第斯军队场面。

宣布解放黑奴，与印第安人结盟，用一切办法扩大自己的军队。经过两年多的准备，他训练出了一支约有 5000 人的安第斯军，被解放的黑人奴隶在其中占了很大比例。

越过安第斯

1817 年 1 月，圣马丁率领安第斯军开始向智利进发，势如破竹，迅速解放了圣地亚哥。1818 年 2 月 12 日，智利宣告独立。新政府希望任命圣马丁为最高行政长官，却被他谢绝了。他知道不能满足于眼前的阶段性胜利，更重要的是要去解放那些仍然在殖民统治下的拉美人民。于是，他又以智利为基地，组建并训练一支 4500 人的队伍，包括一支拥有 24 艘舰船的海军。1820 年，他率军从海上出发，目的地是秘鲁。他们在西部沿海的皮斯科登陆后，北上直指利马。次年，西班牙总督率殖民军逃窜，利马获得解放。7 月 28 日，圣马丁被推举为"护国公"。正当人们以无比喜悦的心情来庆祝胜利、以无限钦佩的心情来表达他们对圣马丁的爱戴之意时，他又一次躲开了人们的视线。在第一届国会上，圣马丁主动辞去国家元首和军队统帅的职务，并于 1824 年 4 月 20 日抵

知识链接：圣马丁和玻利瓦尔的会晤

1822 年 7 月 25 日，西属南美殖民地独立战争南北两位领袖玻利瓦尔和圣马丁举行秘密会晤。由于会晤地点在厄瓜多尔港口城市瓜亚基尔，又称"瓜亚基尔会谈"。会谈后不久，在秘鲁第一届国会上，圣马丁宣布辞去国家首脑和军队统帅职务，并决定去法国隐居。这次会谈的具体内容，虽然没有透露出来，但据史学家的说法，大体应包括瓜亚基尔归属、拉丁美洲政治的未来、彻底打败秘鲁的西班牙军队等问题。不过，圣马丁曾对玻利瓦尔说："美洲将不会忘记我们俩相互拥抱的这一天。"

达法国，结束了自己大半生跌宕起伏的戎马生涯。1850 年，圣马丁在法国隐居多年后辞世。

圣马丁是南美洲的解放者，在南美独立与解放运动中建立了不朽功勋，秘鲁、智利和阿根廷都把他尊为"共和国之父"与"自由的奠基人"。特别令人钦佩的是，他从不恋栈，将自己毕生征战的胜利果实拱手让出，功成身退。

1820 年 8 月，圣马丁率军从海上进攻秘鲁，直指利马。1821 年 7 月，西班牙总督率殖民军逃往东部山区，圣马丁解放利马。图为胡安·勒皮安尼的画作，描绘了 7 月 28 日圣马丁在利马宣布秘鲁解放时的场面。

为自由而战
查卡布科战役

要和平，就得准备战争。

智利独立战争期间，安第斯军在圣马丁的指挥下，在查卡布科战役中击败西班牙人，狠狠打击了殖民当局的锐气。这不仅是解放智利的关键性战役，也是解放秘鲁的前奏。

安第斯大行军

1814 年，圣马丁开始考虑彻底驱逐南美洲的西班牙殖民者。他意识到，首先要把殖民者赶出智利，然后联合智利，再从海上去解放秘鲁。为实现这个宏大的计划，他招募了大量被解放的黑人奴隶，并争取到强悍的印第安人的支持。他仅用两年时间，就建立了一支安第斯军，包括 5000 名士兵、1200 匹战马和 22 台大炮。智利爱国者贝纳多·奥希金斯也率领部队响应，前来与圣马丁会合。圣马丁制订了一份安第斯大行军计划，决定出其不意，

以达到先发制人的目的。

1817 年 1 月 17 日，这支军队在圣马丁的率领下，开始翻越安第斯山，向智利进军。安第斯山位于南美洲西岸，从巴拿马一直到智利纵贯南美大陆西部。在翻越高耸险峻的安第斯山时，安第斯军蒙受了很大损失，约有 1/3 的士兵和超过一半的战马，永远地留在了大山上。不过，安第斯军的突然出现，让西班牙殖民军错愕不已，而且一经交手，他们已溃不成军，一边向北仓惶逃窜，一边让南美西班牙军司令官拉斐尔·马罗托率领 1500 人在查卡布科山进行拦截，想堵住安第斯军前行的道路。查卡布科是智利中部的一个小村镇，在圣地亚哥北面，位于查卡布科山中。由于殖民军因溃败而近乎解体，西班牙陆军准将马罗托提议放弃抵抗，直接向南方撤退，在南方得到足够的资源，重建殖民势力。起初，西班牙陆军元帅卡西米洛（Francisco Marcó del Pont，1770 —1819 年）在军事会议上接受了马罗托的提议，但第二天早晨，他又突然改变主意，并命令马罗托为查卡布科之战做好准备。

按照卡西米洛的命令，马罗托把军队部署在查卡布科。他认为，只要拖住圣马丁和安第斯军，就可以阻止起义军迅速攻入查卡布科。而且当局的援军正在赶来的路上，一旦援军抵达，他就能稳操胜券。当然，圣马丁同样清楚这一点，他意识到，只要敌人的援军赶到，一切都无济于事了。既然如此，在安第斯军的人数还占据优势的时候，他便果断决定，直接攻取查卡布科山。此时，派往敌方内

1810 年 9 月，智利以被罢黜的西班牙国王斐迪南七世（Ferdinand VII，1784—1833 年）之名成立临时军政府，由此开启了智利独立运动。

1817年2月，圣马丁率领安第斯军，突然出击西班牙殖民军。西班牙守军在安第斯遭两路大军夹击后，被歼千余人。图为智利和阿根廷军队挺进位于圣地亚哥北面的查卡布科。

知识链接：安第斯军

南美独立运动领袖圣马丁亲手创办和训练的军队，得名于其诞生地——雄美壮丽的安第斯山麓。1814年8月，圣马丁前往门多萨休养。他名为养病，实以门多萨城为练兵基地，宣布解放奴隶的同时，扩充兵源，精心打造了一支主要由黑人和混血种人组成的"安第斯军"。这支5000人的队伍，军纪严明，骁勇善战，奠定了查卡布科战役胜利的基础。

部的情报员也有消息显示，西班牙军不仅擅长山林作战，马罗托还有一支人数可观的志愿军正计划在占领山腰后，对圣马丁发动进攻。

最后的决战

1817年2月11日，距离进攻时间还有三天，圣马丁召开军事会议，制订具体的作战计划，主要目标是占领山底的查卡布科农场，那是殖民者军事指挥部所在地。圣马丁决定把2000人的部队分成两部分，分别从两边山路发起进攻。左分遣队由部将奥希金斯带领，右分遣队由索莱尔负责指挥，圣马丁本人则在后方指挥大部队进行策应。左翼将于凌晨发起正面进攻，右翼绕过山岗包抄，圣马丁统领配合。是夜，圣马丁就为次日的进攻做了万全准备。

黎明时分，战斗打响。圣马丁很快就发现，他的队伍比预想的更接近敌方驻地，索莱尔带领右翼打穿插时耽误了不少时间，而奥希金斯指挥的1500名士兵，因过分深入而造成一定的人员伤亡。于是，圣马丁及时派人送信，追回奥希金斯，并命令索莱尔从侧翼进攻，分担奥希金斯的压力。两军

激战正酣，一直持续到下午，索莱尔控制了敌军的主要炮兵部队，胜利的天平开始向安第斯军倾斜。奥希金斯压制了敌军主力，索莱尔又切入敌军大后方，完全斩断了敌军的退路。殖民者被困在农场，包围圈不断缩小，最后有500人被杀死，600人做了俘虏。安第斯军以数百人伤亡的代价，取得了查卡布科战役的胜利。次年，智利实现独立。这是圣马丁解放南美计划的重要步骤。

1817年1月，圣马丁和智利独立运动领导人贝纳多·奥希金斯（Bernardo O'Higgins，1778—1842年）率领安第斯军，出其不意地进攻智利的西班牙守军。1818年2月，智利宣布独立。图为圣马丁将军（左）和奥希金斯将军穿越安第斯山口。

南美独立运动领袖
玻利瓦尔

动摇就是失败，我愿战斗至死。

自幼失去双亲，中年丧妻，玻利瓦尔失去的太多，但他却希望把和平与安宁带给更多的人。年少时的执拗，被磨砺成他对革命的执着和对战斗的坚持。他把自己奉献给民族独立运动，为拉美人民赢来了美好的明天。

动荡的童年

西蒙·玻利瓦尔出生于委内瑞拉的加拉加斯一个显赫的贵族家庭。这个家族拥有大片的种植园、众多的房产和金矿等产业，还有上千名佣人。玻利瓦尔的童年，本应在无忧无虑的环境下度过，由于他3岁时失去父亲，9岁时又失去母亲，这让他和兄弟姐妹成为一群可怜的孤儿，他们是由亲戚抚养长大的。

玻利瓦尔的监护人是米格尔·桑斯，玻利瓦尔执拗顽固的性格，使他们之间的关系变得非常紧张，最终玻利瓦尔被送回了家。尽管如此，玻利瓦

西蒙·玻利瓦尔（Simón Rodríguez，1783—1830年）是拉丁美洲的革命家、"南美解放者"，在与西班牙的斗争取胜后，他参与建立了拉丁美洲第一个独立国家联盟——大哥伦比亚。图为玻利瓦尔肖像（1895年）。

尔还是接触了很多有名望的教授。西蒙·罗德里格斯（Simón Rodríguez，1769—1854年）为他提供私人教育，他们相处得很好，保持着亦师亦友的关系，让玻利瓦尔获益良多。作为哲学家和教育家，罗德里格斯教会了玻利瓦尔游泳和骑马，讲授政治、历史和社会学的知识；作为坚定的共和主义者，他向玻利瓦尔传授了自由与平等的思想，而他对美洲土著的同情和对欧洲殖民者的痛恨，更深深地影响着玻利瓦尔。

玻利瓦尔14岁那年，罗德里格斯因反对西班牙政府的指控，不得不离开委内瑞拉。1800年，玻利瓦尔被送到西班牙马德里，继续他的军校生活。1802年，他前往法国旅行中，结识了后来成为他妻子的贵族小姐玛丽亚。同年，他带着玛丽亚一起回到委内瑞拉，经营父亲留下的产业。不过回国的第二年，玛丽亚却因热病而死于非命。伤心之余，玻利瓦尔又不得不再次逃离委内瑞拉，来到巴黎定居。在这里，他成为拿破仑的随从官。对拿破仑的才能和功业，他一直深感钦佩，但对拿破仑称帝、成全个人野心的行为感到不齿。

走向独立之路

妻子去世以后，玻利瓦尔到欧洲的游历，使他对于祖国和人民的苦难感受更深，对自由解放的渴望更强烈。1805年，他在巴黎成立了一个共济组织，立志将美洲人民从西班牙的殖民统治下解放出来。1807年，他怀着理想回到故乡，在加拉加斯

204

1802 年 5 月，玻利瓦尔同玛丽亚·特雷莎·德尔托罗在西班牙马德里结婚。7 月，他携妻子回到家乡委内瑞拉。不久，玛丽亚染病去世。1804 年，玻利瓦尔到巴黎参加拿破仑的加冕礼，并成为拿破仑的随从官。

寻找志同道合者，尝试进行独立斗争。

委内瑞拉素有"美洲革命摇篮"之称。1810 年初，拿破仑占领西班牙的消息传来，首府加拉加斯爆发四月起义，殖民当局被迫同意成立临时政府。1811 年 3 月 2 日，第一次国民议会召开，玻利瓦尔作为执政委员会成员与会，并发表爱国演说。7 月 5 日，独立宣言发表，委内瑞拉宣布独立，并于年底成立第一共和国。此时，玻利瓦尔带领委内瑞拉人民，继续开展反对西班牙殖民者的斗争。后由于叛徒出卖，独立运动暂时陷入困境。1812 年 7 月，委内瑞拉领导人米兰达（Francisco de Miranda，1750—1816 年）向殖民当局投降。

第一共和国失败后，流亡中的玻利瓦尔加入了摆脱西班牙殖民统治的新格拉纳达军队，并组成一支几百人的队伍，于 1813 年重新远征委内瑞拉，指挥了马格达莱纳河、库库塔、阿劳雷等战役。他还发表著名的《卡塔赫纳宣言》，有力推动了委内瑞拉的独立运动。1814 年 1 月，委内瑞拉第二共和国宣告成立。是年夏，西班牙殖民军再次大举镇压拉丁美洲独立运动，并扼杀了新生的第二共和国。因此，玻利瓦尔踏上了第二次流亡之路。

1817 年，玻利瓦尔再次返回委内瑞拉，建立第三共和国。1821 年，委内瑞拉获得彻底解放。随后，他又陆续解放了厄瓜多尔、秘鲁、玻利维亚，为反抗西班牙的殖民统治，奉献了自己的一生。他不仅是委内瑞拉的民族英雄，也是拉丁美洲人民心目中的英雄。1830 年，他在病中溘然长逝。

1824 年 7 月，由玻利瓦尔统率的哥伦比亚和秘鲁联军在胡宁战役中击溃西班牙殖民军后，又在秘鲁中南部高原山区大败秘鲁总督指挥的西班牙殖民军主力。同年 12 月，西班牙人被迫承认秘鲁独立。图为玻利瓦尔指挥胡宁战役。

走向崛起与扩张之路：
日本

日本是一个东亚国家。4 世纪和 5 世纪之交，以大和（今奈良）为中心建立起来的统一日本。从这时候起，经过奈良时代、平安时代，到 12 世纪末，日本进入了幕府统治的军事封建国家状态。当时的日本，实际统治者是以武士阶层为支柱的幕府将军，国家的精神领袖则是有其名而无其实的天皇。由于社会矛盾和民族矛盾不断激化，第四代德川幕府将军先后五次通过"锁国令"，使日本开启了长期的闭关锁国时代。但是，美国人利用"黑船事件"，叩开了日本的国门。此后，地方实力派打着"尊王攘夷"的口号，发起轰轰烈烈的"倒幕运动"，推翻了武家政治的幕藩休制，推动了以"富国强兵"为核心的明治维新。随着统一的、中央集权的天皇制国家体制的确立，日本不仅加快了经济现代化步伐，还迅速推行军国主义，走上了对外侵略扩张之路：1894 年发动甲午战争，1904 年挑起日俄战争，1910 年侵吞朝鲜半岛，1931 年再次发动侵华战争，还把侵略的范围扩大到南亚、东南亚，甚至美国，直到 1945 年战败投降。

国门洞开
美国黑船叩关事件

美国的黑船，叩开了日本的国门，打破了日本的闭关锁国，也打开了日本人的视野。

17世纪前后，正当欧洲各国积极向外探索发现、开辟海上新航线之际，东方的中国、日本却不约而同地走向了闭关锁国。1840年，工业革命完成后的英国用坚船利炮叩开了中国的国门，引起了东瀛人的震撼。但是，当时的德川幕府也毫无回天之术，脆弱的日本国门，随即被美国的"黑船"击破。

德川初期的锁国

1603年，德川家康就任征夷大将军，在江户（今东京）建立幕府。这是日本历史上最后一个幕府政权。为了减少海外对日本的影响，德川幕府数次颁布"锁国令"，限制天主教传播，驱赶国外通商者，日本形成了锁国局面。

早在16世纪中叶，葡萄牙的商船曾在中国的海域附近遭遇风暴，迷失航线后误入日本九州岛南部的小岛。由此，葡萄牙人带来的新式火枪与天主教传教士开始在日本流行。1541年，天主教传教士弗朗西斯·萨乌略等人受葡萄牙国王的派遣，前往东南亚传教。因一次偶然的机会，萨乌略结识了日本武士池瑞弥次郎，他在交谈之中，暗自记下了日本的尚武、信佛、忌杀生等风俗。1549年，萨乌略乘坐中国的商船前往日本。三个月后，他在日本长崎登陆，并开始有计划地传教。经过传教士的不断努力，长崎成为天主教徒的重要据点。16世纪末，日本约有十几万人信仰天主教，不少地方的大名也皈依了天主教。站稳脚跟后，传教士还利用日本封建主内部的矛盾，介入幕府统治。这引起了幕府将军的不安。

1623年，德川家光继任征夷大将军。他认为，天主教的影响已经渗透到政权的核心，必须予以铲除。他担任第四代幕府将军近30年，先后五次通过"锁国令"。主要包括以下内容：第一，严格限制日本人出国与回国；第二，严厉打击天主教势力；第三，限制对外贸易，只留下长崎一地作为对外经商之地。随着锁国体制的确立，日本开启了长达两个半世纪的闭关锁国时代。

美国黑船叩关事件

19世纪初期，欧美资本主义国家已经将侵略势力扩张到了东亚、东南亚地区，英、法、美等国多次派遣使节前往日本，要求通商，但是均以失败告终。1853年7月8日，无法通过正

佩里抵达日本之前，日本人从未见过轮船。如当时的一幅插图所示，许多日本人认为轮船是一种魔鬼般的机器。图下侧是1867—1868年内战期间日本的手枪。

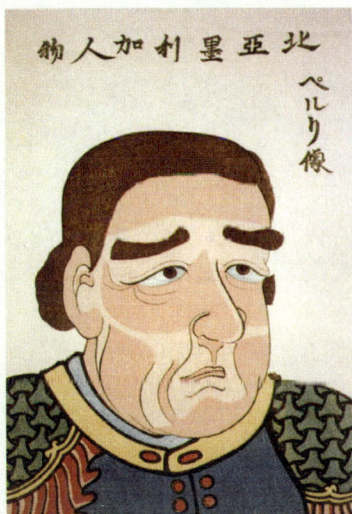

图为日本版画描绘的美国舰队司令佩里（约1854年）。画上写有"北美人"和"佩里肖像"。

常手段与日本通商的美国人，在海军将领马修·佩里的率领下，四艘刷着黑色油漆的军舰，驶入了日本的浦贺港。佩里奉命传达美国国书，要求日本开放通商、给予美国船只补给与救助美国船员。这就是著名的"黑船叩关事件"。

可以说，"黑船叩关事件"更大的意义在于，美国以武力震慑的行为，达到了不战而屈人之兵的目的。当时，浦贺官员中岛三郎助得知佩里此行的意图是为了传达国书，便依据幕府法令，要求对方前往唯一的开放港口长崎。但是佩里不为所动，并宣称美国军舰"密西西比号"将驶入日本内河进行测量。面对实力强悍的美国舰队，幕府不再坚持，只得在久里滨接受了美国人送交的国书，放弃了长久以来的"祖宗之法"。值得玩味的是，双方交接国书之日，佩里率领300名美国士兵，而幕府一方则派出5000名武士，幕府的胆怯心态暴露无遗。经过长时间协商，1854年3月31日，双方签订《日美亲善条约》，因签约在神奈川，又称《神奈川条约》。该条约规定：日本开放北海道的函馆与伊豆岛的下田两地作为通商口岸，美国军舰可以在此停留，并获得补给。这样，美国取得了单方面的最惠国待遇。这是近代日本对外签订的第一个不平等条约。

此后，日本丧失了更多的主权，开放了更多城市。

"黑船叩关事件"对日本产生了深远影响，正如日本启蒙思想家福泽谕吉所说的那样："嘉永年间美国人跨海而来，仿佛在我国人民心间燃起了一把烈火，这把烈火一经燃起便不会熄灭。"诚然，美国黑船叩关对日本是一种凌辱与侵略，但同时，日本人也认为，正是佩里的"到访"，刺激了日本走向富国强兵之路。这样一种始料未及的结果，发人深省。

日本嘉永六年（1853年），美国海军准将佩里率舰队驶入江户湾浦贺海面，以炮舰威逼日本打开国门。图为1854年佩里到访的情形。

大政奉还
日本倒幕运动

要变革、不要守旧的日本人，击碎了代表封建主义的幕府将军，为明治维新的到来提供了可能。

"黑船叩关事件"发生后，日本的一些有识之士认识到西方的船坚炮利与日本的封闭落后，苦思冥想，寻找救国图强之路。无奈幕府将军不思进取，意图继续维持其封建统治，而激进的爱国人士在"大政奉还"的口号下，借口清君侧，进行了一系列斗争，史称"倒幕运动"。

倒幕运动的开端

美国使用武力打开日本国门后，欧洲列强纷至沓来。安政五年（1858年），日本与英、法、俄、荷相继签订通商条约，统称"安政五国条约"。根据这些条约，日本增开神奈川、长崎、新潟、兵库等港口城市，给予列强领事裁判权、永久居住权、自由贸易与协定关税。这样，外国商品如潮水般地

1867年11月至1868年1月，日本倒幕派决定要幕府将军德川庆喜向天皇朝廷返还官位和领地。结果，萨摩和长州两藩与政府军在京都南郊的鸟羽、伏见爆发武装冲突，并赢得戊辰战争的胜利。图为戊辰战争时期的萨摩藩武士。

涌入日本市场，日本传统的织布、印染等行业受到极大的冲击，几近破产；同时，日本出产的生丝、茶叶、海货，仅以极其低廉的价格进入国际市场。此外，外国人还利用日本国内金价远低于国际市场的现实，套取大量的金银。西方列强的入侵，一方面暴露了日本的落后与幕府的腐朽；另一方面激起了日本人民的爱国热情，反对幕府统治与进行社会变革的呼声愈发高涨。

针对社会变革与开国的问题，日本国内划分成为守旧派与改革派，两派泾渭分明、针锋相对。守旧派以幕府元老井川直弼为代表，竭力维护幕府统治，反对进行激烈的社会变革；改革派以西南藩的武士群体为代表，要求废除幕府的统治，并对日本进行改革，以驱除外敌。1863年6月，在大量下级武士的逼迫下，幕府被迫宣布"攘夷"。1866年3月，改革派代表萨摩藩的西乡隆盛在京都同长州藩倒幕派领导人木户孝允等人缔结密约，开始结盟倒幕。他们以"尊王攘夷"为号召，要求驱逐幕府将军、恢复天皇统治。

轰轰烈烈的倒幕行动

面对改革派的强硬倒幕攻势，守旧派决定用武力维护其统治地位。1858年，在改革派的支持下，天皇下诏书，责备幕府与美国签约，要求幕府今后应与其他诸藩共商国是。"下诏书事件"深深地刺激了幕府元老井川直弼，而且不同寻常的是，"幕府收到诏书竟然晚于其他藩属"，这些迹象让他认识

日本安政七年（1860年）3月，不满幕府大佬兼彦根藩藩主井川直弼的水户藩激进浪士，在江户城樱田门外突袭了准备进城的井川直弼队伍，井川直弼当场惨死。图为木刻版画描绘的"樱田门事件"中的诛杀场面。

到，幕府政权已难得人心。于是，他决定发动一场肃清运动，把改革派与幕府反对派一网打尽。同年10月，肃清运动开始。改革派梅田云滨、三条实万、吉田松阴等人纷纷被捕，经过严厉的审判，吉田松阴、桥本左内等八人被处死，牵涉进来的百余人受到不同程度的惩罚。这就是著名的"安政大狱事件"。

安政大狱事件后，倒幕派与幕府的矛盾进一步激化，倒幕运动开始走向武装反抗之路。1860年3月，井川直弼在江户樱田门外被倒幕派激进分子刺杀身亡。此后，倒幕运动进一步高涨。高杉晋作、西乡隆盛、大久保利通等倒幕将领脱颖而出，其中，高杉晋作在长州兴建了一支以武士、浪人、新兴地主参加的奇兵队；萨摩、长州与土佐等地也联合起来，组成了抗击幕府联盟。1868年1月，倒幕派以天皇的名义颁布《王政复古大号令》，宣布一切权力重归天皇，要求幕府将军"辞官纳地"，并组成西乡隆盛、木户孝允等人参加的天皇政府。但是，幕府第15代将军德川庆喜宣布《王政复古大号令》为非法，并率领15000人前往京都征讨，由此拉开了倒幕派与幕府之间大战的序幕。1月27日，双方在京都城外鸟羽、伏见发生首次战役。西乡隆盛派遣2000名士兵迎战鸟羽，2100名士兵前往伏见，另外400名士兵做后援，以对阵德川庆喜的两路幕府军队。激战持续了三天之久，虽然倒幕军数量较少，但他们趁夜色作战，装备上也有优

萨摩藩武士、军人、政治家西乡隆盛（Saigo Takamori，1828—1877年）是日本史上最有影响力的武士之一，江户时代末期致力于倒幕运动。明治维新后，他鼓吹并支持明治政府对外侵略扩张，却因坚持征韩论遭到反对。他辞职回到鹿儿岛，兴办军事政治学校，后发动反政府叛乱——西南战争，兵败而死。他和木户孝允、大久保利通一起，被合称为"维新三杰"。

势，最终战胜了幕府军。鸟羽、伏见战役结束后，不少支持幕府的大名纷纷倒戈，关西地区基本归顺。此后，又经过几个月的苦战，倒幕军大胜幕府军，幕府的统治彻底垮台。

倒幕运动是日本爱国人士、进步知识分子等人借助天皇的名义，以尊王攘夷、王政复古为口号发动的一场铲除幕府政权的革命运动。虽然名为恢复天皇的统治，实则是日本新兴资产阶级、爱国知识分子实现救国图存的一次伟大实践。它的成功，也为随后的明治维新奠定了重要基础。

1582年6月21日凌晨，战国时代尾张国大名织田信长（1534—1582年）的家臣明智光秀在京都的本能寺中起兵谋反，讨伐织田信长及其后继者织田信忠，并逼使两人先后自杀。本能寺之变是日本历史上最大的军事政变。

脱亚入欧
1868 年日本明治维新

明治维新是倒幕派借助天皇的号召力，仿效欧美资本主义，对日本封建社会的一次巨大改造工程。由此，日本搭上了世界资本主义的列车，走向了经济高速发展的快车道。

倒幕派军队占领江户后，江户被改称为东京。1869 年 4 月，天皇政府迁都东京，并于次年将年号庆应改为明治。至此，倒幕派尊王攘夷的任务已经完成，但外国势力仍然盘踞在日本，日本贫穷落后的现状依然没有任何改观。在改革派的支持下，明治天皇开始推行维新运动，日本逐渐脱离封建落后局面，焕发出富国强兵的勃勃生机。

开明的"新政府"

1868 年 3 月，明治天皇在紫宸殿举行的誓祭典礼上，宣读了上台后的第一个施政纲领，主要内容包括：其一，广兴会议，万事决于公论；其二，上下一心，盛行经纶；其三，上至宫廷贵族、封建

明治天皇（1852—1912 年）是日本第 122 代天皇。1867 年 11 月，江户幕府第 15 代将军德川庆喜还政于天皇，结束了持续 265 年的江户幕府统治。明治时期，日本开启维新改革，有力促进了资本主义的发展。

武士，下到平民百姓，恪守本分，履行自己的职责；其四，破除封建旧制度，实行改革，务求公道；其五，求知识于世界，大振皇国之基础。这就是著名的《五条誓文》，它充分地展示了新政权在建立之初包含的一定民主成分，体现了新兴地主与资产阶级在政治、经济、文化等多方面的抱负。

在誓文颁布的同时，明治天皇还发表了名为《安抚亿兆宸翰》的御笔信，其中写道："今膺朝政一新之时，天下亿兆，有一个不得其所，皆朕之罪"……"欲开拓万里波涛，布国威于四方，使天下置于富业之安"。从内容上看，年仅 16 岁的天皇，难以写出如此详备的诏书。据史学家考证，这份文件应该是以木户孝允为首的改革派大臣执笔的成果。其中还有"欲开拓万里波涛，布国威于四方"这样的句子。显然，该谕告一方面表达了日本力图富国强兵的愿望，另一方面也是它极具扩张倾向的

1868 年 4 月，明治天皇亲率文武百官，在京都御所的正殿紫宸殿向天地、人民宣誓，发布《五条誓文》国是方针，目的在于建立以天皇为首的中央集权国家和促进日本走上现代化道路，由此拉开了明治维新的序幕。

1868 年 1 月，天皇朝廷发布讨伐令，剥夺德川庆喜的官职。政府军先后平定了彰义队、奥羽越列藩同盟、虾夷共和国等旧幕府残余势力。图为戊辰战争（1868—1870 年）结束后年幼的明治天皇和外国代表们。

写照。

1868 年 4 月，为实现《五条誓文》所列目标，明治政府颁布了《政体书》，它的主要内容可以概括为如下十点。第一，天下之大权皆归太政官，使政令无出于二途。太政官的权力分为立法、司法、行政三方，不偏不倚。第二，立法官不得兼任行政官，行政官不得兼任立法官。立法官负责临时巡查都府与接待外宾。第三，非诸侯、亲王、公卿者不得列任□等官。设征士之法，藩士、庶人可任一等官。第四，各府、各藩、各县，皆出贡士为议员，建立议事之制，实行舆论公议。第五，树立官员等级制度，使他们各司其职。第六，仆从之制，亲王、公卿、诸侯等带刀侍从六人、仆役三人。以下带刀侍从二人、仆役一人。第七，为官者不得私自在家与他人议论政事。若有请求面谒陈述意见者，应使赴官府公议。第八，各官职任期四年，由选举产生。可以通过选举，连任两年。第九，诸侯以下，农工商各立贡献之制，乃为补充政府用度、严整军备，以保民安。故在官者，亦应贡其封禄三十分之一。第十，各府、各藩、各县施政令亦应体会誓约，唯不得以一地之制通用于他地，勿私授爵位，勿私铸货币，勿私雇外国人，勿与邻藩或外国订立盟约，目的在于不使小权犯大权。

这份《政体书》，效仿美国宪法的三权分立原则，形成了以天皇为中心，由"维新三杰"木户孝允、大久保利通和西乡隆盛掌握实权的中央集权制度。总之，《五条誓文》和《政体书》共同奠定了明治维新的思想与制度基础。

翻天覆地的改革

1869 年，明治政府开始推行涵盖政治、经济、文化、军事等多方面的改革。戊辰战争（倒幕运动）中，日本各藩受战乱的影响，内政与财政出现了较多问题，因而藩主都希望得到天皇的支持，以改善现状。1869 年 1 月，萨摩、长州、土佐、肥前四藩主提议"奉还版籍"，此举得到政府的支持，维新改革开始。随后，明治政府开始强制收回各藩的土地与人民户籍，借此重新取得了各地的实际控制权。1871 年，明治政府推行的"废藩置县"，将全国划分为三府七十二县，由中央派遣知事管辖；旧的藩主移居东京，由政府发给代替过去土地收入的俸禄。通过版籍奉还与废藩置县，明治政府加强了中央集权，实现了对全国的控制，为随后的各项改革提供了可能。

见识了欧洲列强的工业文明，明治政府早期的改革基本上确定了为"强兵"服务的目标。为此，它着手建立警察与常备军。1871年，政府将各藩舰队收归，合编成国家舰队；同时还下令，要求萨摩、长州、土佐三地为中央提供新式步兵、骑兵、炮兵，共计8000人，构成天皇近卫军。1872年，太政官签发征兵令，面向全国征兵，建立了一支现役与预备役相结合的军队。为了提升军队质量，次年成立陆军军官学校。这些强兵举措，旨在帮助日本在短期内建立起一支能与欧洲各国媲美的军队。但是，这是一支具有军国主义色彩的军队，它在其羽翼尚未丰满之际，已经侵略朝鲜、中国的台湾等地。

在军事改革进行的同时，"富国"的改革一并进行。首先，1872年明治政府废除等级身份制度，

宣布"四民平等"。除了天皇保留神性外，士、农、工、商与贱民统称为平民阶层；废除武士带刀的特权，各等级间允许自由通婚，平民还有自主择业的自由；承认土地私有权，取消对土地流转的限制。通过这些改革，日本的农民摆脱了封建关系的束缚，在获得人身自由的基础上，为资本主义发展提供了大量的自由劳动力。

其次，1876年明治政府实行"秩禄处分"，促使一批武士成为新兴资产阶级与地主。这项规定是对藩主改革的延续。根据秩禄（俸禄）处分，取消大名与武士的终身年俸，改为以一半现款、一半公债的方式结清。不少大名与武士手中获得了大量的现金，他们利用这些钱，或购置地产、或投资产业，从而成为新兴的资产阶级与地主，一定程度上促进了早期资本主义经济的发展。

再次，明治政府引进西方先进技术，以改变日本的落后面貌。1871年，以太政官右大臣岩仓具视为首的考察团，前往欧洲进行考察。这一行40人的考察活动，历时将近两年，遍访美国及欧洲的12国，尽力思索日本的国运。考察团代表大久保利通回国后，递交了一份《殖产兴业建议书》，并主持实施了一系列有利于资本主义发展的措施，主要包括：废除各藩设立的关系；统一全国币制和邮政；建立示范企业，传授技术；向资本家发放无息贷款，扶植和补助私人企业；聘请外国技师，积极引进先进技术等；为资本主义在全国发展扫清了不少阻碍。为了满足军事发展的需求，政府大力扶植军工企业，将一些厂矿低价转让于

东京天际线。照片中的东京铁塔，位于东京港区芝公园，塔高333米，是一座以巴黎的埃菲尔铁塔为范本而建造的电波塔，由建筑师内藤多仲与日建设计株式会社共同设计，1958年10月14日竣工后，即成为东京著名的地标与观光景点。

明治维新后，日本走上了军国主义道路。1894—1895年甲午战争期间，装备精良、组织严密的日本军队击败了清王朝统治末期的中国。

福泽谕吉（1835—1901 年）是日本明治时期著名的启蒙思想家、教育家，庆应义塾大学的创建者，最早将西方经济学引入日本的学者之一。他毕生从事著述和教育活动，他的启蒙思想对于明治维新运动产生了重要影响。

住友、三井等财阀，极大地促进了垄断财阀集团的形成。

最后，在经济改革向前发展的同时，日本开始推行文化上的"文明开化"。1875 年，福泽谕吉在其代表性著作《文明论之概略》一书中，将 civilization 一词翻译为文明开化，此后这个词语开始流传。当时的日本人看来，西方文明代表着现代化，日本要实现现代化，就必须在日常生活中模仿西方。因此，明治政府引进了代表西方文明的铁路、蒸汽船等工业文明的成果，以"明六杂志"为代表的新闻报刊，也开始流行起来，现代邮政系统渐渐成型。在衣着、饮食等方面，日本人兴起了"西方热"，他们抛弃传统的服饰、发型，追捧西方的生活方式。

日本的文明开化，与军事改革、殖产兴业基本上同时展开，最终促使日本社会成功实现现代化转型。为了巩固改革成果，1889 年，明治政府颁布《大日本帝国宪法》，以法律形式确立了日本的资产阶级君主立宪制政体。总的来说，明治维新是日本

知识链接：殖产兴业

日本明治维新时期的三大政策之一。另外两大政策，一个是富国强兵，另一个是文明开化。殖产兴业的具体内容，就是运用国家力量，以国家政策为杠杆，利用国库资金来加速本国的资本原始积累；还以国营军工企业为主导，按照西方模式，大力促进本国资本主义的成长。在政府的大力扶持和保护下，殖产兴业政策得以成功推行。从 19 世纪 80 年代中期起，日本出现了早期工业革命的热潮，逐步改变了工业落后的面貌，初步实现了资本主义工业化。

的新兴资产阶级与地主阶级在国难当头之际，主动承担起民族重任的一次救亡图存的改革。这次改革历时 20 余年，确立了日本的资本主义制度，并实现了"脱亚入欧"的目标，发展成为亚洲的第一个资本主义强国。但是，这次改革也为日本随后的对外侵略扩张埋下了伏笔。

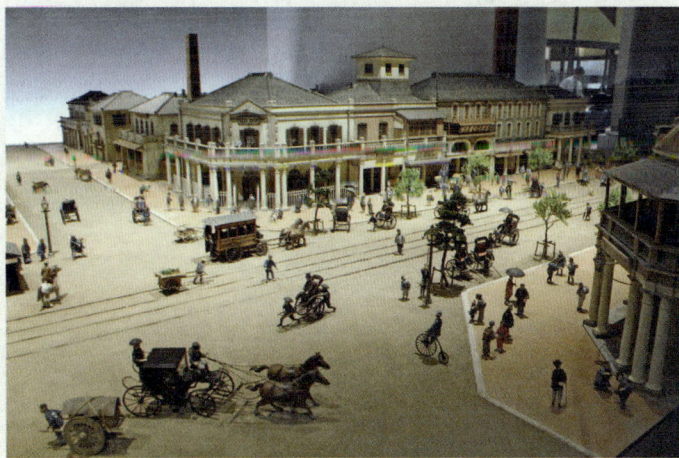

日本东京博物馆里明治维新后日本城市的街景模型。东京博物馆是日本最大的博物馆，位于东京台东区上野公园北端，创建于明治四年（1871 年），目的是保护江户（东京）的历史遗产。在这里，可以感受江户时代日本庶民百姓的生活，了解东京的历史与文化。

不屈不挠：
亚洲民族民主运动

　　1497 年，葡萄牙航海家达·伽马首先开辟了到达东方印度的贸易新航线。从此，荷兰、英国、法国等西方殖民主义者蜂拥而来，虽然一定程度上促进了落后东方的开化与开发，但殖民者的主要目的是奴役、统治和掠夺被征服的地区和民族，因而上演了一幕幕占领与殖民的闹剧。荷兰占领爪哇岛后，控制了香料群岛盛产的肉豆蔻、丁香的生产和销售，还通过建立种植园，强迫土著人为他们种植香料。除了谋取经济利益外，殖民主义者还强行向当地输入基督教，以控制殖民地的宗教信仰。1857 年初，英国殖民当局强迫印度土兵使用涂有牛脂和猪油的纸包装的新子弹，"印度土兵时常会聚集在一起，抱怨英国人强行要求他们改宗基督教"。总之，西方殖民者的粗暴入侵和高压统治，激化了被征服地区的宗教矛盾、阶级矛盾和民族矛盾。1825 年爪哇人民首先揭竿而起，反对荷兰殖民者，充分显示了亚洲人民不屈不挠的抗争精神，也由此拉开了19 世纪亚洲民族解放运动的序幕。

荷属东印度
荷兰统治下的印尼

欧洲人在利益驱动下，来到太平洋上的"千岛之国"印尼。他们这里带来了巨大的灾难，也为印尼人打开了通向自由之路的新视野。

荷兰率先打开了印尼的门户，政权林立的"千岛之国"很快被"海上马车夫"各个击破。在征服的过程中，荷兰不仅占据了"香料群岛"，控制了印尼的香料贸易，还通过分区占领的方式，加剧了印尼的分裂。

大海中的岛屿

印尼是印度尼西亚的简称。它位于欧亚次大陆、太平洋和印度洋三大地理板块之间，地跨赤道，由1.7万多个岛屿组成，号称"千岛之国"。作为马来群岛的一部分，印尼是世界上最大的群岛国家，也是东南亚的最大国家。众多的岛屿，像散落的珍珠，既为印尼创造了广阔的海洋世界，又为它造就了丰富多彩的文化。据统计，印尼共有一百多个民族，除了印度尼西亚语为官方语言外，其民族语言和方言有300种之多；在2.17亿总人口中，约87%的居民信奉伊斯兰教，是世界上穆斯林人口最多的国家。相比较于世界上的其他地区，由于拥有数以千记的种群和亚种群，印尼是世界上文化传统最复杂的国家之一。

不过，印尼文明出现较晚。公元前2500年左右，太平洋中南部诸多岛屿的人，最早经由菲律宾群岛进入印尼。若干世纪以后，南亚次大陆的佛教和伊斯兰教相继传入印尼。至13世纪初叶，印尼的苏门答腊岛北部，出现了一批伊斯兰国家。1294年蒙古军队从爪哇撤退后，随着麻喏巴歇王国的建立，这个印尼史上最强大的帝国，几乎统治了整个

早在1世纪，印度尼西亚装有舷外浮木的船只可能已经开辟了到达非洲东海岸的贸易航路。图为一条刻在约公元800年大乘佛教寺庙上的婆罗浮屠船。"婆罗浮屠"的意思可能源于梵语，意指"山顶的佛寺"。

印度尼西亚和马来半岛南部。

为香料而战

15世纪末，葡萄牙人成功地开辟了从好望角绕到印度洋的东方新航线。其后不久，他们在短短几年内，先后占领了马六甲和霍尔木兹海峡，几乎控制了这一地区的香料贸易。有资料显示，在15世纪最后十年中，处于无人竞争状态下的穆斯林商人为欧洲提供了50吨丁香；但是整个16世纪，葡萄牙由印度洋运送的丁香竟然达到573吨，而同一时期穆斯林商人输往欧洲的丁香只有170吨。

葡萄牙独占印尼将近一个世纪，它对印尼的影响，除了控制香料贸易外，还企图从政治上成为这里的主宰。由于印尼岛屿众多和地方政权组织支离破碎，加之葡萄牙自身的实力所限，它最终也只是这诸多海岛中的角逐者之一。尽管如此，它对印尼的影响不可小视。1511年，葡萄牙人攻占马六甲后进入印尼，虽未能打破区域间的政治隔离状态，但它作为一种外来势力的介入，却结

> **知识链接：海上马车夫**
>
> 17世纪，荷兰作为世界上最强大的国家，拥有最庞大的商业船队，在大海洋贸易中扮演主要角色，从而跻身于资本主义强国之列。早在1581年，荷兰就摆脱了西班牙的统治，正式成立联省共和国，简称荷兰共和国，为资本主义工商业的迅速发展奠定了基础。17世纪时，荷兰商船不仅造价便宜，而且运输成本低廉，这促成了荷兰海外贸易的繁盛，荷兰就被形象地比喻为欧洲的"海上马车夫"。

束了印尼群岛各独立政权相互孤立的状态，客观上加强了他们之间的联系，并朝着统一国家的方向发展。

1596年，荷兰第一支船队远征东印度群岛后，把这些岛屿称为荷属东印度，并于1602年成立了"东印度公司"。这不是单纯的贸易公司，而是在当时的财政商业大臣支持下成立的商业公司，意在向东方进行殖民掠夺和垄断的东方贸易。所以，它成功地扮演了荷兰在该地区推行殖民扩张政策的政府角色，主要表现为：修筑堡垒，驱逐原

1602年3月，荷兰东印度公司成立。这是一个具有国家职能的特许商业公司，主要从事向东方的地理探险、殖民掠夺和垄断贸易，也是世界上第一家股份有限公司。图为复原的荷兰大型帆船。

住民，并以武力形式提升在与周边其他国家以及当地土著人进行商业贸易议价的能力，尤以控制香料贸易最为突出。

香料是指具有芳香气味或防腐功能的天然植物，品种很多，常见的食用香料包括胡椒、生姜、丁香、肉桂和肉豆蔻。作为西方探险家奔向东方的重要诱惑物，香料是西方殖民者向外扩张的主要动力源之一。印尼的班达群岛由十余座小火山组成，火山喷发之后，为周围带来了大量的火山熔岩，以及深厚的火山灰，这些火山土非常适宜种植肉豆蔻、丁香等香料。于是，班达群岛进入荷属东印度公司的视野。1611年，荷兰在班达群岛的奈拉岛建立了一个用巨型石块厚墙包裹的要塞，目的是严密控制进入这片水域的商船，防止他们未经许可即经营香料。除控制港口外，荷兰人还将触角深入香料的生产环节，企图垄断香料的生产与销售，以实现利益的最大化。但是，当地原住民不愿放弃已延续近千年的生活方式，从而招致荷兰殖民者的镇压。

巴达维亚，又名椰城，即今日的雅加达，位于爪哇岛西北海岸，是印尼的首都和最大城市。1619年，荷属东印度公司征服了它，并命名为巴达维亚。图为巴达维亚市政厅（1682年），前荷兰东印度公司总督府，现为雅加达历史博物馆。

多中心的"千岛之国"

印度尼西亚境内岛屿众多，地方政权独立性强，由数个岛屿构成了一个个各自为政、发展缓慢的小国。荷兰与其他欧洲国家到来之后，这种情况并没有大的改观。然而，这种多个政权中心并立的局面，却为西方殖民者的渗透提供了绝佳机会，其中典型的例子就是荷属东印度公司在爪

荷兰东印度公司曾在印尼的最大商港巴达维亚建立了管理中心，在其他地方也有重要业务。人们普遍认为这是第一个真正的（现代）跨国公司。图为17世纪蚀刻版画"东印度之家"（阿姆斯特丹的荷兰东印度公司总部）。

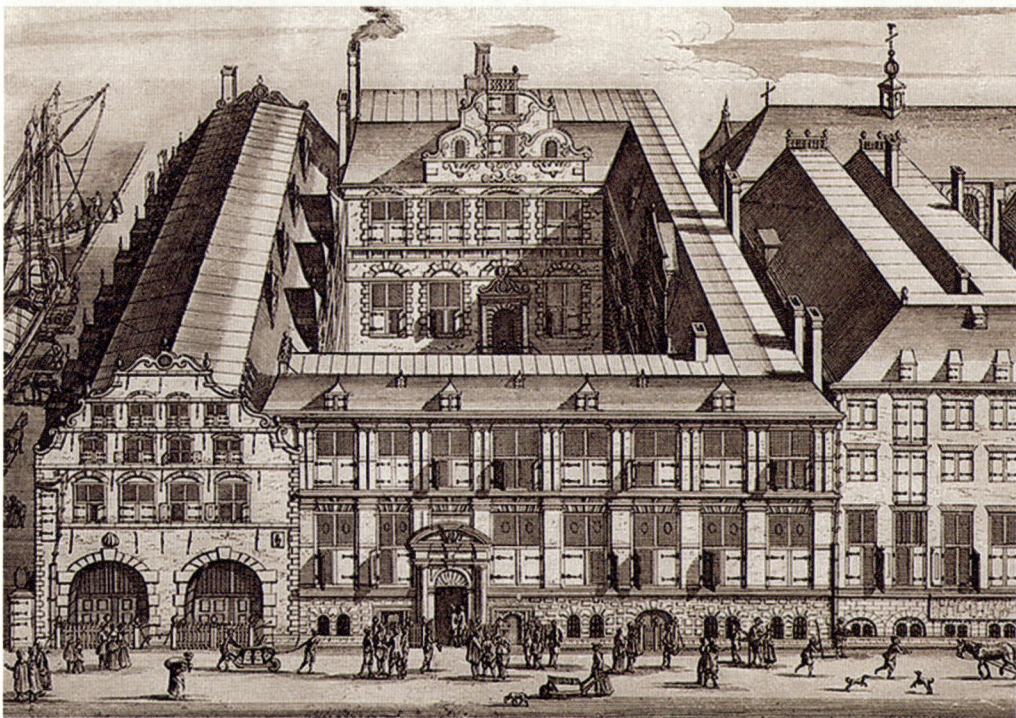

雅加达是印尼的经济、文化和政治中心，1811年为英国占领，1816年转归荷兰殖民政府统治。当地多数居民为印尼爪哇人，少数为华人、华侨、荷兰人；官方语言为英语、印度尼西亚语。图为1890年的雅加达。

哇岛上的扩张。

爪哇岛是印尼的第四大岛，位于苏门答腊岛东南方，为今印度尼西亚的首府雅加达所在地。爪哇岛的人口，约占整个印尼的一半，其重要性不言而喻。荷属东印度公司刚刚在此立足时，岛上存在着一个强大的政权，叫马塔兰（Mataram），此外还有周边的哲巴拿（Jepara）、泗水（Surabaya）等若干小政权。荷兰人初来之际，与马塔兰签订和约，后者允诺荷兰人可以在其附属国哲巴拿建立贸易栈。不曾料想，荷兰殖民者日后卷入了爪哇岛的内部混战。

苏丹·阿贡在位时期，马塔兰达到极盛，除万丹（Banten）与荷属东印度公司外，基本上统一了整个爪哇岛。但是，继任者们缺乏他那样的胆识和治国才能，加之荷兰人在1682年成功地干预万丹王国的继承危机，将万丹变成东印度公司的傀儡国，荷兰殖民势力日益强大起来。而当时的印尼与其他国家相比，缺乏民族意识，仅将荷兰人看作是本地区的势力之一，而不是一种外来入侵力量。尤其小国间产生冲突时，他们习惯于向荷兰人求助，这就为荷兰人的介入与渗透提供了可乘之机。这也是荷兰人入侵后印尼面临的基本政治态势。

话说世界

婆罗摩火山，又名布罗莫火山，海拔高度2329米，位于爪哇岛东部。约80万年前，唐格尔山形成。其后，这个大型火山再度爆发，在广阔的盆地上相继形成了婆罗摩火山和塞梅鲁火山。图为印尼东爪哇的婆罗摩火山。

灵魂不屈
1825年爪哇人民大起义

不堪压榨的人们，在地方王公贵族的带领下，把积压心中的怨气，变成了反侵略的怒火，只是为了证明，他们有谋求自由发展的不屈灵魂。

荷属东印度公司统治下的印尼，人民饱受苛捐杂税的压榨，生活困苦不堪；土著的王公贵族一部分被殖民者收买，一部分则走上了反抗的道路。那些向往自由的贵族与人民一道，掀起了声势浩大的起义。

臭名昭著的"耕作制度"

约翰尼斯·范·登·博世受命担任东印度群岛总督后，为了加强对印尼的统治和获取更多利润，实施了臭名昭著的"耕作制度"，其内容主要包括：第一，村庄土地的20%将由殖民政府直接管理，其产品专供出口；第二，爪哇岛村民每年必须为殖

蒂博尼哥罗（Diponegoro，1785—1855年）是爪哇岛日惹王国苏丹长子和印尼民族英雄，在反抗荷兰殖民统治的爪哇战争中扮演了重要角色。图为蒂博尼哥罗（约1830年，莱顿大学图书馆收藏）。

民当局所属的种植园工作60天。由此导致以爪哇岛为代表的东印度群岛，迅速沦为荷兰人的种植园。这不仅引起了村民的极大不满，也触动了土著地主阶级的利益。

此外，荷兰殖民当局还修筑道路，设立关卡，强行征收捐税。1825年，他们将公路修筑到日惹王子蒂博尼哥罗势力范围内的穆斯林墓地，并欲强行通过，遭到了王子的坚决抵制。1825年7月20日晚，殖民当局不顾王子反对，竟然用大炮轰平了其领地上的穆斯林坟墓。此举激化了地方政权与荷兰殖民当局的矛盾，1825年7月，王子在斯拉朗（Slalom）举起义旗，号召爪哇人民进行

约翰尼斯·范·登·博世（Johannes van de Bosch，1780—1844年）是荷兰政治家，1797年来到印尼的爪哇岛，后因与荷兰东印度总督不和，不得不回国。1827年，他被派往雅加达担任总督，兼荷兰皇家东印度军指挥官。图为1829年在印尼的约翰尼斯·范·登·博世。

1825—1830 年，日惹王国王子蒂博尼哥罗率军进攻荷兰殖民军总部所在地梭罗。起义虽然最终失败了，但它沉重打击了荷兰的殖民统治。此图描绘了蒂博尼哥罗军队与荷兰殖民军在卡窝克地区的激战。

圣战，反抗荷兰人的殖民统治。

众志成城抗侵略

蒂博尼哥罗倡导的爪哇人民大起义，得到了许多王公贵族和普通土著的响应，队伍很快壮大到 7 万人。在王子的叔父莽古甫美亲王的帮助下，起义军还成立了总指挥部。三个月之后，在斯拉朗建立爪哇伊斯兰教王国，自任苏丹。声势浩大的起义军，采用游击战术，势如破竹，多次击溃荷兰殖民者。

1826 年 4 月，起义军开辟了东北、南部和中部三个战场，有效控制了明诺列和婆罗浮屠，直到勃罗科河之间的广大地区，切断了孤守明诺列的荷兰军与马吉冷荷军的联系。6 月，坚守勃列列的起义军，与火力强大的敌军展开激战，最后全部壮烈牺牲。不久，起义军大本营德克梭失守。为避免同敌人主力决战，起义军多次转移，但是一有机会，就会转守为攻，并先后消灭了从巴拉斯开往登柏尔的荷兰军队和梭罗王的土著伪军。随后，王子采用围城打援战术，相继发动德朗古战役和格基宛战役，在唤起梭罗东部地区反荷起义的同时，还占领

了德朗古地区，使日惹首府成为一座孤城。至此，整个日惹和梭罗以西地区几乎全部获得解放，起义发展到顶峰。

但是，1826 年 10 月卡窝克战斗中，起义军不敌荷兰军队，王子也身负重伤。此后，东路军与南路军的多个指挥官为荷兰殖民当局诱降，而且，荷兰军利用堡垒战术，对付起义军的游击战术，起义军再难组织起有力的进攻，起义跌入低谷。无奈之下，王子幻想与荷兰人进行妥协谈判，却深陷圈套之中。1830 年，王子不幸被捕，连同家人一起，被流放到苏拉威西岛。

轰轰烈烈的爪哇人民大起义，虽以失败告终，但它的革命精神和作为亚洲民族民主运动典范的意义，都是不可否认的。当然，这不仅是一场亚洲反击西方殖民统治的正义之战，同时也是当地王公贵族之间的一场混战。在反对荷兰殖民者统治的起义中，爪哇岛上的绝大多数封建主，都不同程度地卷入其中，要么站在日惹王子一方，要么站在殖民当局一方，因而起义军在打击侵略者嚣张气焰的同时，也在一定程度上涤荡了地方上的封建势力。

荷兰殖民者在印尼的殖民统治，也损害了当地封建主的利益，导致 1825—1830 年爪哇人民起义的爆发。1829 年 8 月，爪哇王子蒂博尼哥罗率军转战格利尔山区。图为荷兰画家作品《蒂博尼哥罗王子被德考克将军诱捕》。

殖民扩张
不列颠在印度的统治

英国后来居上，吞噬了印度。它剥削这里，同时也在改造这里。

达·伽马的船队叩开了南亚次大陆的门户，欧洲殖民者蜂拥而至。率先在这儿站稳脚跟的是法国，英国则处于从属地位。此时的南亚次大陆，莫卧儿人、马拉提人与法国人等多方势力角逐不断，英国人乘隙而入，迅速在这里建立了统治秩序。

东印度公司的扩张

1765 年以后，英属东印度公司确立了对比尔哈、奥里萨和孟加拉的统治。该公司充当上述几个地方的主管，负责财政、税收和官员的管理，但是每年需向莫卧儿皇帝上缴 26 万英镑作为获取丰厚

海德·阿里可汗（Hyder Ali Khan, 1720—1782 年）因军事才能突出，引起了迈索尔苏丹的注意。1761 年，他作为首席部长，成为迈索尔事实上的统治者。第一次和第二次英迈战争期间，他顽强地抵抗了英属东印度公司的军队。

收入的回报。1772 年沃伦·黑斯廷斯取代克莱夫后，中止了克莱夫军事化管理的方式。沃伦和他的继任者在改进公司管理制度的同时，并没有停止对印度土地的蚕食。

沃伦上任之初，英属东印度公司三大管区的马德拉斯管区正与迈索尔交战，孟买管区与马拉特联盟交恶。面对强大的马拉特联盟，英国选择分化的策略，从内部对之加以瓦解。1773 年，马拉特联盟中佩什瓦的纳瓦扬·拉奥被杀，他的叔父拉古拉特·拉奥继位，但由于政敌的反对，不久又被驱逐。拉古拉特寻求英国军队的帮助，并以土地条件作许诺，英国军队趁机打入马拉特联盟内部。不过此时，当地一些有识之士开始认识到英国的野心。1780 年，由迈索尔国王海德尔·阿里发起，联合马拉特联盟和海德拉巴，三方共同组成抗英大联盟。

图为描绘东印度公司一位官员的绘画（约 1760 年）。印度艺术家为在印度的英国人制作的绘画，被称为"公司绘画"。画上可能是罗斯蒙特的威廉·富勒敦（William Fuller-ton），1744 年他加入东印度公司，1757 年成为加尔各答市长。

这是一幅英国插图，描绘的是 1783 年 7 月 1 日，东印度公司的欧洲军团在库达洛尔战役中与萨伊德·阿里领导的海德·阿里武装之间发生战斗。库达洛尔属于印度南部的泰米尔纳德邦。

联盟决定分三个方向进攻英国控制的地方，马拉特联盟进攻孟买和孟加拉，迈索尔进攻卡尔那提克，海德拉巴进攻北西尔卡尔。他们还试图寻求法国的帮助，以期一举将英国赶出印度。英国则故技重施，用计谋瓦解了这个反英大联盟。之后，英国又与迈索尔和马拉特联盟正式交战，长达四年之久。虽然双方各有胜负，但英国成功地渡过了危机。

英属东印度公司意识到，以自身实力无法直接征服迈索尔这样实力强劲、抗英决心坚定的地方势力，只有依靠印度土著土公，进行分化瓦解，各个击破，才能维持并扩大统治。马拉特联盟和海德拉巴与迈索尔素有领土争端，英国趁机对之加以拉拢、利用，于 1790 年建立反迈索尔同盟。第三次英迈战争爆发后，英军与马拉特同盟和海德拉巴支援的两万军队，力挫迈索尔，并迫使其投降。1792 年，双方签订锡林伽帕丹条约，迈索尔被肢解，并赔款 3300 万卢比。1798 年，海德拉巴与英国订立条约，同意英国驻军，从而成为英属东印度公司的仆从。经过 1818 年的第三次马拉特战争，英国终

于瓦解了马拉特同盟。至此，除信德和旁遮普地区外，英属东印度公司基本完成了对印度的征服。

殖民统治的建立

英属东印度公司在南亚殖民统治的基础，在于南亚次大陆的属国体系。莫卧儿帝国瓦解后，南亚次大陆地区小国林立，难以建立统一的政权形式。由于地方王公贵族众多，英国通过他们，采用借力使力的办法，希望能有效地维持其殖民统治。基于以上考虑，英属东印度公司借助于条约和驻军，将它们转化成为自己的附庸。这些条约大部分称为"补助金条约"，规定英国派遣军队驻扎其国，即由该国负担驻军的开支，或划出一片土地、水源，向

驻军提供给养；而他们的外交，则归英属东印度公司掌控。这种办法有效减轻了公司自身的负担，也加速了英国在南亚次大陆的扩张。

在附庸小国的基础上，英属东印度公司逐渐在当地建立了相应的行政和司法机构。公司原有的三大管区，形成了相应的三个省，而孟加拉管区升级为总督区，作为中央行政级别，这就构建了中央和地方的行政划分。在官员任命方面，英国把持了主要官职，基层公务人员则以本地人为主。早期英属东印度公司官员，是为谋利来到印度的，他们缺乏对当地舆情的了解，治理方法也简单粗暴。1806年，在母国政府的压力下，公司成立了海利伯锐学院，让官员们接受一些基本的历史、地理和行政知识，目的是逐渐提升官员的素质。公司在印度本地的统治秩序基本上建立起来。

大肆掠夺南亚次大陆

依据母国资本主义发展的阶段性变化，英属东印度公司对南亚次大陆的掠夺，可以分为两个阶段：18世纪以前为第一阶段，属于原始的、简单粗暴的压榨；18世纪以后为第二阶段，这一时期将印度转变成原料来源和消费市场。进入南亚次大陆之初，英国人满足于通过战争手段向战败方索取巨额赔款和大量土地。据史料记载，东印度公司的一位书记员回国后受到弹劾，他在议会辩论时辩驳说："一位伟大的王公要巴结我，一个富裕的

印度饥荒是频繁发生的，轻易就能消灭一个城镇或地区的半数人民。1866年，孟加拉发生的大饥荒，死亡人数超过百万。

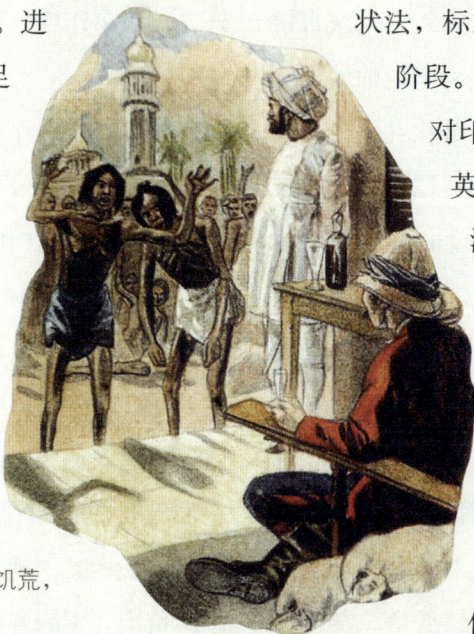

城市受我支配，它的富裕和人口稠密程度都超过了伦敦……我出入只为我敞开的金库，两手抓满黄金和珠宝。"这种辩解生动地描绘了早期殖民者对印度掠夺模式的简单粗暴。

通过对印度的侵略掠夺，英国很快挤进印度本地的商业和金融业。他们借助于枪炮的威慑力，肆意排斥本地商人。此外，在土地的租税方面，英国人的压榨也极为严厉。进入印度之前，南亚次大陆普遍实行柴明达尔制。这是一种包税制，将税收承包给固定人员，一般承包期较长，具有相对的稳定性。但英国随意调整包税期限，变化相当频繁，极大地破坏了税收的稳定性。英国在征税的同时，还收缴地租，大幅度增加了当地农民的负担。1765—1793年，被征服省份接连发生了四次大面积饥荒，仅1770年大饥荒就饿死了1/3人口，达上千万人之多。

重赋、兵祸、饥馑，像三条巨大的绳索，勒得印度人喘不过气来。殖民者却竭泽而渔，殖民地人民的生活难以为继。为了扭转税收急剧下降的局面，英国不得不转换思路，调整统治方式。1813年、1833年和1853年颁布的英属东印度公司特许状法，标志着英国在印度的统治进入新的阶段。1813年的特许状法，取消该公司对印度的贸易独占地位，规定所有的英国商人都可以进入印度从事贸易活动，唯独保留了它的茶叶贸易特权。1833年的特许状法，又取消它的茶叶贸易特权。此外，该法还重新划分了英国在印度的行政区划，将印度的立法与行政分离。1853年的特许状法，完全取消了该公司官员的任职特权，印度地区的官员由考

达尔豪西是苏格兰政治家和英属印度殖民地官员，1848年至1856年担任印度总督，反对者认为他埋下了1857年叛乱的种子。图为达尔豪西肖像（1847年）。

试竞争产生，这标志着英国政府完全掌握了印度事务。随着这几个法案的实施，19世纪，英国出口印度的商品急剧上升，它们以低廉的价格，迅速抢占印度本土市场。另外，印度出口英国的原料数量也不断攀升，但种类较为单一。印度在沦为英国产品的倾销地和原料供应地的同时，变成了英国经济上的附庸国。

印度的现代化改造

英国在印度的统治，既有消极方面的破坏，也有积极方面的建设，这就是马克思所指出的英国在印度要完成的"双重使命"。1848年1月，英国人达尔豪西就任印度总督，为期十年。其间，他主要完成了对印度的信德和旁遮普地区的征服，并借助印缅战争，获取了亚洲最大港口之一的仰光，并使印度不列颠化。

印度的不列颠化，主要表现在基础设施建设和新技术引进两个方面。早在1832年，英国便计划在印度修建一条铁路，不过直到达尔豪西任总督后，印度的铁路建设才开始起步。1850年，达尔豪西主持建设由胡格利右岸到豪拉再到拉尼根杰煤田的货运铁路、由孟买到塔纳的客运铁路。这条客运铁路虽只有21公里，但1853年开始为居民提供服务后，就广受好评。因而，达尔豪西提出了在全印度建设庞大铁路网的计划，并获得英国议会的批准。1855年的《印度新闻》上这样写道："喜好乘坐火车陆行在低等阶级中几乎成为一种国民风尚。"

出于政治考虑和战略准备，在铁路运输之外，英国还准备在印度铺设电报线路。这项建设的主要推动者，是受达尔豪西支持的奥肖内西博士。1851年，孟加拉开始铺设电报线路。之后，达尔豪西亲自规划了一条电报线路，从加尔各答到贝拿勒斯、阿格拉、安巴拉、拉合尔和白沙瓦，贯穿印度的主要城市。与电报建设的同时，英国人还在印度进行便士邮政建设。1837年，印度的第一个邮政法案获得通过。这一年，罗兰·黑尔爵士提出实施方案，就是用一便士将邮件投送到印度全国的任意地方。但直到1854年，这一方案才真正付诸实施。此举为印度提供了便捷、廉价的通信方式。达尔豪西的这些举动，很大部分出于对英属东印度公司利益的考量，但依然推动了印度社会的文明与进步。

民族起义导火索
涂油子弹事件

信仰是神圣的，神圣的信仰不容玷污；在信仰之上，还有个人和民族的尊严，更不容受到丝毫的玷污。

19世纪中后期，英印军队的一次装备革新激发了印度土兵的极大不满，进而引发了印度民族大起义。从表面上看，这是信仰的冲突，实际上是印度民族向往自由、反抗压迫的必然结果。

前膛燧发步枪

英国采取附庸国的方式，依靠土著旧式王公贵族统治印度。英国难以从本地运送大批量士兵前来印度，所以殖民当局组建了一支由招募当地人为主的军队，数量众多，主要包括破产的农民和手工业者。他们领取薪饷，为英国作战，构成了英国统治印度的重要基础。

1857年之前，印度的英国士兵普遍使用的武器是前膛燧发步枪，它的长度是1.2米，有效射程为70米。每次射发需要经过12个步骤，即使由熟练的士兵操作使用，每分钟不超过3发。而且，这种步枪在阴雨天气哑火的概率极高。虽然前膛步枪在冷兵器时代是制胜的利器，但到19世纪70

恩菲尔德式步枪，是1895年至1956年英军的制式手动步枪，有大量的衍生型，亦是英联邦国家的制式装备。图为一幅名为《印度土兵》的雕刻，画面上印度人在对抗英军时就缴获了大量的恩菲尔德式步枪。

年代，显然已经落后，结果被恩菲尔德式步枪取而代之。

新式恩菲尔德步枪

恩菲尔德式步枪是1853年设计的前装式线膛击发枪。它装弹速度较快，即使雨天也可以使用，比前膛燧发步枪有很多优势。但是为保证弹药发射顺畅和防止子弹锈蚀，步枪在使用前，需要在弹药筒上涂抹猪和牛等动物的油脂。1857年初，恩菲尔德式步枪在印度正式启用。为了让印度土兵更快地适应这种新式步枪，教官指导他们在填充枪管之

英国前膛燧发步枪，即滑膛枪，或毛瑟枪，是指从枪口将弹药装入膛内的枪械，常被称为"明火枪"。1722年至1838年，这种步枪及其变种经常用以装备英国和美国军队。19世纪初，随着先进的雷管枪的出现，英国的毛瑟枪逐渐退出了战场。

前，要用牙咬掉弹药筒的顶端。可是用嘴接触猪油和牛油，对于印度土兵来说，无疑是一种不能容忍的奇耻大辱，主要原因在于他们的宗教信仰使然。

当时，印度本地居民的宗教，主要分为印度教和伊斯兰教两种：一方面，牛在印度教中，既是繁殖后代的象征，又是人类维持生存的基本保证，性力神湿婆的坐骑就是牛，"圣兽"自然禁止食用。另一方面，伊斯兰教徒不得食用猪肉，因为《古兰经》认为那是不洁净的。正因为严格的宗教信仰禁忌，印度土兵均拒绝使用恩菲尔德式步枪。

印度土兵哗变

不论是穆斯林教徒还是印度教徒，他们持有同样的想法，就是英国强迫他们用嘴去打开弹筒的做法，是怀有阴险目的的基督教传教士邪恶想法的结果。印度土兵出于心理上的恐慌和精神上的恐惧，这种情形迅速传到了孟加拉等地。于是，原来为英国人打仗的 23.2 万印度土兵，现在站到了英国殖民当局的对立面。

1857 年 5 月 9 日，例行操练的印度密拉特土兵，目睹 85 位同伴，因拒绝用嘴给步枪填装弹药，而被带上镣铐，因而印度土兵的不满愈发强烈。第二天正逢周末，当英国军官们例行前去基督堂礼拜时，密拉特二个兵站的土兵奋起反抗。他们释放了被关押的犯规土兵，击毙了试图阻止兵变的数名殖民军官。

参加兵变的印度土兵们奋力高呼："我们向德里进军！"一阵阵令人震撼的口号，声彻云霄，鼓舞着印度土兵们团结抗敌。他们乘胜向德里进军，与城内军民里应外合，攻占了该城。起义军严惩英国军官，摧毁殖民者的住宅。印度兵变点燃了19 世纪中叶民族大起义的烽火。

知识链接：印度教

又称新婆罗门教。它是世界第三大宗教，南亚次大陆各种文化和传统相融合的产物。印度、尼泊尔和毛里求斯人口的绝大多数信奉印度教，全世界信徒人数达到 11 亿多。作为一种多神教，以梵天、毗湿奴、湿婆为三大主神，并在各地普遍建立僧团和寺庙，其中以克久拉霍（khajuraho）的寺庙群为中古时期印度教寺庙建筑与雕刻的代表。教徒相信因果轮回和种姓制度，不杀生，特别崇拜牛。虔诚的信徒为素食者，避免吃牛肉。牛奶、酥油、酸奶等奶制品，也仅仅用在宗教祭祀仪式上。19 世纪中叶印度民族大起义爆发，其导火线就是英国印度殖民当局制造的有辱土著人信仰的"密拉特事件"，即"涂油子弹事件"。

来自孟加拉的印度起义土兵。

奋起反抗
印度民族大起义

英国殖民者贪得无厌，他们的残暴统治令人发指，印度人民终于奋起反抗，敲响了西方殖民统治的警钟。

1857 年印度民族大起义的特点之一，就是印度土兵和广大农民联合起来，反抗英国人的殖民统治。1853 年，印度籍土兵已达 20 多万人，而统治他们的英国士兵只有 4 万人。印度土兵在军中除了受到英国军官的歧视外，还要面对宗教信仰问题的困扰，而这次涂油子弹事件的发生成为印度民族大起义的导火索。

大起义经过

1857 年 5 月 10 日，密拉特的士兵首先发生哗变，他们烧毁了殖民政府驻地后，连夜向德里进军。次日，他们抵达德里城下，受到当地居民和士兵的欢迎。起义军联合德里市民，击败了德里城内的英军，并拥戴莫卧儿帝国皇帝巴哈杜尔·沙二世（Bahadur Shah II）为印度皇帝。在巴哈杜尔·沙二世的号召下，各地军民迅速地集聚在德里，听候差遣。这时，起义军如同燎原之势，还形成了德里、康浦尔和勒克瑙三个中心。德里是莫卧儿帝国首府，康浦尔地区为马拉特人聚居区，勒克瑙是殖民当局的所在地。从 1857 年 5 月到 8 月，印度民族大起义处于上升期，以上述三地为中心，聚集了越来越多的起义者。

面对声势浩大的印度大起义，英国当局措手不及。驻扎在印度的 4 万名英国士兵，分散在各个地区，难以对付突如其来、规模庞大的印度全民性反

巴哈杜尔·沙二世，莫卧儿帝国末代皇帝。1857 年印度爆发民族大起义，他被拥立为印度皇帝，失败被捕后，被英国殖民当局流放至仰光，后在仰光大金寺去世。

抗斗争。为扑灭起义的烽火，英印统治者匆忙从缅甸、伊朗和英国本土调兵遣将，前来支援。同年 6 月，英国人已经开始零星反扑，重点集中在起义的三个中心。此时，德里城内问题不断，不是王妃马哈尔伙同数位大臣充当"奸细"，就是地方贵族争夺起义领导权。这样，聚集在德里的 5 万名起义者，流失了大部分，仅剩 1.2 万人。英国在援军到达后，围城英军增加到 1.1 万人，与起义军的规模相近，9 月中旬进攻德里。经过 6 天的激烈巷战，德里陷落。英军展开残忍的报复，大肆捕杀德里城内平民，巴哈杜尔·沙二世被流放到缅甸，他的两个儿子惨遭杀害。

德里陷落，印度民族大起义失去了一个重要

1857 年至 1859 年，印度爆发反英民族大起义，主要领导者是詹西女王和巴哈杜尔·沙二世。为反抗英国的殖民统治，1857 年 5 月，起义军攻击德里的红堡，杀死许多英国人和基督徒，英国妇孺和俘虏成为牺牲者。许多伊斯兰教徒也参加了大起义。

蒙古人帖木儿的后裔巴布尔（Babur，1483—1530 年）在南亚次大陆建立起一个以伊斯兰教为官方宗教的封建王朝，史称莫卧儿帝国（1526—1858 年）。帖木儿帝国崩溃后，巴布尔率军入侵南亚次大陆建国。在第三代皇帝阿克巴统治下，莫卧儿帝国进入全盛，其领土几乎囊括了整个南亚次大陆以及阿富汗等地。这一时期，帝国还实行文化融合和宗教宽容政策。1858 年，印度改由维多利亚女王直接统治。

中心，勒克瑙和詹西等地的起义军也陆续为英军剿灭。1858 年 4 月以后，大起义转化为游击斗争，如奥德和比哈尔等地展开了多种形式的反抗运动。同年 11 月，英国维多利亚女王公布诏书，许多印度封建主放下武器，停止对游击队的支持。1859 年 4 月，由于地方封建主的出卖，中部印度游击队领袖坦地亚·托比惨遭杀害，轰轰烈烈的印度民族大起义以失败告终。

历史任由评说

印度民族大起义爆发后，英国一直宣称这是一次由印度土邦王公贵族发动的叛乱，马克思却不认同这种说法，他在《来自印度的消息》一文中评价说：印度"各个阶层的居民迅速地结成一个反对英国统治的共同联盟"，"这些事实甚至能使约翰牛也相信，他认为是军事叛乱的运动，实际上是民族起义"。

不可否认，这次大起义是长期以来英国奴役印度和印度民族反抗压迫的结果。它仍然属于旧式的民族起义，因为起义者竭力借旧式王公贵族的名号来彰显起义的正统性，而且起义的组织方式落后，也没有提出明确的目标。这些因素综合起来，再加上英国统治者的镇压，决定了起义失败的命运。但是，它的意义和影响依然是客观的和值得肯定的。一方面，它沉重地打击了英国在印度的殖民统治，直接促使英国对印度政策的转变。1858 年 8 月，英国议会通过法案，撤销了英属东印度公司。另一方面，它显示了印度人不屈不饶的民族性格，为亚洲人民的反殖斗争树立了光辉榜样。

1857 年 9 月 20 日，巴哈杜尔·沙二世和他的儿子被英军逮捕。

詹西女王
传奇的拉克希米巴伊

时势造英雄，英雄造时势。烽火连天的岁月，从来不缺少英雄。有这样一位巾帼不让须眉的英雄，冲锋在抗英斗争的最前线。

轰轰烈烈的印度民族大起义，涌现了众多可歌可泣的英雄儿女，拉克希米巴伊就是这其中的杰出代表。她与殖民者战斗到生命的最后一刻，不愧为印度人民向往自由的真实写照。

女王决不言弃

传奇的拉克希米巴伊，即詹西女王，出生于印度北部贝拿勒斯的一个刹帝利家庭。她很小的时候，就随父母一起来到马拉塔首相巴吉·拉奥二世的府邸居住，巴吉给她留下了一个高大伟岸的政治家形象。拉克希米巴伊与巴吉的两个养子一起长大，并成为很好的朋友。7岁时，她已学会骑马，而马术既锻炼了她的体魄，也开阔了她的胸襟。

不过17岁时，拉克希米巴拜嫁给了40多岁的詹西王公甘加达尔·拉奥，成为王后。詹西，原为马拉特联盟佩什瓦的附庸国，1804年与英国签订条约，又依附于英属东印度公司。1853年，甘加

拉克希米巴伊（Lakshmibai，1828—1858年），印度土邦詹西的王后。1857年印度民族大起义爆发后，她走上反抗英属印度殖民统治的道路，成为印度民族独立战争的领导人物之一。

达尔新婚一年后去世，詹西王后产下遗腹子，但不久就夭折了。依据相关法律，王公死后没有子嗣，英国殖民当局就有权占领该王公的领地。由于詹西王后收养有一个孩子，王后就以养子监护人的身份行使王权。但是，这仍然无法阻挡英国强行兼并詹西，不过王后对英国官员说道："我绝不放弃我的詹西，谁敢占领詹西，绝对没有好下场。"

奋起抗击英国

1857年印度民族大起义爆发后，王后拉克希米巴伊率领詹西人民冲锋陷阵，英勇反抗英国殖民者。同年6月，詹西人民占领军火库，击毙英国在詹西的最高指挥官邓洛普，英军投降。拉克希米巴伊重新登位后，称詹西女王，并宣布："世界属于上帝，詹西属于拉克希米巴伊。"

1857年9月德里陷落后，英军分赴各地镇压起义，并于第二年3月重新围困詹西。詹西女王带领詹西人民，修筑防御工事，准备与敌人长期作战。3月24日，英军发起总攻，两军首先在詹西城东南和南部进行炮战，火光冲天。詹西抵挡不住英军炮火的打击，在坚持两天后，南部城墙被撕了一个缺口。情况万分危急，女王急切地向她的好友、附近起义军领袖托比求援，但托比受困于支援詹西途中，难以及时到达。于是，她决定放弃詹西城，以便保存实力，继续战斗。

詹西女王背着孩子英勇杀敌。

离开了詹西城，女王率领部队与托比会师，进入瓜辽尔。在德里陷落、群龙无首之际，起义军占领这一军事重镇，保住了起义火种。在这里，他们选举新的统帅和指挥官，继续领导人民抗击英军。英军统帅休·罗斯率领军队前来围困瓜辽尔，并于6月18日下令总攻。女王身披铠甲，率领骑兵，奋勇杀敌，陷入敌军包围。后来，女王坠马身亡，年仅23岁。

印度传奇女王

詹西女王，作为印度民族大起义涌现出来的许多英雄人物之一，为了印度人民的自由而战死沙场，是印度人民的骄傲，也是亚洲人民反抗殖民统治的光辉典型。有人将詹西女王和法国的圣女贞德相比，她们本是柔弱的女子，可国难当头之际，都能挺身而出，巾帼不让须眉，请缨杀敌，直到为国捐躯。圣女贞德，一个十几岁的农家少女，用她的真诚和热血，唤醒了法兰西民族意识，促使法国人同仇敌忾，终将英国侵略者赶出法国。詹西女王，一个年轻的寡居王后，丢掉对敌人的幻想，以金戈铁马般的果敢举动，用不屈不挠的顽强精神，激励印度人民，抗击英国侵略者，书写了印度民族独立战争的光辉篇章。

为了镇压印度民族大起义，英国投入军费8000万英镑，相当于英国在印度一年获利的总和，

知识链接：圣女贞德

以"奥尔良少女"而名扬天下的法国民族英雄。1428年，英军围攻奥尔良城。这是法国通往南方的要塞，一旦失守，英军将长驱直入，攻陷整个法国。为了拯救危难中的法国，奥尔良乡村少女贞德（Joan of Arc，1412—1431年）挺身而出，她声称受到上帝的启示，向王太子请缨抗战，解了奥尔良之围。然而，勃艮第公国俘获贞德后，竟然将她卖给了英军。1431年，贞德以异端和女巫的罪名，被英国人控制下的宗教裁判所烧死。贞德的英雄行为，鼓舞法国人坚持抗战，并最终赢得了百年战争（1337—1453年）的胜利。19世纪印度民族大起义中的詹西女王，就是像贞德那样可歌可泣的女英雄。

却有数以万计的士兵和军官把他们的性命丢在了印度战场。这对英国来说，不仅仅是一笔巨大的损失，更是一记响亮的警钟。1858年，英国议会通过《改善印度管理法案》，这是印度民族，包括每一个为他们的解放而投身其中的人，用血的代价换来的成果。它时刻提醒印度人民和英国殖民者：向往自由的民族，可以被打败，但不会被征服。

詹西堡建于1613年，坐落在印度北方邦般吉拉山上，长312米，宽225米。11—17世纪，它一直是昌德拉王朝的防御要塞，现在只剩遗址残骸。图为詹西堡的制高点。

女王统治
英国殖民政策的转变

这是印度人抗英的果实，哪怕只算作他们迈出的一小步，却是通往反殖斗争胜利之路的起点。

印度民族大起义，震撼了英国殖民者当局。英国为了维护在印度的利益，决定让步，调整对印度的统治政策。不可否认，这些转变在一定意义上改善了印度的地位。

东印度公司统治

随着英国人对印度统治的不断强化，国内的商人和政客都渴望插手英属东印度事务。同时，英属东印度公司在管理上也暴露出许多漏洞。这就给该公司未来的发展和前途带来了变数。在税收方面，东印度公司大肆盘剥南亚次大陆人民。在孟加拉建立政权后，公司收回原来的包税权，进行公开招标，并任意修改包税时间，无限制提高税收额度。这些举措，直接影响了英国来自印度的收入。在英属印

1600 年 12 月，英国女王伊丽莎白一世颁授皇家特许状，英国东印度公司获得在印度经营贸易的特权。后来，它从一个贸易股份公司变成了英国在印度实施殖民统治的机构。图为英属东印度公司在卡西姆巴扎尔的代理店（1795 年）。

度的官员设置和任免方面，管理也相当混乱。1793 年通过的公司特许状法规定，英属东印度参事以下的官员，全部由公司契约文官担任。这样，公司董事恣意将自己的亲属安排前往印度任职的现象无法杜绝，而这些官员缺乏对印度的了解，处理问题又简单粗暴，就不免留下口实，饱受诟病。

1857 年，由密拉特涂油子弹事件引起的兵变，引发了南亚地区最大规模的印度民族大起义。这就迫使英国政府不得不采取果断措施，以解决东印度公司管理不善、提高英属印度军队战斗力和加强对南亚殖民统治的问题。

英国女王直接统治

1858 年 8 月 2 日，英国通过《改善印度管理法》，取消东印度公司对印度的统治，改由维多利亚女王的代表印度事务大臣接管东印度公司的全部权力，并成立以印度总督为首的印度政府。该法案的出台，标志着印度已经正式转化成为英国的殖民地。英国当局直接管理印度是早晚的事情，但是，1857 年印度民族大起义的爆发，加速了这一转变的到来。

表面上，英国政府成功地将印度人民反殖民统治的矛头转向东印度公司，似乎造成一种假象，就是英国直接治理印度会更好。实际上，印度在英国女王直接管辖之后，最主要的变化就是实现了二元

卢比是印度的法定货币。图为1862年铸造的印度卢比，正面为维多利亚女王半身像。

权力中心向一元权力模式的转变。与之相应的变化，就是公司统治时代的总部管理、议会监督的机制，转化成为印度事务大臣全权负责、管理和监督。根据《改善印度管理法》，英国政府设立印度事务大臣一职，由15人组成的印度事务会议负责协助其工作，同时取消印度监督局，而此前由监督局与公司董事会行使的权力，一并移交给印度事务大臣和印度事务会议；保留印度总督职位，是为女王在印度的代表；总督直接听命于内阁，而内阁对议会负责。这样的机构和官员设置，使英国政府和议会切实地掌握了印度事务的最高决策权。当然，英国对印度的控制不但更直接，也在一定程度上改善了过去简单粗暴的管理方式。

英女王接管印度之后，还进行了引人注目的军事改革。首先是原来的总督军队，作为预警机构予以重组。其次是将英国士兵与印度土兵之比，调整为1：2或1：3。印度民族大起义时，英国殖民当局有4万英国士兵，22.3万印度土兵。经过调整，到1863年已转变成为6.5万英国士兵与14万印度土兵的比

1876年，英国维多利亚女王加冕为印度女皇。

知识链接：锡克教

世界上最年轻的宗教之一。锡克教产生于15世纪末南亚次大陆的旁遮普地区，以《阿底格兰特》为经典。"锡克"的中文译意为"门徒""学习者"。锡克教借鉴印度教与伊斯兰教的教义，倡导公平正义、扶贫济弱和宗教自由的主张。19世纪英国人统治旁遮普后，大批锡克教徒被招入英国军队。但在1919年发生的阿姆利则惨案中，400余名锡克教徒遭到英国当局的屠杀。此后，锡克教开始脱离英国人控制，投入甘地领导的自由运动，为印度的独立作出了贡献。

例。再次，吸取印度大起义的教训，在英印部队中规定，只有英国士兵有资格掌控大炮等新型武器。最后，依据起义中印度土兵的选择，挑选出"忠诚"与"不忠诚"的士兵，根据籍贯，以招募锡克教徒和帕坦人为主，剔除对孟加拉人和马拉塔人的招募。这些举措可以说是英国当局对印度土兵的一次清洗，在一定程度上提升了士兵为英国服务的忠诚度。

在政治和军队改革之外，英国人也开始注意到印度人民的宗教信仰问题，在某种程度上推行了信仰自由的宗教政策；加强对印度王公的拉拢，停止对小邦的土地兼并，归还部分兼并土地；通过建立王公等级和爵位赏赐等手段，吸引印度土著王公贵族向英王表示效忠。这些政策的推行，有助于缓解紧张的英印关系，强化英国对印度的殖民统治。

对抗理性：浪漫主义思潮

18世纪末19世纪初，欧洲文艺领域中形成了一种与理性主义相对立的浪漫主义社会思潮，它标志着与过去的彻底决裂，宣告了人与个性的突出地位，并以强烈的感觉、激情和想象等非理性的情感与冷酷的理性形成对立。浪漫主义有积极和消极两种风格，前者正视现实，揭露罪恶，充满战斗激情；后者逃避现实，留恋过去，幻想从中世纪找寻寄托与安慰。在德国，以音乐和诗歌为代表；在英国，以诗歌和风景画为代表；在法国，则以小说和绘画为代表。

它抛弃了古希腊罗马典范，表现为对新古典主义的逆反；它从主观世界出发来反映客观现实，抒发个人对未来的向往，对理想的追求；它用奔放的语言、自由的想象，以及夸张的艺术手法来塑造形象。它受传奇文学的影响，突出幻想、离奇、多情、风流的色彩，并以德国的"狂飙突进运动"和古典哲学为理论基础，强调灵感的意义，在政治上反对专制主义，在艺术上反对古典主义，是对"自由、平等、博爱"启蒙理想幻灭、对现实社会不满的反映。

自由精神
法国的浪漫主义小说

在法兰西，浪漫是一种信仰，也是一种追求。

19世纪初，欧洲文坛兴起浪漫主义思潮，而法兰西学院将"浪漫主义"作为文学创作的名称。19世纪20年代是法国浪漫主义文学的分水岭。之前，由于波旁王朝复辟，消极浪漫主义占主导地位；之后，七月革命取得成功，积极浪漫主义取而代之。夏多布里昂、雨果、乔治·桑等代表性作家的作品，如波涛汹涌的大海，来势迅猛，气势磅礴，给人留下了深刻的印象。

浪漫主义偶像

夏多布里昂出生于法国西部布列塔尼圣马洛的没落贵族家庭。童年时期，父亲生意忙碌，常年在外，夏多布里昂只能与书为伴，以此排遣孤独。中学毕业后，他拒绝了父亲让他报考海军学校的要求，希望能在从事教职之余，进行文学创作。他利用毕业后的空闲时光，如饥似渴地阅读启蒙思想家的著作，经常幻想自己与"文学女精灵"交流对话，甚至想去印度寻找创作灵感。这些漫无边际、不切实际的想法，自然遭到父亲的拒绝，最后他只能听从安排，参加了纳瓦尔军团。1787年，他进入路易十六的宫廷，担任狩猎侍从。由于经常参加巴黎的文学沙龙，他结识了不少文坛名宿。不久大革命爆发，他决定去美洲旅行。正是西属墨西哥丛林里的一年历险生活，为他后来的文学创作提供了第一手素材。

1801年，夏多布里昂发表中篇小说《阿达拉》，开始蜚声文坛。作品以印第安风俗作为背景，异域情调浓郁，饱含浪漫主义色彩和神秘的宗教气息，而其创作灵感正是源于那次美洲之行。印第安部落酋长的女儿阿达拉，爱上了异族战俘沙克达斯，数次不顾生命危险解救他，并与他一起出逃。但是，由于受到宗教的束缚，两人虽近在咫尺，却得不到幸福的爱情。阿达拉在绝望中自杀后，沙克达斯遵照恋人遗愿，皈依了基督教。这是一部关于印第安人的爱情悲剧，它的问世开启了法国的浪漫主义文学。之后问世的《勒内》，是又一部描写个人忧郁、充满感伤情调的小说。男主人公勒内是个贵族私生子，出生时母亲因难产而死，他只好与姐姐相依为命。在一起生活的日子里，姐姐对勒内逐渐产生爱意，并不断受到这种感情的折磨。为了放下这份

夏多布里昂（Francois Chateaubriand，1768—1848年）是法国著名的散文家、法兰西学院院士。他对基督教社会具有无限的眷恋感，是一代浪漫主义者的偶像。图为夏多布里昂年轻时的肖像（约1790年）。

小说《阿达拉》是夏多布里昂追求的"基督教真谛"的文学例证。它歌颂了基督教的圣洁、伟大与献身精神，也反映了作者的思想矛盾：既同情爱情悲剧，又宣扬宗教对爱情的胜利。图为绘画作品《阿达拉的最后时光》（1871 年）。

"孽情"，姐姐决定离开勒内，去修女院修行。她给弟弟留下一封信，告诉他不要去找自己，可勒内还是追踪而至。最后关头，姐姐只得吐露实情。可惜两人从此隔绝。没有了姐姐，勒内发现自己怅然若失，他孑然一身，遁迹蛮荒异域，最终死于一场战争。在这部作品中，男主人公被塑造成一个浪漫主义的悲情人物，忧郁、孤独，却无法排解，囿于世俗道德，又始终不敢冲破枷锁。这就是那个时代法国青年的"世纪病"。

作为法国浪漫主义小说奠基人，夏多布里昂的影响巨大。他对异域风景的描写，对个人情感的抒发，成为许多年轻作家竞相模仿的榜样。他创造的"情感浪潮"写作法和"世纪病"形象，还成为消极浪漫主义的滥觞。

浪漫主义天才

雨果出生在法国东部的贝桑松，父亲是拿破仑麾下的一名军官。雨果从 14 岁开始文学创作，青年时代经常发表诗歌和剧作；他还与大仲马等人创

办"文社"和《文艺双周刊》，并在《克伦威尔》的序言中公开抨击古典主义的清规戒律，提出"坚持不要公式化地而是具体地表现情节"的浪漫主义文艺主张。作为法国最伟大的浪漫主义作家和积极

维克多·雨果（Victor Hugo，1802—1885 年）是法国浪漫主义文学的杰出代表，人道主义的代表人物。他早年追随夏多布里昂，后来转向自由主义，曾被拿破仑三世流放。其大量作品取材于法国大革命，具有鲜明的政治性与现实性。图为维克多·雨果和巴黎合成图像。

浪漫主义的代表，雨果在法国文坛活跃60年，完成了一百多部作品，是当之无愧的文学泰斗和天才人物，并享有"法兰西的莎士比亚"的赞誉。

雨果积极浪漫主义的最好注脚，是以15世纪的巴黎圣母院为背景、1831年发表的长篇小说《巴黎圣母院》。在这个故事中，副主教克罗德喜欢吉卜赛女子爱斯美拉达，他在道貌岸然的皮囊下，是对爱斯美拉达罪恶的欲念；驼背的撞钟人加西莫多，也喜欢吉卜赛姑娘，而在他残疾、丑陋的身体里，是对爱斯美拉达纯洁的感情。雨果运用强烈对比的手法，生动地表现出美与丑的本质。滋生邪念的副主教，妄想毁掉爱斯美拉达，而善良、正义的撞钟人却敢于牺牲自我，二者间形成鲜明的对比。结果，克罗德被加西莫多推下钟楼，而爱斯美拉达也与加西莫多的灵魂，一道升入天堂。作品情节离奇，场景宏伟，叙述、议论、抒情穿插其中，表现出了浪漫主义文学的鲜明特色。

《海上劳工》是雨果的又一部浪漫主义文学力作，它讲述了男主人公吉利亚特为了老船主养女戴吕施特的幸福，顽强地与自然搏斗，最后成全他

大仲马（Alexandre Dumas，1802—1870年）是法国浪漫主义作家，也是法国最受欢迎的作家之一。他自学成才，主要以小说和剧作著称于世。除了《基督山伯爵》之外，最著名作品还包括《三剑客》《二十年后》《布拉热洛纳子爵》等。

人、牺牲自我的感人故事。在海上航行时，汽船出了故障，视汽船为生命的老船主提出建议，谁能救出汽船养女戴吕施特就嫁给谁。青年劳工吉利亚特一直喜欢戴吕施特，为了能得到姑娘的爱情，他孤身前往未知的大海，勇敢地与饥寒孤独、惊涛骇浪做斗争，最终战胜了凶险的自然环境，成功营救出汽船。正当他满怀欣喜，凯旋而归，却发现戴吕施特已心有所属，不禁失落痛苦，可又不愿破坏他对姑娘的美好感情。可为了成全所爱之人的幸福，最终他自我牺牲，以身殉情。让人心痛的结局，充满了浪漫主义的色彩。

雨果早期追随夏多布里昂，他的第一本诗集《颂歌》同样用忧郁的目光对待生活，并带有膜拜王权和宗教的情结。后来，他的政治立场由保皇主义转向自由主义，成为一个坚定的共和主义者。就雨果的文学而论，主色调是积极的浪漫主义，并将人道主义精神贯穿始终。

《悲惨世界》是雨果的一部史诗式作品，它从人道主义精神出发，以其宏大的气势、敏锐的眼光和炽热的感情，展示了拿破仑帝国后期到七月王朝时期法国的历史画卷。图为1862年绘制的《悲惨世界》的插图：《扫地的小珂赛特》。

离法国东南部马赛海湾约 1.5 公里的地中海，有个弗留利群岛，以伊夫岛为最小。16 世纪初建时，它是一座要塞，后来则改成为一座监狱。在大仲马的冒险小说《基督山伯爵》中，这里是法利亚神甫和爱德蒙·邓蒂斯被关押之地。

通俗小说之王

大仲马为女奴之子，具有黑人血统。他自学成才，10 岁时就能通读英国作家笛福的历险小说《鲁滨逊漂流记》。为了追求自己的文学理想，他 22 岁时只身来到繁华都市巴黎。他先找到一份文书抄写员的工作，解决了自己的温饱；工作之余，他抓紧一切时间写作，并加入了雨果的浪漫主义阵营。借通俗小说形式来描述历史，六分真实、四分想象，将故事与史实编织得天衣无缝，正是他的独到之处。

1844 年出版的《三个火枪手》，主要讲述青年贵族达达尼尔到巴黎参军，加入法王路易十三（Louis XIII，1601—1643 年）的火枪手卫队，和另外三个火枪手结为好友的故事。他们为保护王后的名誉，智斗宰相黎塞留（1585—1642 年），冲破他设下的重重陷阱，成功取回王后给英国白金汉公爵的首饰，挫败了黎塞留企图挑拨王后和国王关系的阴谋。小说将达达尼尔和他的三个好友冒

险的经历描写得引人入胜，而将人物形象刻画得生动、饱满，整部作品带有浓郁的罗曼蒂克情调。

《基督山伯爵》是一部以复杂情节取胜的通俗小说。故事聚焦于一桩复仇事件，横跨波旁王朝复辟和七月王朝，讲述了"法老号"大副唐泰斯受老船长委托给拿破仑党人送信，遭到三名无赖之徒陷害后，被送进监狱。狱中神甫在临终前，将基督山岛上埋藏一笔巨量财富的秘密告诉了唐泰斯，而唐泰斯侥幸越狱、找到宝藏后，从此化名基督山伯爵。经过精心策划，他成功地实现了复仇。作品构思周密巧妙，情节曲折复杂，从唐泰斯苦心谋划复仇方案，到他看见仇人一个个掉进自己设下的圈套并痛苦挣扎，再到最后复仇成功，整个故事线索纷繁，环环紧扣，杂而不乱，充满传奇色彩，表现了作者匠心独运和娴熟的驾驭能力。

大仲马小说的读者众多，在欧洲浪漫主义文学史上具有极其重要的地位。至今，他的叙事手法仍影响着侦探悬疑小说的创作。2002 年，大仲马的遗骸被迁往先贤祠，以纪念他对法国文学所作的贡献。

《三个火枪手》，又译作《三剑客》或《侠隐记》，出版于 1844 年，是大仲马的代表作之一。小说以路易十三时期红衣主教黎塞留掌权这一时期的历史为背景，描写三个火枪手阿多斯、波尔朵斯、阿拉宓斯的故事。该作品以各种艺术形式展现过。图为动漫《三剑客》。

春之物语
英国的浪漫主义诗歌

如果冬天已经来临，那么春天还会遥远吗？

英国的浪漫主义文学，反对古典主义那种崇拜理性、抹杀个性的文艺观，重视个体精神世界的发展，并向中世纪质朴的民间文学汲取养分，在自然中寻找创作灵感。英国的浪漫主义文学运动，始于彭斯和布莱克的民歌与民谣创作，经湖畔派诗人华兹华斯等人的努力，由第二代浪漫主义诗人拜伦和雪莱发展到巅峰。湖畔派诗人不满于资本主义社会的肮脏与丑陋，向往纯洁美好的大自然；第二代浪漫主义诗人既受湖畔派的影响，又反对他们逃避现实的消极态度，彰显了勇于反抗和乐于追求的进取精神。其实，两代诗人爱好与崇拜自然，都具有务实的人生观和价值观，其诗歌带有英国的自然主义特质。

自然的“歌者”

华兹华斯（William Wordsworth，1770—1850 年）

威廉·华兹华斯是英国第一代浪漫主义文学家，湖畔派诗人的杰出代表，与雪莱、拜伦齐名。他向自然寻求精神慰藉，认为诗歌应该是强烈感情的自然流露，其抒情诗文笔优美、风格清新。

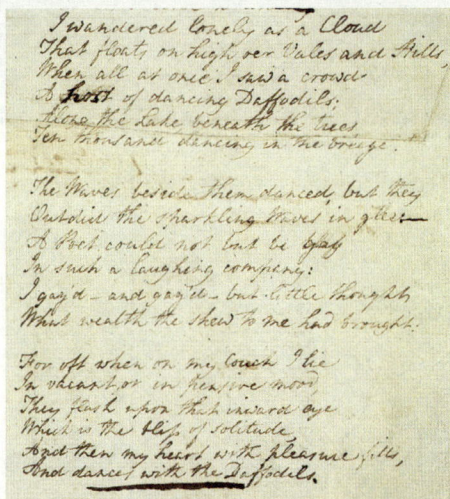

威廉·华兹华斯手稿《我孤独地漫游，像一朵云》，也被称为《水仙花》（1802 年）。全诗分为写景和抒情两部分，以第一人称叙述，格调忧郁低沉。作者竭力捕捉“平静的回忆”，虽然渺茫，却乐此不疲，体现了“平静中回忆的情感”的诗学原则。

出生于昆布兰湖区的律师世家，自小就对大自然有天然的亲近感。16 岁进入剑桥大学攻读神学，但对乔叟和莎士比亚的喜爱，远胜于枯燥繁琐的神学理论。大学毕业后，他去欧陆旅行，被法国大革命“自由、平等、博爱”的理想所吸引，但他对革命的好感，又因雅各宾派的“恐怖统治”而窒息。于是，他决定去风景优美的乡村写作，以摆脱这种失望情绪。在欧陆期间，他结识了同为湖畔派诗人的柯勒律治，他们经常切磋诗艺，交流心得，并于 1800 年共同发表《抒情歌谣集》，

拜伦是英国第二代浪漫主义诗人，其诗体小说《唐璜》被歌德称赞为"绝顶天才之作"。鲁迅在《摩罗诗力说》中是这样评价拜伦的："立意在反抗，指归在动作，是一派诗人的宗主。"

开一代浪漫主义新诗风。

华兹华斯的著名诗句"朴素生活，高尚思考"，成为牛津大学的格言之一。在《抒情歌谣集序》中，他完整地阐述了浪漫主义的诗艺理论，认为只有做到以下几点，才能改变古典诗歌形式和内容渐趋僵化的现状：第一，提倡表现普通人日常生活的题材；第二，推崇自然和想象的创作形式；第三，采用生活气息浓厚的日常语言；第四，以自由的无韵体和歌谣体代替双韵体。作为湖畔派诗人的重要代表，华兹华斯提倡将"平民化""生活气息""想象力"等元素融入新诗创作，其诗艺理论动摇了英国古典诗学的基础，引发了英国的文学革命。

在创作的黄金时代，华兹华斯作为自然的歌者，在恬静和谐的自然中寻找精神慰藉，将对社会的不满、对人性的失望，转化为对自然和

拜伦不仅是一位酷爱自由的伟大诗人，也是一位敢于冲锋陷阵的革命家。他投身于希腊民族解放运动，不惜流血牺牲，直至献出了他那年轻而宝贵的生命。图为今天耸立在雅典的拜伦勋爵纪念碑。

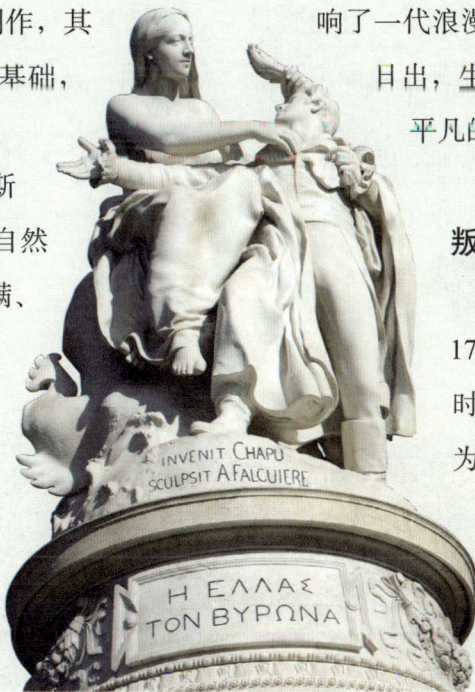

美的追求。年少时期，他和妹妹多罗茜一起外出游玩、被大自然的魅力深深折服，根据这一经历写成的抒情诗代表作《我孤独地漫游，像一朵云》，体现了作者关于诗歌应该描写"平静中回忆的情感"这一诗学主张。全诗分为写景和抒情两部分，以第一人称叙述，格调忧郁低沉。他竭力捕捉"平静的回忆"，虽然渺茫，却乐此不疲。他独自遨游于天地间，自由地欣赏自然赋予人类的财富，由衷地感叹自然的创造力。他自比为一朵孤独的流云，无形无性，随意漂泊，表达了排遣孤独、向往自由的心境。1799年至1805年完成的14卷《序曲》或许是他最重要的作品，记录了他的童年时光、中学生涯、剑桥岁月、假期情趣、书籍奥妙、雪山之旅和伦敦迷情，以及在法国的见闻和回英国乡村的经历等内容，是"一位诗人心灵的历史"。

无论从文艺理论还是创作本身来看，华兹华斯因推动了浪漫主义诗歌的发展，在英国文学史上的地位都是不可撼动的。他的诗艺理论及其实践，标志着英国文学完成了从古典主义向浪漫主义的转变；同时，他的抒情诗以人与自然关系为主题，影响了一代浪漫主义诗人。他爬山、观海、看日出，生活在平凡的世界，却不迷惑于平凡的印象。

叛逆的"恶魔"

拜伦（George Gordon Byron，1788—1824年）生于伦敦，10岁时因承袭祖上的爵位和领地，成为一个贵族。在哈罗公学和剑桥大学读书期间，他热衷于古典文学和马术，是学校里的风云人物，经常组织各种活动。从1809年起，拜伦遍游

希腊、土耳其、西班牙和阿尔巴尼亚等地，后完成了最伟大的诗作《恰尔德·哈洛尔德游记》，表达了他对拿破仑侵略战争的愤慨，对反抗压迫、争取自由的向往，还有对古典建筑和雕刻的欣赏，以及对启蒙先贤的尊敬。

在拜伦笔下，恰尔德·哈洛尔德作为一个典型的飘泊者，是一个具有叛逆精神的"拜伦式英雄"，他的经历反映了拜伦的某些性格特点，尤其在他受上流社会排斥和诽谤后的感受方面最为明显。在第一、第二章中，恰尔德性情高傲、多愁善感，自称"早已明了世间险恶"，对虚伪庸俗的上流社会感到厌倦，对死板腐朽的习俗风气深恶痛绝。他怀着抑郁的心情出国，渴望在漫游中感受自然，寻找解脱。他极具正义感和观察力，在西班牙，他走入山林，瞭望大海，自然风光令他心驰神往，但羊群四散、农事荒废的凄凉景象，突然映入了眼帘。拿破仑的铁骑令人愤怒，战争的硝烟在弥漫，人们纷纷勇敢地拿起武器，保卫祖国。在希腊和阿尔巴尼亚，他受到当地人的热情招待，他们纯朴真诚，善良好客，与英国社会的腐化堕落形成对比。从第三章开始，拜伦直抒胸臆，用浪漫的笔触，深刻地刻画了他飘泊海外

的复杂心情。从滑铁卢战场，到日内瓦湖畔，拜伦追忆惊心动魄的法国大革命，祭奠伏尔泰、卢梭等启蒙思想家，而革命的反复与维也纳体系的反动，更引发了他的忧虑和反思。在第四章中，拜伦感叹意大利古典文化的精致，缅怀但丁和彼特拉克对诗歌的不朽功勋。三、四两章主要抒发作者的感想，现实性和政论性很强。这部游记的创新之处，主要表现在其叙事结构上。它既不是第三人称，也不是第一人称，而是在第三人称叙述体系中，自由地插入第一人称的抒情；其最大特色就在于，诗人摆脱了约束，最大限度地发挥主体性，打破时空限制，使诗歌本身更加自由。

拜伦是举世公认的浪漫主义文学的杰出代表，他的诗作被后世称为"抒情史诗"。从他开始，英国浪漫主义诗歌进入了一个崭新阶段：诗艺更纯熟，意境更高远。拜伦的浪漫主义诗歌却遭到保守派的攻击，称他为"诗歌中的恶魔派"。

高唱的"云雀"

雪莱从小接受的是精英教育，在伊顿公学求学期间，刻苦钻研拉丁文和希腊文，广泛涉猎，不仅阅读古罗马作家卢克莱修和老普林尼的作品，也阅读法国启蒙学

长篇叙事诗《恰尔德·哈洛尔德游记》是拜伦的成名作，贯穿全诗的是作者对自由的歌颂，而诗中的主人公恰尔德·哈洛尔德，就是一位高傲、叛逆的拜伦式英雄。图为油画《恰尔德·哈洛尔德的朝圣》（1823 年）。

珀西·雪莱（Percy Shelley，1792—1822年）是与拜伦齐名的浪漫主义诗人。像拜伦一样，雪莱也出身于上层阶级，属于上流社会的反叛者；像华兹华斯、拜伦一样，雪莱也崇尚自然、歌颂自然，并以其天才与热情，为正义和自由而奔走呼号。

者卢梭和狄德罗的著作。对雪莱影响最大者，莫过于威廉·葛德文的《政治正义论》。1811年，雪莱因散发论文《无神论的必然》而被牛津大学开除。之后，他去伦敦拜访了仰慕已久的葛德文，将葛德文当作良师益友。不过，雪莱更与他的女儿玛丽情投意合，两人在瑞士和意大利游历期间还与拜伦相遇。雪莱欣赏拜伦的豪放诗才，钦佩他投身希腊民族解放运动的勇气；拜伦则喜欢雪莱身上散发的自由气质和理想主义情怀，可以说两位诗人惺惺相惜。

1819年，雪莱创作了不朽的抒情名篇《西风颂》。全诗由五首十四行诗构成，结构严谨，主题突出。形式上，五首诗格律完整，皆可独立成篇；内容上，五首诗浑然一体，贯穿一个中心思想。前三首具有扫荡落叶、激扬海水、驱散乌云三个不同意境，诗人的想象在树林、大海和天空间遨游，形象鲜明、意境深远，但只有一个中心思想，就是歌颂西风摧枯拉朽、鼓舞新生的巨大能量。四、五两首，由写景转向抒情，直抒胸臆。西风摧毁了一切，却播撒了新生的种子。雪莱将自己化为西风，希望把他对未来的预言吹送人间，"如果冬天已经来临，那么春天还会遥远吗？"诗作把主观情感与客观景物完美地结合起来，热情地表达了诗人对西风的热爱与向往。他在歌颂西风的同时，也在歌颂欧洲的革命，西风的伟大力量正是革命形势的生动写照。

像华兹华斯、拜伦一样，雪莱也崇尚自然，歌颂自然，他在描绘自然变化的同时，还寄托了自己对光明和自由的追求。他把自然精灵化，赋予自然人的活力，在艺术上塑造了一个与伟大的自然融合的自我形象。

《西风颂》全诗采用象征和寓意手法，充分体现了作者强烈的革命浪漫主义情愫。他在结尾处，写下了这样不朽的诗句："愿自己的嘴像号角，吹出一声声预言吧！如果冬天已经来临，那么春天还会遥远吗？"

ODE TO THE WEST WIND.*

I.

O, WILD West Wind, thou breath of Autumn's being,
Thou, from whose unseen presence the leaves dead
Are driven, like ghosts from an enchanter fleeing,

* This poem was conceived and chiefly written in a wood that skirts the Arno, near Florence, and on a day when that tempestuous wind, whose temperature is at once mild and animating, was collecting the vapours which pour down the autumnal rains. They began, as I foresaw, at sunset with a violent tempest of hail and rain, attended by that magnificent thunder and lightning peculiar to the Cisalpine regions.

The phenomenon alluded to at the conclusion of the third stanza is well known to naturalists. The vegetation at the bottom of the sea, of rivers, and of lakes, sympathises with that of the land in the change of seasons, and is consequently influenced by the winds which announce it.

激情宕荡
欧洲的浪漫主义绘画

艺术必须选择，不过不是选择"美"，而是选择有特点的东西。

19世纪二三十年代，法国画坛开始摆脱古典主义和学院派的羁绊，形成浪漫主义画风，代表性作品有德拉克罗瓦的《自由领导人民》、腓特烈的《雾海上的流浪者》、籍里柯的《美杜莎之筏》、康斯特布尔的《干草车》等。浪漫主义绘画的诞生，是对古典主义学院派美术的一场革命。画家们重视个性感受，排斥普遍理性，即便面对相同对象，作品也应千差万别。他们以"自由、平等、博爱"为思想基础，注重情感表达和抒发，以动态对抗静态，以主观审美取代客观审美，书写了欧洲美术史上浓墨重彩的一笔。

籍里柯的《美杜莎之筏》

籍里柯幼年随父母漂泊海外，后定居巴黎。16岁时，他师从著名画家韦尔内（Carle Vernet，1758—1836年）学习风景画。1810年进入盖兰画室，他与德拉克罗瓦成为同学，两人经常一道去卢浮宫临摹馆藏杰作。青年时代，籍里柯对马的形象十分感兴趣，花费了大量金钱和时间观看马术比赛，就是为了在速写中抓住马奔跑时的动作和神态。1817年，他赴罗马学习，创作了欧洲美术史上第一批动物石版画。回国以后，巴黎画展展出了他的成名作《美杜莎之筏》，宣告了浪漫主义绘画在法国的诞生。

这件作品取材于真实的历史事件。1816年夏

这幅由卡斯帕·大卫·腓特烈所创作的油画名为《雾海上的流浪者》，以一种真正浪漫主义的风格，抓住了自然的伟大和艺术家的孤独，是浪漫主义绘画代表作之一。

天，路易十八政府指派对航海知识一窍不通的贵族肖马瑞担任"美杜莎号"巡洋舰舰长，出征法属殖民地塞内加尔，以平息当地土著间的冲突。不幸的是，巡洋舰在西非海岸搁浅沉没。肖马瑞弃全舰

1819 年，籍里柯（Théodore Gericault，1791—1824 年）的代表作《美杜莎之筏》问世，宣告了浪漫主义绘画的诞生。作品取材于真实的历史事件，描绘了一群残存者向一艘路过的船只拼命挥手求援的悲剧场面。

四百余名士兵的生命安全于不顾，匆忙率领侍从亲信乘上安全艇逃生，剩下的三百多人，只能靠小木筏在海上漂流，期望上帝降临好运。十几天后，食物消耗殆尽，海上恶劣的生存环境，折磨着士兵们脆弱的生理和心理，他们开始绝望了，并疯狂地互相残杀，以保证自己活命。近一个月后，他们终于被人发现，这时仅有十几个人活了下来，巡洋舰上 80% 的人都丧生了。

在哀悼遇难同胞之余，籍里柯敏锐地捕捉到一些事件细节，将它们作为创作素材，甚至亲自去西非海岸观察和感受那里的自然环境，拜访事故幸存者，最终在无数草图的基础上，再现了那令人震颤的场景。画家以金字塔式构图，把画面展开在刹那景象上，刻画了士兵们呻吟、痛苦和煎熬等各种情况，充满了令人窒息的氛围。海上零散地漂浮着一些破碎的木筏，在波涛汹涌中不停地颠簸。木筏上，多数人已奄奄一息，少数人仍心存希望，一堆振臂向前的人，冲破了稳定三角形的束缚，构成一个新的三角形，最高处的人奋力挥舞着一块红巾，向远方呼救。顺着呼喊方向，远处浪尖上出现一个细微的影子，与死亡相比，它意味着希望。整个画面摄人心魄，气势非凡，充满了前所未有的艺术震撼力。

《美杜莎之筏》绝不是一幅简单的油画，而是画家对现实的影射。从构图、色彩、光线到人物表情，作品呈现出来的浪漫主义风格，与拜伦在《唐璜》中描写的惊涛骇浪一样，都体现了艺术的社会价值。

光影流离的莫奈《日出·印象》

　　克劳德·莫奈从小就显露出绘画天赋，靠给当地店铺绘制炭笔漫画，赚了不少零花钱。受画家尤金·布丹提倡露天写生方法的影响，莫奈很早就走出画室，努力捕捉大自然的光影，而这后来对印象派画风的形成起了引导作用。在室外捕捉自然光，画家下笔必须快，现实主义那种传统的精描细绘显然赶不上光影变化的节奏。因而，画家必须将直观的色彩感受迅速地反映到画布上去，工整的结构与线条不再有用，短促的点与色块更能直接展示光的冷暖变化。于是，露天写生催生了一种不同于传统工整写实的新的绘画技巧。在60多年从艺生涯中，

莫奈擅长光与影的实验与表现技法，是"印象派领导者"，印象派代表人物和创始人之一。

1872 年，《日出·印象》，画布，油彩，48 厘米 ×63 厘米，为法国印象派画家克劳德·莫奈（Claude Monet，1840—1926 年）的代表作，描绘的是诺曼底地区港口勒阿弗尔的海景。

梵高自画像。

莫奈不断发展和完善这一技艺，将自然的光影变化与画家的内心世界结合起来，从而将古典绘画与现代艺术区分开来。

《日出·印象》是莫奈 1872 年在勒阿弗尔港口画的一幅写生画，送画展时并没有标题。有一名记者讽刺莫奈的画是"对美与真实的否定，只能给人一种印象"。这却给了莫奈以灵感，于是把画作起名叫《日出·印象》。这是印象主义绘画的开山之作，标志着一个世界性画派的诞生。印象派强调自然界的光和色，把光与色的变化作为绘画的主流。这件作品描绘的是在晨雾笼罩中日出时的港口景象。在由淡紫、微红、蓝灰和橙黄等色组成的色调中，一轮红日生机勃勃，拖着海水中一缕橙黄色的波光，冉冉生起。海水、天空、景物在轻松的笔调中，交错渗透，浑然一体。近海中的三只小船，在薄雾中渐渐变得模糊不清，

而远处的建筑、港口、吊车、船舶、桅杆等，也都在晨曦中朦胧隐现……这一切都是画家从一个窗口看出去画成的。如此大胆地用"零乱"的笔触来展示雾气交融的景象，对于正统的学院派艺术家来说，无疑是一种叛逆。

从 1851 年进入勒阿弗尔第二艺术学院开始，直到下个世纪 20 年代后期超现实主义的产生，莫奈用画笔创造了一个光影流离的神奇视界，起到了连接古典绘画与现代绘画的桥梁作用，是当之无愧的印象主义大师。

英国风景画大师

约翰·康斯特布尔出生于英国萨福克郡一个风景优美的小村庄，这里成为他日后创作灵感的源泉。他遵从父亲的心愿，在帮助父亲管理磨房的同时，从未间断过作画。他性格内向，却思维开阔，田野、风车和动物都成为他描绘的对象。16 岁时，

一话一说一世一界一

约翰·康斯特布尔（John Constable，1776—1837 年）是英国浪漫主义画家，生前不为美术界重视，去世后却受到赞扬。他把风景画真正从因袭成规中摆脱了出来，对后世画家产生了很大的影响。图为康斯特布尔肖像画（1796 年）。

由于学校禁止画画，他被迫转学，而新学校校长倒是非常欣赏他的才华，鼓励他利用课余时间学习绘画。

康斯特布尔的启蒙恩师是一位业余画家，虽名不见经传，却给了他最有力的帮助和指导。成年以后，他前往皇家美术学院深造。枯燥的理论学习，逐渐让他感受到，与其在这里日复一日地临摹古典风景画，不如到大自然中寻找灵感。他不喜欢城市的璀璨华灯，却痴迷于田野的纯朴悠然。回到家乡，他经常练习写生，作画水平提高很快，在画坛崭露头角，皇家美术学院开始展出他的风景画。1806 年去英格兰北部旅行，他与一位农家姑娘玛丽亚相恋，后来玛丽亚非常支持丈夫的绘画事业。

特纳（J.M.W.Turer，1775—1851 年）的《拉比城堡》。特纳是英国最为著名、技艺最为精湛的艺术家之一，19 世纪上半叶学院派画家的代表。特纳以善于描绘光与空气的微妙关系而闻名于世，尤其对水气弥漫的掌握有独到之处。在艺术史上的特殊贡献是把风景画与历史画、肖像画摆到了同等的地位，在西方艺术史上无可置疑地位于最杰出的风景画家之列。

《干草车》描绘的是浪漫主义画家约翰·康斯特布尔的出生地弗拉富德。眼前是一条小溪，溪边有淘洗的农妇和不远处冒着炊烟的小木屋，还有可爱的牧羊犬，以及拉着干草的大车正涉水行进，整个画面融合成一派安详的美景。

1825 年，他的《干草车》作为外国艺术家画作出现在巴黎沙龙，好评如潮，获得了最高荣誉金质奖章。

《干草车》描绘的是康斯特布尔的出生地弗拉富德，这个小村庄位于斯陶尔河畔，风景怡人。画面的主体空间是天空，表现的是纯朴的自然风光，可爱的牧羊犬牵引着画面的主线：前景是一条小溪，一辆拉着干草的大车正涉水行进。温柔平静的河水，河边淘洗的农妇，不远处冒着炊烟的小木屋，融合成一派安详的美景，而淡雅的色调，更平添了几分闲适与静谧。画面视野虽然并不开阔，但起伏平缓的地平线，即将被初升的朝阳所照射，盎然的活力由此而生。画面色彩绚丽多变，风格真实自然，笔触浓郁抒情，一切都搭配得完美无瑕，浑然天成，充满了画家对他所生活的家乡的浓浓爱意。

1829 年，玛丽亚患肺结核去世，这对康斯特布尔的打击很大。他一直为悲痛和忧郁的情绪笼罩着，但是并没放下手中的画笔，而是经常将青年时期的画作重新加工。晚年，他的健康状况不佳，只能从事水彩画，作品生动、写实，着力表现乡村景致和瞬息万变的大自然。他的重要作品还有《麦田》《水闸》《运河》等，都是对家乡自然风光最亲切的回应。作为皇家美术学院院士，他是 19 世纪英国最伟大的风景画家，与特纳并称英国风景画的双璧。

天籁之韵
欧洲的浪漫主义音乐

音乐作品是从对痛苦的理解中产生的，而那些从痛苦中产生的作品将为世人带来欢乐。

19世纪初，浪漫主义音乐在欧洲兴起，艺术家批判地继承了古典音乐的优秀传统，并在此基础上有所创新。他们强调音乐要与其他艺术形式相结合，提倡音乐标题化，重视对民间音乐的汲取，发扬音乐的民族特色。在音乐手法上，它赋予作品更强烈的夸张性，突破了古典音乐的结构限制，具有高度自由感；在音乐形式上，它以单乐章题材的器乐小品为主，如叙事曲、幻想曲、圆舞曲和夜曲等都是音乐家喜爱的形式。浪漫主义者特别强调音乐的原创性，他们并不真正把音乐看成是纯客观的美，而是热爱诗意的大自然、感伤的情绪和抒情的效果。浪漫主义音乐崇尚对主观感情的宣泄，对自

19世纪欧洲富有家庭在客厅放置钢琴，以备家庭成员或来访的音乐家演奏。他们经常邀请音乐家为朋友或家人演奏。

弗朗茨·舒伯特（Franz Schubert，1797—1828 年）是奥地利作曲家，处于古典主义和浪漫主义的交接期，享有"歌曲之王"的声誉。其最著名的歌曲有《摇篮曲》《魔王》《野玫瑰》《小夜曲》《圣母颂》等。图为弗朗茨·舒伯特肖像画（1825 年）。

然和对未来的幻想，并通过各种形式，激起听众的共鸣。

歌曲之王

舒伯特出生于维也纳，父亲是一位知名的音乐教师，他常给儿子讲一些基本的音乐知识。从 6 岁起，舒伯特跟随父亲系统地学习音乐，同时学校里也开设了音乐课。在美好的童年时光里，他爱上了小提琴，在父亲的指导下，演奏水平进步神速。对舒伯特的音乐才能，教堂乐队长霍尔泽都被惊得目瞪口呆，他甚至完全教不了舒伯特任何东西。1808

年，年仅 10 岁的舒伯特考进了皇家音乐学校，并在教堂童声唱诗班担任领唱。他学习了莫扎特的交响曲以及大量不同音乐形式的曲谱，还经常欣赏歌剧，这些学习为他后来高超的音乐创作奠定了坚实基础。舒伯特的音乐天赋引起了皇家音乐学校首席作曲家萨列里（Antonio Salieri，1750—1825 年）的注意，他决定亲自教授舒伯特高阶音乐和作曲理论。

舒伯特以歌曲创作而闻名，他的一生共创作了 600 多首歌曲，是名副其实的"歌曲之王"。后来，他的器乐演奏造诣也逐渐为人们认可，其中以《魔王》和《小夜曲》最具代表性。1815 年创作的《魔王》，是一首具有悲剧色彩和哲理内涵的叙事曲，取材于诗人歌德的同名诗歌。故事情节大致是这样的：在一个寂静的黑夜，一位慈爱而勇敢的父亲，怀抱着发高烧的孩子，骑着骏马在黑森林里狂奔。森林里恐怖的魔王，想要吃掉这个孩子，便不断引诱他的魂魄。孩子非常害怕，连连惊呼，父亲为保护自己的孩子，与魔王殊死搏

弗朗茨·李斯特（Franz Liszt, 1811—1886 年）是匈牙利著名的作曲家和钢琴演奏家，浪漫主义音乐的代表人物。他将钢琴技艺发展到无与伦比、登峰造极的程度，极大地丰富了钢琴演奏的表现力。图为李斯特（1858 年）。

斗。然而不幸的是，孩子最终抵抗不住魔力，在父亲的怀抱中死去。魔王如愿以偿，最终吸食了孩子的魂魄。《魔王》采用通谱手法，气势宏大、一气呵成。舒伯特利用音色变化和感情处理技巧，来丰满地表现旁白、魔王、父亲和孩子四个不同角色，通过不同的旋律，配以相应和的唱腔，表现出每个角色的特点和周围环境，使得曲调自由发展，形式完美，结构和谐。

《小夜曲》根据德国诗人和作曲家莱尔斯塔勃的诗篇谱写而成，是舒伯特短暂生命中最后完成的独唱艺术歌曲之一。它的旋律缠绵委婉、悦耳悠扬，常用吉他进行伴奏，是向心爱之人表达情意的最好礼物。青年男女间的深情对白，在钢琴和吉他

的烘托和导引下展开。随着感情的升华，乐曲走向第一次高潮，在男子恳求和期待的状态中结束。静谧的间奏之后，乐曲转入大调，情绪更为激昂，第二次高潮随之形成。由第二部分引申而来的后奏，仿佛爱情的音符在小夜曲动人的旋律中跳跃、回荡。舒伯特的小夜曲虽无歌词，但听众依然能感受到它饱含的真挚而热烈的感情。

舒伯特不但继承古典主义音乐的传统，而且开创了浪漫主义音乐的先河。尽管舒伯特英年早逝，可他却赋予短暂宝贵的生命以无限的激情与创造力，在 30 年的人生历程中，奉献了一千多首音乐作品，极大地推动了欧洲音乐的发展。

钢琴之王

李斯特出生于匈牙利的雷汀，幼年即为钢琴神童。他先后师从多位钢琴名家，一生将钢琴技艺发展至无与伦比、登峰造极的程度，极大地丰富了钢琴作为一种乐器的表现力。1822 年，他来到维也纳，拜皇家音乐学校首席作曲家萨列里和贝多芬（Ludwig van Beethoven, 1770—1827 年）最得意的弟子、著名钢琴教育家车尔尼为师，刻苦学习钢琴作曲。一年之后，李斯特在伦敦举办个人演奏会，因其完美的表现，受到英王乔治四世的隆重接见。后来到巴黎，他在法国作曲家柏辽兹（Hector Berlioz, 1803—1869 年）和波兰钢琴家肖邦（Frédéric Chopin, 1810—1849 年）的指导下，音乐造诣更上一层楼。1848 年至 1860 年，他出任魏玛公国宫廷乐队长，指挥了大量优秀作品，特别是他的女婿、德意志著名音乐家瓦格纳（Richard Wagner, 1813—1883 年）创作的歌剧，使魏玛公国成为与维也纳比肩的欧洲音乐中心。晚年的李斯特，接受圣职、成为神甫后，不减对音乐的热情，创作了大量的宗教音乐，其中包括

《基督耶稣》和《圣玛丽亚轶事》等。他还致力于音乐教育，培养了很多音乐大师。

作为著名的钢琴家和指挥家，李斯特深受意大利"小提琴王子"帕格尼尼的启发和鼓励，决心在钢琴上创造更大的奇迹。他的演奏风格，继承了贝多芬的动力性特点，并发展成一种为音乐会服务的炫技性格调。在作曲上，他主张将音乐标题化，独创了交响诗体裁和自由转调技巧，将诗歌内容和情感融于交响乐，大大升华了交响乐的艺术价值，为无调性音乐的兴起和流行奠定了理论基础。他赋予管弦乐新的艺术形式，采用主题变形和单乐章结构，确立了与充满学院气息的古典主义相对立的浪漫主义原则，将钢琴艺术推向前所未有的高度，从而成为浪漫主义的艺术大师、举世公认的"钢琴之王"。

圆舞曲之王

小约翰·施特劳斯出生在维也纳，6岁时在家里的钢琴上弹奏出自己构思的圆舞曲，8岁能独创圆舞曲。他的音乐天赋却使父亲深感不安，因为老约翰·施特劳斯希望儿子将来成为一个银行家，而不是一个音乐家。尽管如此，小约翰还是痴心不改，在从艺道路上展现出非凡的才华。从19岁起，他在欧洲各地举办巡回音乐会。1848年维也纳三月革命后，他相继担任国民军乐队队长和宫廷音乐总指挥，写下了大量的圆舞曲、波尔卡舞曲、卡德雷尔舞曲和进行曲。他的名气也越来越大，以至于他在美国演出时，出现了一票难求的现象。当然，

小约翰·施特劳斯（Johann Strauss，1825—1899年）是奥地利作曲家，他继承"圆舞曲之父"老约翰·施特劳斯的事业，一生创作了400多首圆舞曲，将圆舞曲推至顶峰，赢得了"圆舞曲之王"的称号。图为维也纳的小约翰·施特劳斯塑像。

图为弗朗茨·李斯特弹奏由康拉德·格拉夫（Conrad Graf, 1782—1851 年）作曲的丹豪斯钢琴幻想曲画面。这是想象中的聚会，展示了许多文化名人，包括阿尔弗雷德·德·穆塞特、亚历山大·杜马、乔治·桑德、赫克托·柏辽兹、维克多·雨果、尼科洛·帕格尼尼等人。

他的名字最终是与老约翰和圆舞曲联系起来的，他继承了"圆舞曲之父"的事业，将圆舞曲推至顶峰，赢得了"圆舞曲之王"的称号。

不过，施特劳斯的作曲风格有别于父亲，他将目光投向青年学生和民族主义者，《捷克波尔卡》《塞尔维亚进行曲》等反映了波希米亚人和斯拉夫人争取民族独立的强烈愿望。总体上，他的创作活动分为三阶段：早期以维也纳圆舞曲模式为基础进行创作，但在作品中突出了音乐表现力；中期为创作的黄金期，作品从青涩走向成熟，从锋芒毕露转为沉稳内敛；后期持续时间最长，逐渐将重心放在

轻歌剧的创作上。他一生作曲达 400 多首，其中《春之声》《美丽的五月》《维也纳森林的故事》都是经典之作。他成就了《蓝色多瑙河》的传奇，《蓝色多瑙河》也成就了他的伟大。1899 年，施特劳斯与世长辞，维也纳举办了 10 万人参加的盛大葬礼，人们相信他将在音乐世界里永生。

《蓝色多瑙河》圆舞曲是施特劳斯最富盛名的浪漫主义杰作，被奥地利人民公认为第二国歌。它采用典型的维也纳圆舞曲模式，由序奏、五段小圆舞曲以及尾声三部分组成。序奏初始，如同黎明的曙光照耀平静的河面，唤醒沉睡的大地，

多瑙河水波光粼粼，小动物们都跑出来欢快地觅食。在这春意盎然的背景下，圆号吹奏出这首圆舞曲的第一个转折，活泼轻盈、连贯优美，象征着黎明的力量。紧接着，五段小圆舞曲相继登场，都包含了相互映衬的主题和旋律。第一小圆舞曲描写多瑙河畔的人们陶醉在大自然中，欢快、忘情地起舞。第二小圆舞曲构思巧妙，富含变化，描写了身穿鹅绒舞裙的美丽姑娘们，在阿尔卑斯山下纵情舞蹈，画面明艳动人。第三小圆舞曲主旋律呈现歌唱和舞蹈的双重特色，新颖又不失亲切。第四小圆舞曲自由奔放，沁人心脾。第五小圆舞曲是前四支小圆舞曲的继续和发展，一段欢腾炽热的音乐，将人们带到多瑙河的小船上，惬意的荡舟画面映入眼帘。最后全曲的尾声，在暴风骤雨的狂欢氛围中结束。

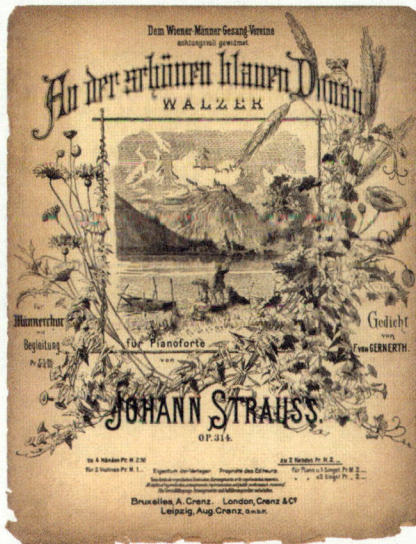

小约翰·施特劳斯的名字，始终是与圆舞曲联系起来的。1867年，他创作的《蓝色多瑙河》，不仅是维也纳华尔兹的代名词，还与《维也纳森林的故事》《皇帝圆舞曲》一起，并称为施特劳斯的三大圆舞曲。图为圆舞曲《蓝色多瑙河》曲谱封面。

维也纳国立歌剧院，原为奥地利皇家宫廷歌剧院，是世界四大歌剧院之一，素有"世界歌剧中心"之称。初为新文艺复兴建筑风格，始建于1861年，二战中被盟军炸毁；重建以后，这座殿堂又给人们带来了魅力独特的音乐盛宴。

主流思想
19 世纪的
自由主义

个人的自由，以不侵犯他人的自由为自由。

19世纪早期的自由主义，又称古典自由主义，起源于18世纪末，兴盛于工业革命期间。资本主义经济的发展要求有一个宽松自由的经济环境，从19世纪中叶起，自由主义就成为西方工业化国家占主导地位的思想。它崇尚自由贸易和代议制民主，反对重商主义和君主专制制度，核心是个人自由和权利的保障。作为浪漫主义时代流行的社会思潮，古典自由主义为欧美工业革命和政治变革提供了理论基础。

政治自由主义大师

本杰明·贡斯当出生于瑞士洛桑的贵族家庭。他的先祖是法国的胡格诺派教徒，路易十四废除《南特敕令》后，他们来到瑞士定居。1783年，贡斯当进入爱丁堡大学学习哲学。他一生十分推崇英国的政治制度和文化传统，此时正值苏格兰启蒙运动走向高潮。他受斯密和弗格森等人的影响，开始系统地研究自由主义理论。大学毕业后，他游学于欧洲的各大城市，而法国大革命使他对自由主义进行了更深刻的思索，可以说他的理论建构就是对大革命反思的成果。

和众多自由主义思想家一样，贡斯当十分痛恨革命前的旧制度，尤其是其中的宗教与政治迫害，他认为旧制度是专制和腐败的混合体，大革命的要求是完全合理的。不过，他歌颂的是革命的最初阶

本杰明·贡斯当（Benjamin Constant，1767—1830年），法国政治活动家、浪漫主义小说家。他以心理主义小说闻名，以自由主义思想广为人知，经常发表政治评论和宗教言论等，对19世纪初欧洲的民族解放运动产生了重要影响。

段，而对雅各宾派的恐怖统治表现出极大的愤慨。他写道："革命有两个阶段，最初人们推翻了那不能容忍的制度，革命理应就此终结；可是它却被人为地继续下去，与自然背道而驰，它的目的是摧毁与少数人倡导的完全相反的东西，哪怕它们是合乎理性的。如果说革命可以被适时终止，那么成功的机会是巨大的。"在他看来，英国光荣革命与北美独立战争属于"成功革命"；法国大革命在1791年之前也是成功的，可是激进的法兰西人试图摧毁一

切传统，创造一个"不留任何痕迹的理想社会"，这不仅导致革命成果付之东流，更带来了灾难性的后果。

虽然贡斯当对大革命有一些思考，但在 1795 年之前，他并未直接参与其中，而与斯塔尔夫人的结识，则改变了这一状况。她是路易十六财政总监内克的女儿，法国评论家和小说家，浪漫主义文学的先驱。贡斯当与她在瑞士相恋，两人都崇尚自由主义，这段浪漫爱情对贡斯当影响深远。她不仅激发了他的文学热情，而且资助了他的政治活动。1795 年，贡斯当随斯塔尔夫人回到巴黎，开始在沙龙中发挥重要作用。他主张拥护热月党人的统

斯塔尔夫人（Madame de Stael，1766—1817 年）是一位来自瑞士的法国小说家，也是拿破仑的主要反对者之一。她赞成卢梭思想，其文学作品，如《黛尔菲娜》等，都在欧洲浪漫主义发展史上留下了印记。

治，反对保王党和雅各宾派对现政权的攻击，同时发表了许多政论文章，宣扬"终结革命，因为革命再继续下去会妨碍自由"。

贡斯当对自由主义最大的理论贡献，就是他的自由观。自由在他那里成为一种信仰，这与卢梭的自由观有着巨大区别。在某种意义上，他的自由主义理论是对卢梭自由观的批判和反思，尽管他从未与卢梭结识，但他与卢梭的"论辩"却闻名于世。他被公认为是对卢梭民主理论的最有力批评者。实际上，他对卢梭思想的态度复杂，如他所说的那样："《社会契约论》只能用于各种各样的暴政，但我不希望加入卢梭的诋毁者行列。"这种矛盾性突出地体现在贡斯当对人民主权论的思考中。一方面，他赞同普遍意志高于特殊意志的人民主权原则，抨击那些借口雅各宾派恐怖统治而否定人民主权的思想家。他也认同卢梭对强力与权利的区分，前者为非法的暴力，后者则是合法的普遍意志。另一方面，他又从大革命中看到："人民主权理论可能被误用而导致某种暴政，它的胜利可能成为灾难。"他认为，解决这个矛盾的关键在于区分政治权力的归属和行使与它的权限两个问题，"人民主权不是无限的，它应以个人的存在和独立为限度。如果跨越这一点，政治就是专制的。"总之，贡斯当对卢梭思想的批判和对大革命的反思，丰富了自由主义理论，奠定了 19 世纪自由主义政治实践的理论基础。

自由主义集大成者

密尔，出生于英国伦敦。他父亲是一位哲学家，深受洛克的影响，认为孩子的心灵如同白纸，思想来自经验的积累。他是功利主义者边沁的学生，并以边沁的理论为指导，严格培养儿子。少年时期，密尔广泛阅读了古典著作，深入研习过希腊

文、拉丁文、代数和几何。他在自传中这样写道："人在成长初期只要经过适当的训练，就能吸收和理解大量知识，在父亲的教育下，我具备了较强的思辨能力。"可见，父亲是密尔学术生涯中非常重要的启蒙者。

有了坚实的学习基础，密尔开始对法学和政治经济学下苦功，并经常在一些专业报刊如《威斯敏斯特评论》《爱丁堡评论》上发表论文，还组织辩论社和读书会，开展学术讨论，拓宽研究视野。1823 年，他进入英属东印度公司，开始了 30 多年的公务员生涯。密尔因这样的生活，而有充足时间进行学术活动，却又因缺少休闲和娱乐，出现了轻微的精神问题。幸好，他从华兹华斯的诗歌中获得慰藉和启发，摆脱了苦恼，进入人生的新阶段。在

作为一个心理学家，约翰·密尔认为，性别之间的关系简单地说，就是"一种性别相对于另一性别的合法隶属关系"，"它应该被完美平等的原则取而代之"。图为讽刺密尔的漫画"女性哲学家"，见于 1873 年出版的《浮华世界》。

约翰·密尔（John Mill，1806—1873 年）是英国著名的心理学家、经济学家和功利主义哲学家。作为古典自由主义思想家，他在《论自由》和《代议制政府》等著作中，系统讨论了公民自由或社会自由的问题。

学术活动的鼎盛期，对密尔影响最大的莫过于他的夫人和女儿。他夫人是一位思想十分前卫的女权主义者，非常关注社会的公平、正义，尤其是两性平等问题，经常和他探讨女性的自由和权利，这对他的理论研究帮助很大。这段时期，密尔相继出版了《论自由》《政治经济学原理》《代议制政府》《论女性的屈从地位》等一批重要著作，他的女儿为书稿的整理和校对付出了巨大心血。晚年的密尔，从东印度公司退休后进入议会，积极参与社会和政治改

ON

LIBERTY

BY

JOHN STUART MILL.

LONDON:
JOHN W. PARKER AND SON, WEST STRAND.
M.DCCC.LIX.

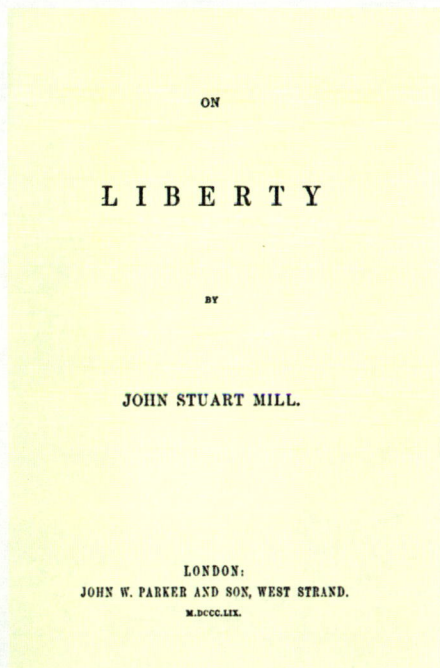

作为杰里米·边沁（Jeremy Bentham，1748—1832年）的学生和功利主义哲学家，约翰·密尔在《论自由》一书中讨论了"公民自由或社会自由"问题。他提出了伤害原则在自由问题的适用，并认为个人自由知识增长的必要保障。图为密尔《论自由》第一版（1859年）扉页。

知识链接：奥古斯特·孔德

奥古斯特·孔德（Auguste Comte，1798—1857年），法国著名哲学家，社会学和实证主义的创始人，出生于天主教家庭，但对政治、宗教、学术都有独到的见解。他认为，实证的，即可以验证的，就是科学的。他主张社会学产生于科学分类，按照他的排列，科学的顺序应是数学（思想工具）、天文学（天体物理学）、物理学（大地物理学）、化学（原子物理学）、生物学（有机物理学）和社会学（社会物理学），表明人类知识遵循着从无机到有机、从低级到高级、从自然到社会的逻辑发展过程。

革，为新劳工法案的通过作出了贡献。

在《论自由》一书中，密尔系统地讨论了"公民自由或社会自由"问题。密尔认为，个人行动只要不涉及他人和社会利害，个人就拥有完全自由。可是在大多数情况下，个人都不可避免地对他人和社会利益造成影响，因而他又提出是否对社会普遍利益造成危害这条原则进行界定的问题，强调个人自由本质上是社会自由。这体现了密尔对如何实践自由的思考。该书以个人自由为核心，对自由进行了多层次、多角度的阐述，核心要义涉及对个人和社会的权力划分。他指出，人的价值不仅是形而上的，更要在实际条件下去实现；政府不仅要消极地保障公民自由，更要积极地增进公民自由。在对自由的讨论中，密尔引入社会要素，将个人、社会、自由和价值四者紧密联系起来，扩大的自由范围贴近时代要求。这样，无论是在理论上还是在实践中，自由原则和自由主义哲学都获得了更加广阔的发展空间，人们追求自由不仅利己，更加有利于社会进步。密尔的个人自由观，是建立在"最大多数人的最大幸福"这一功利原则之上的。他的《论自由》被认为是对19世纪维多利亚时代强制道德主义的反抗。

密尔是19世纪古典自由主义的集大成者，他将法国哲学家奥古斯特·孔德的实证主义带到英国，并使之与经验主义相结合，其著作《论自由》就是这种结合的产物。《论自由》的重要性在于，它第一次赋予自由全面的理论形式，从政治学、历史学、伦理学乃至心理学等各个角度为自由主义奠定了哲学基础，对西方社会产生了深远影响。我国著名翻译家严复（1854—1921年）把密尔译作穆勒，把密尔的《论自由》译为《群己权界论》，而密尔的自由观，如强调个性自由的价值和习俗专制危害的思想，曾对近代中国的思想启蒙和社会变革产生了重要影响。

一话一说一世一界一

追求人道：现实主义思潮

现实主义，与浪漫主义一起，同为19世纪欧洲文艺两人思潮。在文艺领域中，现实主义是指19世纪下半叶起在欧美各地流行的思想文化运动。工业繁荣带来了经济的大规模发展。然而，现代社会发展在财富与贫困之间，呈现出一种不可思议的悖论关系。生活水平的提高，伴随着贫穷和堕落现象；缓慢进行的社会改革，与迅速变化着的社会生活不相适应，社会心态交织着乐观和悲观、希望和绝望的矛盾。

所谓的现实主义，是现实主义者对浪漫主义文化中出现的虚假造作所做出的一种反映。当然，他们也借鉴了浪漫主义的艺术经验。如果浪漫主义强调想象、对美的热爱和对过去的兴趣的话，那么，现实主义的中心议题则是伦理的、行为的事件，是对当时社会的真实描绘。受基督教博爱思想、启蒙思想和空想社会主义思潮的共同影响，现实主义者从人道主义出发，批判封建社会的腐朽性，揭露资本主义的贪婪性，表达对下层人民悲惨遭遇的同情，在历史上起到了唤醒民众、启迪民智的积极作用。

人间戏剧

法国的现实主义文学

他们真实地再现了典型环境中的典型人物。

19世纪30年代，以司汤达发表长篇小说《红与黑》为标志，法国的现实主义文学登上历史舞台。起初，浪漫主义文学是现实主义文学的寄居所，堪称法国现实主义文学双璧的司汤达与巴尔扎克，是夏多布里昂、雨果、大仲马等浪漫主义者的追逐者，共同致力于摧毁新古典主义文艺和专制主义政治统治。七月王朝时期，从浪漫主义运动中成长起来的现实主义文学，不再满足于突出自我与借历史题材、异国情调来抒发主观情感的风格，而是希望通过对现实生活的具体、真实、客观和准确的描绘，突出日益鲜明的批判性，展现自己的社会理想。19世纪四五十年代，现实主义进一步取代浪漫主义，成为文坛的潮流。

现实主义文学奠基人

司汤达生于法国东南部格勒诺布尔一个律师家庭，少年时期兴趣广泛，尤其喜爱历史和哲学，这奠定了他日后批判现实主义创作的基础。16岁那年，他来到巴黎，准备报考著名的巴黎高等师范学校。此时，大革命已经到了十字路口。司汤达崇拜拿破仑的才能与魄力，认为他是与欧洲反动势力作斗争的民族英雄，并决定加入军队。司汤达参加了著名的马伦哥战役，又随拿破仑远征俄国，还晋升上尉军衔。波旁王朝复辟后，资产阶级革命派遭到血腥镇压，"自由、平等、博爱"的原则被严重践踏，颇感失望的司汤达前往米兰侨居，开始了文学生涯。

19世纪20年代初回国后，司汤达在新古典主义和浪漫主义的论战中，发表著名的文学评论《拉辛与莎士比亚》，提出了文学要反映现实、服务现实的主张。他在对比米兰和巴黎的凯旋门时指出："意大利艺术家是现实主义者，他们建造的是当时的历史真相，因而鼓舞了他们的同胞；而法兰西的作品是新古典主义的，因为它是模仿者的借口。"他认为新古典主义文学只是一种机械的模仿，没有生命力。他崇尚自然朴素的散文体和简洁明晰的语

司汤达（Stendhal，1783—1842年），法国批判现实主义文学的奠基者。他一生经历了大革命、拿破仑称帝、波旁王朝复辟、七月革命等重大历史事件，并以准确的人物心理分析和凝练的笔法而闻名。

《红与黑》发表于1830年，是司汤达最重要的批判现实主义作品。他根据当时出版的《司法公报》，对1827年发生在伊塞尔省勃朗格地方的一个轰动社会的恋爱悲剧进行披露，形成了小说概貌。图为《红与黑》插画，瑞那夫人请于连进屋。

言风格，反对亚历山大诗体和三一律。他的文艺理论继承了启蒙思想家唯物主义的自然观，对批判现实主义文学产生了重要影响。

司汤达大器晚成，留下了丰富的作品，包括数十部小说、散文和游记等。发表于1830年的长篇小说《红与黑》，是他的处女作，也是法国现实主义文学的开篇之作。小说主人公于连出身平民家庭，从小就怀有强烈的抱负和野心，崇拜拿破仑这样依靠军功而发达的人物。波旁王朝复辟后，失望的于连敏锐地发现，进入教会不失为达到自己目的的一条捷径。于是，他找来《圣经》，将内容背得滚瓜烂熟，取得了当地神甫的好感与信任。神甫将他介绍到市长家中作私人教师，可他并不安分守己，而是与美丽漂亮的市长夫人厮混。后来，于连凭着神甫的关系，进入巴黎神学院学习，当上了穆尔侯爵的私人秘书，颇受赏识重用，甚至侯爵的爱女玛蒂尔德也爱上了这个充满活力的年轻人。侯爵赏赐于连大量的金银和土地，还让他享受着贵族生活。正当于连春风得意之时，他的旧恋瑞那夫人送来一封信，揭

发了他虚伪、丑陋的嘴脸。东窗事发后，侯爵勃然大怒，取消了于连与女儿的婚约。恼羞成怒的于连，狗急跳墙，射杀了瑞那夫人，最后被判处死刑。

于连是小资产阶级的代表。在等级森严的社会里，小资产阶级既与统治阶级有着千丝万缕的关系，对权贵们有妥协的一面，又和那些高高在上的僧侣与贵族有矛盾的一面，专制制度和等级制度是他们向上攀爬的巨大障碍。这种独特性决定了他们的目的是只想满足个人对财富和权势的欲望，而不是去推翻现存制度。于连这个人物形象，正是七月革命前小资产阶级的典型写照。《红与黑》深刻地反映了没落的封建贵族与新兴的资产阶级之间的斗争，反映了天主教会与各种政治势力之间错综复杂的利益关系，对理解当时的法国社会具有启发意义。

法国文坛的"拿破仑"

巴尔扎克出生于法国中部图尔城的一个暴发户家庭，父母附庸风雅、追名逐利，将平民姓氏"巴尔萨"改为中世纪的贵族姓氏"德·巴尔扎克"。他们没有给予巴尔扎克足够的温暖和关爱，把他寄养在保姆家中，这深刻地影响巴尔扎克的一生。大学毕业后，他违抗父命，不是去当受人尊敬的律师，而是矢志于文学创作。即使父亲不再供给生活费，他也毫不妥协，在一间破旧的阁楼里，开始了自己的文学生涯。

巴尔扎克一度从事过商业、印刷业和出版业等，均以失败告终。不过，这些经历为他描写社会提供了第一手材料。1829年，他发表长篇历史小说《朱安党人》。此后，他以饱满的热情和顽强的毅力从事创作，用20年时间完成了卷帙浩繁的《人间喜剧》。它由90多部短中篇和长篇小说组成，包括"分析研究""哲学研究""风俗研究"三大部分，

又以"风俗研究"最为重要，涵盖了"政治生活场景""乡村生活场景""军人生活场景""巴黎生活场景""外省生活场景""私人生活场景"六个主题。

《人间喜剧》初名为《社会研究》，但巴尔扎克受但丁《神曲》的启发，遂改称《人间喜剧》。1834年，他发表了长篇小说《高老头》，从而奠定了《人间喜剧》的文学地位，《高老头》也成为其作品中最重要的一部小说。如果说，《人间喜剧》是一部"资本主义的百科全书"，那么《高老头》就是这部百科全书的序言。它的时代背景是复辟王朝，讲述了一个青年学生在巴黎逐步走向堕落腐化的故事。巴尔扎克借以抨击了资产阶级的极端自私、建立在金钱交易上冷酷无情的人际关系，同时又在超阶级的"父爱"名义下，肯定了金钱至上的价值观。

在19世纪上半叶的法国，金钱逐步取代贵族头衔，资本逐步取代封建等级。七月革命后，金融资产阶级基本确立了自己的统治地位。他们以赚钱为生活目标，为达目的不择手段，以致通过欺诈和暴力的方式进行掠夺。在《人间喜剧》的近百部小说中，作为"现代小说之父"的巴尔扎克，深刻描绘了从拿破仑帝国，到复辟王朝，再到七月王朝，这半个世纪法国的不同阶级、不同阶层、不同职业

《人间喜剧》是巴尔扎克的代表作，由中短篇和长篇小说90余部组成。它用毫不掩饰的坦率和犀利的笔触，通过一件件事情、一个个人物，深刻揭露了法国社会众生相，讽刺了法国残酷无情的社会现实。图为1897年版《高老头》插画。

和不同活动场所的各色人物，构成一幅宏大的社会风俗画，从中不仅可以看出资本主义取代封建主义的必然性，也可以窥见资本主义制度的弊端。由此，法国的现实主义文学达到顶峰。

法国文坛第一提琴手

福楼拜出生于里昂的一个名医世家，从小就在乡村庄园和医院这两个环境完全不同的地方生活。在乡村，他在大自然的怀抱里游戏；在医院解剖室玩耍时，他看见当院长的父亲操作手术刀。他养成了既敏感狂放、又深沉阴郁的双重性格。父亲想让他成为一名出色的律师，可他却钟情于文学，他把文学视为自己的第二生命。他像巴尔扎克一样，一天伏案十几个小时，呕心沥血地从事创作。虽然其创作生涯比巴尔扎克长了十年，他生前只发表过五部作品，可他继承了巴尔扎克的事业，成为一位奇特的作家，堪称19世纪法国现实主义文学的第一提琴手。

巴尔扎克（Honore de Balzac，1799—1850年）是法国现实主义文学的重要奠基者，他的《人间喜剧》包括90余部作品，涉及各类人物形象2000多个，辛辣地讽刺了社会现实，堪称一部"法国社会风俗史"。图为漫画家笔下的巴尔扎克（1850年）。

古斯塔夫·福楼拜（Gustave Flaubert，1821—1880年）是法国现实主义文学的第一提琴手。他力主小说家应当像外科医生那样精细和客观，排除作家主体的历史主动精神，同时追求在他看来仅仅存在于艺术中的那种美，即唯美主义。图为福楼拜肖像（约1856年）。

知识链接：《高老头》

法国批判现实主义文学大师巴尔扎克创作的长篇小说，发表于1835年，讲述了大革命时期的面粉商高老头和他子女之间的故事。高老头中年丧妻，他把自己所有的爱都倾注在两个女儿身上。为了让她们有机会挤进上流社会，高老头给她们提供了良好的教育。然而，两个女儿却生活放荡，轻而易举地被金钱至上的原则战胜。这部作品展示了社会生活的广度和深度，具有强烈的现实意义，作者借此跨出了挑战19世纪法国社会的第一步。

福楼拜的作品《包法利夫人》，是继巴尔扎克的《高老头》之后，在法国文坛上产生轰动性影响的长篇小说。它以"外省风俗"为副标题，以七月王朝为时代背景，以他父亲一个学生的家庭悲剧为原型，描写了平民女子艾玛悲剧的一生。艾玛生于富裕农民之家，在乡村修道院度过了青少年时代。她憧憬生活，钟爱浪漫主义小说，可父亲强迫她嫁给碌碌无为的乡村医生包法利。她深感理想破灭，失去生活的希望。一个偶然机会，她与高利贷主罗道尔相识，经不住引诱，成为罗道尔的情妇。艾玛希望罗道尔能娶她，罗道尔却抛弃了她。不久，艾玛又与五年前结识的医生赖昂重逢，并陶醉在享乐之中。然而，艾玛为了实现"巴黎式爱情"的幻想，已经债台高筑，最后不得不服毒自杀。

在19世纪下半叶文艺思潮的嬗变中，福楼拜起到了承前启后的作用。他说过，文学作品是"反映现实生活的一面镜子"。福楼拜承袭了司汤达、巴尔扎克的现实主义，但他的作品中也出现了一些新的趋势，过于强调形式的作用，并主张文学的唯一任务就是创造美的形式。而这种文艺观和文学实践，已经显露出唯美主义和自然主义的端倪。

长篇小说《包法利夫人》是唯美主义者古斯塔大·福楼拜的代表作。1856年开始在《巴黎杂志》上连载，开始因内容太过敏感，被指控为淫秽之作，福楼拜则坚持不删改一字。1857年2月经法院审判无罪，他的声名大噪。图为《包法利夫人》插图。

冷眼旁观
英国的现实主义文学

这是最好的时代，也是最坏的时代。

在经济繁荣、社会稳定、国势昌盛的情况下，维多利亚时代的英国人，表现出乐观、自信的特征。但同时，贫富差距不断扩大，两极分化日趋明显，社会矛盾进一步加深。此时，作家们不再借助浪漫主义手法，而是以写实和冷静的态度，客观、理性地去描绘典型的人物形象和复杂的社会现实。从 19 世纪中叶开始，狄更斯、萨克雷、勃朗特姐妹等文学家，从人道主义出发，通过小说表现出对现实的关注和批判，他们的现实主义构成了英国文坛的主流。

查尔斯·狄更斯（Charles Dickens，1812—1870 年）是英国维多利亚时代最伟大的现实主义作家，他的作品将现实主义描写与浪漫主义气氛相结合，鲜明而生动地刻画了各阶层的代表人物。图为伦敦的狄更斯作品浮雕人物形象。

温情描绘人世间

狄更斯出生于朴茨茅斯的波特西，童年时期，由于债务的关系，生活艰难。11 岁时，狄更斯就到制鞋作坊当学徒，坐在橱窗里制作鞋油，充当店铺的活广告。他每周要干六天活，每天工作十几个小时。由于家中贫穷，他只上过几年学，但他特别喜欢看小说，塞万提斯的《唐吉诃德》、笛福的《鲁宾逊漂流记》等名著点燃了他的创作理想。16 岁那年，他到律师事务所当书记员，后来又做报社记者，负责采访议会和法院。采访之余，他开始以"玻兹"的笔名，发表一些轻松幽默的短篇小说，描写伦敦的各色人物。

1836 年，狄更斯应邀为一组漫画配写文字说明，他的成名作《匹克威克外传》由此产生。他以匹克威克及其同伴的漫游经历为主线，采用流浪汉式小说结构，细致描绘了 19 世纪早期的社会生活。匹克威克与朋友乘马车到郊外旅行，向旅游俱乐部的其他成员报告了他们的旅途见闻。匹克威克先生善良天真，闹了不少笑话，还遭到骗子讹诈，受诬告吃了官司，这些在小说中都有鲜活的表现。作者描绘了自己心目中"古老而美好的苏格兰"，揭露了法律不公等社会弊端，批判了议会政治的虚伪。

狄更斯的《远大前程》是一部优秀的批判现实主义小说，围绕主人公皮普成长的历程展开。皮普是一个孤儿，与姐姐一家共同生活。一次偶然机会，他被不相识的有钱人看上，从此幻想起自己

《远大前程》，又译《孤星血泪》，是 19 世纪英国现实主义作家查尔斯·狄更斯的代表作之一。以充满同情和细致入微的笔触，典型地塑造了乔、皮普和毕蒂等朴实善良的小人物形象。这是《远大前程》（1946 年）电影剧照。

的"远大前程"。皮普一心想做"上等人"，却疏远了真正的朋友。具有讽刺意味的是，他无意中发现老板是逃犯，并非贵族小姐，他爱慕的女子实则是罪犯的女儿，可关键时刻帮助他的，还是他那些穷朋友。清贫帮助皮普恢复了纯朴的天性，而他对"远大前程"的期望，终成一场幻梦。这部小说在充分表现人物心理矛盾发展过程的同时，将上层社会自私、卑鄙和背叛等道德堕落，与劳动者无私、纯朴的美德进行切换，形成鲜明的对比，在艺术上很受人称道。

狄更斯是英国最具影响力的批判现实主义小说家。他多为普通民众鸣不平，而同一切不人道、不公

正的社会恶势力形成对立。他那谴责和讽刺的笔触，涉及学校、工厂、济贫所、法院、监狱等每一个角落，对英国社会进行了全方位的审视和批判，因而被英国民众视为社会的良心。

冷眼俯看名利场

萨克雷出生于印度的加尔各答，父亲位居英属东印度公司高层。萨克雷 4 岁时，父亲去世、母亲改嫁，他回到英国接受教育。1829 年，他进入剑桥大学学习法律，1833 年前往巴黎专攻美术。萨克雷存款的印度银行倒闭后，他不得不用各种笔名写幽默和讽刺故事，以投稿卖文为生。妻子重病后，他的个人生活再遭打击。从 1842 年起，他为著名杂志《笨拙》撰稿，完成了一系列讽刺性作品，后结成《势利小人集》。这个集子展现了作者长于机智幽默的写作风格，也隐含着他对人生百态的清醒看法，从而为他带来最初的文学声誉。

1848 年发表长篇小说《名利场》，确立了萨克雷在文学史上的地位。这部作品标题的灵感来自约翰·班扬（John Bunyan，1628—1688 年）的《天路历程》：在追寻天国的路上，基督徒曾经到过名利城，发现名利场。在名利场里，所有的名利都能出售。萨克雷受到启发，把整个英国社会比喻为一个名利场。《名利场》的副标题是"一部没有英雄的小说"，也可以译为没有男主角的小说。作品的主线是两个年

威廉·萨克雷（William Thackeray，1811—1863 年）是英国维多利亚时代著名的现实主义作家，与狄更斯齐名，代表作是《名利场》。与狄更斯夸张和象征的表现手法不同，萨克雷更强调冷静、"自然与真实"的创作态度。

轻女子艾米莉和蓓基的人生经历，而不是英雄人物的业绩。艾米莉是大家闺秀，既纯朴天真，又失之浅薄。她从小得宠，却多愁善感，渴望爱情。她与未婚夫纨绔子弟乔治的社会地位发生逆转后，面临被抛弃的命运。乔治的朋友杜宾钟情于艾米莉，却撺掇艾米莉和乔治成婚。在丈夫生前死后，艾米莉都爱着乔治，一直把他视为自己的太阳。直到十余年后，当看到乔治约蓓基私奔的情书时，艾米莉心中的偶像终于轰然倒塌。最后，她接受了痴情、忠厚的杜宾。作品最有意义部分描写的是，穷画家女儿蓓基的奋斗史。她出身贫贱，孤苦无依，受尽歧视，但她精明能干，决心凭自己的美貌和心计，往上攀爬，跻身富贵行列。蓓基一心谋求财富与地位，与艾米莉的软弱无能，形成了鲜明对比。名利场上，人们熙熙攘攘，皆为利禄而来，而萨克雷冷

1847 年出版的《名利场》是一部所谓"没有英雄的小说"，它以辛辣讽刺的手法，真实描绘了 19 世纪初英国上流社会没落贵族和暴发户等各色人物的丑恶嘴脸和弱肉强食、尔虞我诈的人际关系。图为由萨克雷绘制的《名利场》扉页。

知识链接：《艾格妮丝·格雷》

勃朗特三姐妹之一安妮（Anne，1820—1849 年）的代表作。小说以第一人称为视角，以作者本人的经历为主线，以她的痛苦体验和幸福追求为表现内容，描写了格雷做家庭教师的辛酸感受，表现了她的爱情追求和对幸福生活的强烈渴望。该作品是作者心灵的一面镜子，被誉为英国文学中最完美的散文体小说。

眼旁观，看到的只有虚空。在野心这点上，蓓基完全是一个女性中的于连。她机关算尽，荣华富贵也不过昙花一现。

萨克雷在英国与狄更斯齐名的现实主义文学家。然而与狄更斯夸张和象征的表现手法不同，萨克雷更偏重写实、冷静的创作态度。他集中描写上流社会的日常生活，他探究那些所谓的体面人物，一群势利之徒的真面目。在叙述方法上，他以"傀儡的领班"出现，在人物表演时插入一番议论，让读者既能入戏，又能出戏，作出道德评判。

勃朗特家三才女

维多利亚时代，在英格兰北部的莽莽荒原中，勃朗特家族出了才华横溢的三姐妹，夏洛蒂、艾米丽和安妮，为英国文学史留下了传世佳作。

《简·爱》是夏洛蒂（Charlotte，1816—1855 年）的一部自叙体小说。简·爱是个孤儿，在苛刻刁钻的亲戚家长大，过着寄人篱下的生活，饱尝人间痛苦。但她性格坚强，有反抗精神。进入寄宿中学后，她遭受了更多的虐待，校长异常冷酷，不仅让孩子们过饥寒交迫的生活，更在精神上折磨她们。数年以后，简·爱来到桑菲尔德庄园当家庭教

一话一说一世一界一

19世纪英国的维多利亚时代，勃朗特家族出了才华横溢的三姐妹（从左向右）：《荒野庄园的房客》的作者安妮、《呼啸山庄》的作者艾米莉和《简·爱》的作者夏洛蒂。

师，并与个性独特的庄园主罗切斯特相爱。在婚礼上，当简·爱得知罗切斯特的妻子尚在世间时，决定离开这个伤心地。她拒绝了牧师的求婚，却放不下罗切斯特，又重返庄园。此时，庄园因一场大火被夷为平地，罗切斯特没能救出妻子，却因受伤而跛足和失明。此刻，简·爱毅然投入了罗切斯特的怀抱。简·爱一反英国文学中女主人公的传统形象，超越了"天使和恶魔"的角色定位。她的形象是正面的，被寄予了理想的色彩，又与"家庭天使"和"高尚淑女"不同，她的美不在于外貌，也不在于品性符合女性的美德，而在于表现出自尊、自强的人格力量，以及内在感情的强度。

艾米丽·勃朗特（Emily Bronte，1818—1848年）的代表作是《呼啸山庄》，围绕爱情与复仇的故事展开。希思克利夫是山庄主人捡回的吉卜赛孤儿，

与主人收养的其他孩子一同长大，与主人的女儿凯瑟琳青梅竹马，情投意合。山庄主人去世后，新主人辛德雷剥夺了希思克利夫的许多权利，让他与佣人们一起住，分派给他又苦又累的农活，还禁止他与妹妹凯瑟琳交往。凯瑟琳不愿受哥哥的控制，与希思克利夫在荒原上尽情奔跑，追求自己的爱情。艾米丽除了去布鲁塞尔求学和做老师外，多居住在乡下，是个属于荒原的野孩子。作者从人们内心深处挖掘粗犷、原始、强悍和野性的东西，在希思克利夫这个角色的心灵哀痛中，融进了她对这个文明世界屈辱与痛苦的真切感受，在循规蹈矩的维多利亚时代发出精神自由的呐喊。小说中有写实成分，表现出压迫的现实矛盾；也有浪漫成分，其中包括许多"哥特式"小说的因素，具有由大量幻觉和梦境描写带来的神秘感和阴森凄凉的恐怖。她还运用象征手法，描述了人们在肉体和灵魂上感受到的压抑和冲突，这就给人们以不同视角阐释作品提供了丰富的可能性。现实主义作家把《呼啸山庄》引为同道，现代派文学又把它视为先驱。

为纪念勃朗特三姐妹夏洛蒂、艾米丽和安妮，勃朗特家族设立了一座作家博物馆。博物馆的前身是牧师住所，位于英格兰北部西约克郡霍沃思，三姐妹在这里度过了大部分时光，这里也是她们撰写著名小说的地方。

璀璨星辰
俄国的现实主义文学

批判性与讽刺性是俄国现实主义文学的两大特征。

19世纪俄罗斯文学的主题，既有浪漫主义的色彩，也有理想主义的因素，更有批判现实主义的精神。1861年农奴制改革前，俄国资本主义的发展落后于西欧，但是社会冲突和阶级矛盾却空前激烈。俄国的现实主义文学紧扣时代，将批判锋芒直接指向农奴制，表现出推翻封建制度的政治诉求。后期，它对资本主义制度的批判逐步加强。

现实主义文学奠基人

果戈理生于乌克兰，祖上都是当地的名门望族。他父亲常在友人的家庭舞台上，表演自己创作的戏剧，甚至还在其中扮演主角。这给少年果戈理留下了深刻印象，并激发了他爱好民间戏剧、民谣和传说的热情。中学时期，他博览群书，积极参加文艺活动，并深受俄国诗人普希金和法国启蒙思想家的影响，从而为他后来的文学创作打下了坚实基础。

果戈理的长篇小说《死魂灵》是俄国现实主义文学的奠基石。作品通过对各个庄园的内部陈设、外貌，以及地主本人的仪表和生活嗜好的细致描写，特别是通过买卖"死魂灵"的对话和过程的描写，生动、形象地再现了一些具有鲜明个性的地主典型。贯穿全书的乞乞科夫是个农奴主兼资产阶级商人，从小受到父亲影响，认为"金钱是生活的主宰"，信奉"朋友可以抛弃你，可是钱永远不会

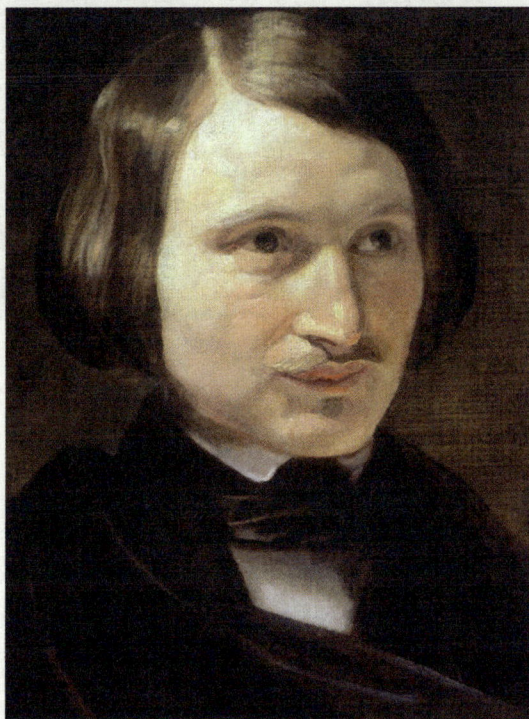

尼古拉·果戈理（Nicklai Vasilyevich Gogol，1802—1852年）是从浪漫主义走向现实主义的俄罗斯作家。他的讽刺喜剧《钦差大臣》是绝妙的"官场现形记"，他以罕见的幽默天才，把喜剧和悲剧混合在一起，使讽刺文学成为"含泪的微笑"艺术。

抛弃你"的原则。他既精通封建社会官僚地主演绎的人情世故，又擅长资本主义社会钻营投机的发财之道，并用甜言蜜语和体面的外表来遮蔽卑鄙的灵魂。显而易见，这个人物形象深刻地揭示了地主阶级腐朽、卑劣的特征和新兴资产阶级的贪婪本性，实际上他们已变成了真正的"死魂灵"。

沙俄军队骑兵团团长，母亲是一个生性残暴的农奴主。他从小就亲眼目睹了地主阶级的专横残暴，生出对处境悲惨农奴的同情。屠格涅夫曾就读于莫斯科大学、彼得堡大学，毕业后到柏林留学，专门研究黑格尔的辩证法，主张学习西方的现代化，废除俄国的封建专制制度。回国以后，他与文学评论家别林斯基（Vissarion Belinsky，1811—1848 年）成为至交，逐渐走上了现实主义文学的创作道路。1847 年至 1851 年，他在进步刊物《现代人》上发表了成名作《猎人笔记》。这是一部俄罗斯农村生活随笔集，其中贯穿着人道主义的同情心和反农奴制的革命民主主义思想。

19 世纪 60 年代后期，屠格涅夫定居法国后，结识了福楼拜、都德（Alphonse Daudet，1840—1897 年）、莫泊桑（Guy de Maupassant，1850—1893 年）等著名作家，在向他们介绍俄罗斯文学的同时，积极吸收法国文学的优点，创作了长篇小说《父与子》。这是他的代表作，再现了农奴制改革前自由主义阵营和民主主义阵营之间的激烈斗

1841 年 9 月，出国游历归来的果戈理携带着一部手稿，就是他在国外写就的《死魂灵》。这部小说被称为"俄国文学史上无与伦比的作品"。这幅《死魂灵》插图描绘了一位简单、快乐的女士和一位在各方面都很快乐的女士。

果戈理是 19 世纪上半期俄国最早从浪漫主义走向现实主义的作家。他以罕见的幽默天才，把喜剧和悲剧混合在一起，使他的讽刺文学成为"含泪的微笑"艺术。在人物塑造、技巧运用和情感表达等方面，《死魂灵》都达到了俄国文学史上前所未有的高度。作为俄国批判现实主义文学的奠基人，他与普希金的创作相配合，共同奠定了 19 世纪俄国现实主义文学的基础。他开创了俄国文学的新时期，屠格涅夫和托尔斯泰等人都受到他的影响，车尔尼雪夫斯基称其为"俄国小说之父"。

现实主义文学大师

屠格涅夫出生于俄国的大贵族家庭，父亲担任

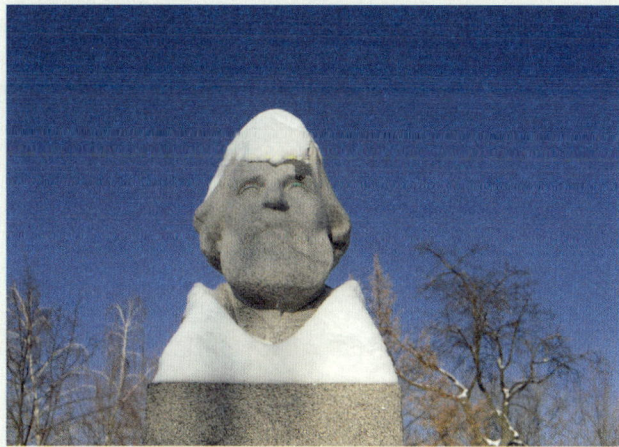

屠格涅夫（Turgeneve，1818—1883 年）是俄国著名的现实主义作家，也是第一位得到西方认可的俄罗斯作家。他擅长细腻的心理描写和抒情，其作品结构严整，情节紧凑，描写的大自然充满了诗情画意。图为莫斯科的屠格涅夫雕像（1880 年）。

争。小说主人公巴扎罗夫是个激进民主主义者，在哲学上坚持唯物主义，重视实践，提倡实用科学；在政治上反对农奴制，否定贵族的生活准则，批判其自由主义价值观。小说还塑造了各式各样的地主和贵族形象，同巴扎罗夫形成鲜明对比。保守派贵族巴威尔认为，只有贵族才能推动社会进步，贵族制度不可动摇。他崇拜英国式的贵族政治，颂扬贵族的荣誉，追求英国资产阶级的生活方式。主人公巴扎罗夫是精神的强者，也是行动的巨人，他以锐利的眼光，抨击保守派只空谈、不实践的错误。这些对比反映了自由主义和民主主义的巨大差别，预示着腐朽的农奴制必将走向灭亡，充满活力的资本主义制度必将建立。

屠格涅夫的创作，具有鲜明的时代特征和强烈的批判精神。他忠实于现实主义原则，善于把握时代脉搏，洞察和发现新的重大社会现象，并把注意力集中在贵族知识分子和平民知识分子的生活和命运上。他的作品主题鲜明，结构严谨，语言优美，富于诗意和哲理，在俄国批判现实主义文学史上独树一帜。

现实主义文学泰斗

列夫·托尔斯泰出生于图拉省的贵族家庭，不满10岁时，已先后失去双亲；但在远房亲戚的照顾下，他在庄园里度过了无忧无虑的童年。大学求学期间，他对道德哲学颇有兴趣，并深受法国启蒙思想的影响。1847年退学后，他回到故乡，在自己领地上尝试改革农奴制。1851年，托尔斯泰到高加索地区服役，后参加过克里米亚战争。军旅生活使他更多地了解了农奴制的腐朽，也打下了文学创作的坚实基础。正是在从军期间，他完成了两部自传《童年》和《少年》，塑造了一个性格内向、善良、聪明和好思考的贵族少年形象。19世纪60

知识链接：《复活》

列夫·托尔斯泰的晚年代表作，发表于1899年，将俄国批判现实主义文学推上发展的高峰。这部长篇小说通过描写女主人玛丝洛娃的苦难遭遇与男主人公聂赫留朵夫的上诉经过，揭露了封建统治阶级骄奢淫逸的腐朽生活，撕下了官方教会的伪善面纱，忠实地反映了乡村破产农民的极端贫困，深刻地抨击了走向崩溃边缘的农奴制。托尔斯泰既是道德哲学家和宗教改革家，也是非暴力抗议的拥护者，他在这部作品中宣扬一种属于自己的宗教"博爱"思想，人们称之为"托尔斯泰主义"。

《战争与和平》是列夫·托尔斯泰的长篇小说，故事以1812年俄国卫国战争为中心，讲述了欧洲拿破仑时期俄罗斯发生的重大事件，展示了精彩壮阔的历史画卷。因而，这部作品堪称19世纪俄国社会的百科全书。图为《战争与和平》插图。

尔康斯基、别祖豪夫、罗斯托夫和库拉金四大贵族的家庭生活为主线，在展现俄国社会广阔历史画面的同时，突出了卫国战争的人民性和正义性。他认为战争的性质是决定战争胜败的关键，俄罗斯民族最终战胜强大敌人的根本原因，在于正义

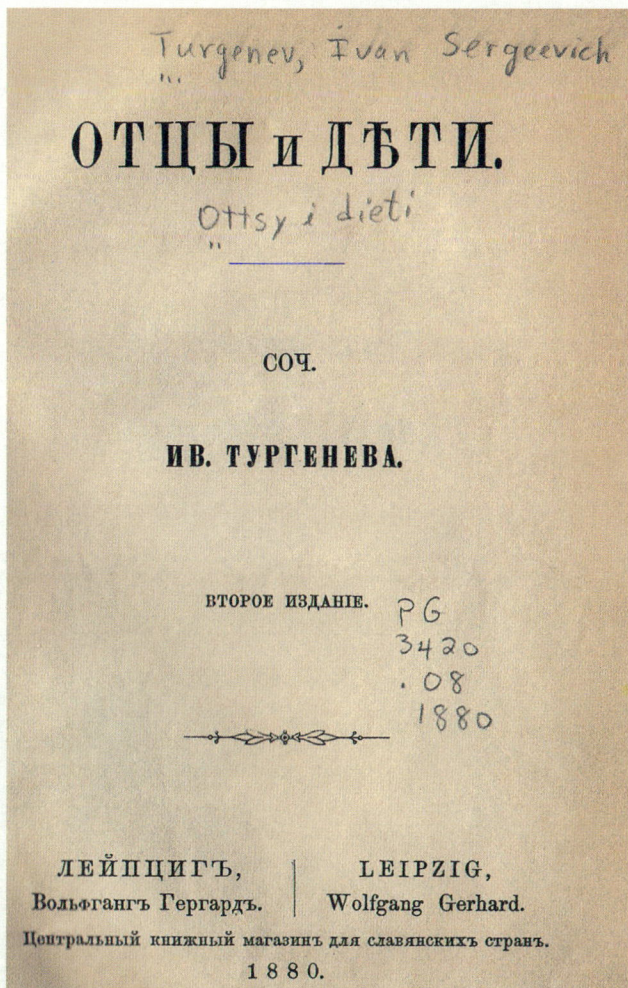

《父与子》是屠格涅夫的代表作之一，发表于 1862 年。小说是作者对 19 世纪三四十年代所见到的自由主义和虚无主义运动两者之间日益增长的文化分裂现象的回应。图为《父与子》第二版标题页（莱比锡，德国 1880 年）。

年代，他两次游历西欧，考察西方的社会和教育状况，但其结果颇令他失望，从而直接导致他将目光重新转向俄国传统文化，促使他在祖国的文化遗产中寻找精神力量。

从 1864 年起，随着卷帙浩繁的史诗巨著《战争与和平》和百科全书式作品《安娜·卡列尼娜》的完成，托尔斯泰的文学创作进入了成熟和全盛时期。《战争与和平》以 19 世纪最初 20 年为时代背景，歌颂了 1812 年俄国反对拿破仑入侵的卫国战争，达到了极高的艺术和思想成就。小说以保

列夫·托尔斯泰（Leo Tolstoy, 1828—1910 年）是俄国著名的小说家、哲学家、政治思想家，著有《战争与和平》《安娜·卡列尼娜》和《复活》等不朽经典。高尔基评论说："不认识托尔斯泰者，不可能认识俄罗斯。"图为一身农夫打扮的托尔斯泰。

的卫国战争，唤起了全体俄国人巨大的爱国热情。这部小说是农奴制改革以后，托尔斯泰积极探索解决社会矛盾、特别是地主和农民之间矛盾的结晶。在写作方法上，它交融了不同时空和场面，集小说、历史等诸多体裁为一体，情节层次复杂，人物虚实并存，将诗意的抒情、冷静的叙事和政论的激烈巧妙地结合，并通过生动鲜明的人物形象和细致入微的心理分析，绘制了一幅错落有致、气势恢宏的历史画卷，其艺术水准之高，令后世作家叹为观止。

农奴制改革以后，俄国社会发生巨变，迅速地反映到家庭和道德层面。长篇小说《安娜·卡列尼娜》正是这样一部表现妇女的觉醒和解放的鸿篇巨制。托尔斯泰立意写"一个不忠诚的妻子以及由此而发生的全部悲剧"，但经过不断探索，这个故事升华成一部揭露农奴制改革后社会矛盾，表现哲学、经济、政治、宗教和爱情、婚姻、家庭、妇女地位等各方面问题的社会小说。安娜聪明、漂亮，充满旺盛的生命力，是作者塑造的新道德观念的典型形象。面对没有爱情的婚姻，她大胆地同丈夫卡列宁所遵循的上流社会的虚伪观念进行抗争。最终，由宗教意识产生的羞耻心、负罪感，以及情人沃伦斯基的背叛，把安娜这个将爱情视为生活唯一的贵族女子逼上了绝路。她是不幸的，然而她无罪。这部小说以其反映社会生活的广阔性和深刻性，营造出 19 世纪 60—80 年代社会转型时期俄国的动荡、不安、迷茫和怅惘。情节复杂，结构集中，对人物心理活动的刻画细致入微，加之创作上多采用对比手法，更增强了"勿以暴力抗恶"的思想。

托尔斯泰是俄国博大精深的文学家和思想家，他的创作给俄国的批判现实主义文学画上了完美句

托尔斯泰在雅斯纳亚·波良纳庄园写作，此画系俄罗斯著名画家列宾（Ilya Ya Fimovich Repin，1844—1930 年）所作。

号，也把 19 世纪的俄国文学推向了世界文学前列。他的《战争与和平》《安娜·卡列尼娜》《复活》三部巨著，已成为人类文学宝库中的珍品。为此，列宁对他的评价甚高，称这位"天才的艺术家，创造了无与伦比的俄国社会图画"。

普希金与纯正的俄罗斯人相去甚远，是因为其外曾祖父亚原是埃塞俄比亚部落的王子。他有卷曲的黑发，黝黑的皮肤，宽厚的口唇；又有俄罗斯人挺拔的鼻梁，瘦削窄长的脸型，豪爽率直的性格。

广角

"俄罗斯诗歌的太阳"：普希金

俄国作家果戈理曾这样说道："俄罗斯大自然、俄罗斯精神、俄罗斯语言和俄罗斯性格在他身上反映得那么清晰、那么纯净优美，正如风景反映在光学玻璃的凸面上一样。"

亚历山大·普希金（Alexander Pushkin，

1799—1837 年）出生在莫斯科的一个世袭贵族之家，1811 年进入皇村学校，受到启蒙思想的影响。1816 年，他加入文学团体"阿尔扎马斯社"；1817 年皇村学校毕业后，在外交部供职。1819 年普希金成为秘密组织"绿灯社"成员，此间连续写出歌颂自由、反对暴政的著名诗篇《自由颂》《致恰达耶夫》《乡村》。这些诗在进步青年中广为传诵，因此他被沙皇当局流放南俄。

流放期间，创作《高加索俘虏》和《巴赫切萨拉伊的泪泉》等诗篇。1824 年被幽禁在米哈伊洛夫斯克村，写了表现 20 年代进步贵族青年寻求社会出路的长诗《茨冈》、探索人民命运和历史作用的历史剧《鲍里斯·戈都诺夫》以及诗体小说《努林伯爵》。

十二月党人起义失败后新沙皇尼古拉一世特赦普希金，将他召回莫斯科。诗人希望新沙皇成为彼得大帝式的开明国君，同时无法忘怀旧日好友十二月党人，写出《致西伯利亚的囚徒》和《阿里昂》。

1830 年在波尔金诺村创作四部小悲剧和散文小说《别尔金小说集》，其中《驿站长》是俄罗斯文学中第一篇反映"小人物"命运的作品。诗体长篇小说《叶甫盖尼·奥涅金》，被别林斯基誉为"俄罗斯生活的百科全书"。

1831 年普希金结婚。新婚后，他文思泉涌，接连创作出以彼得大帝为题材的长篇叙事诗《青铜骑士》、中篇小说《黑桃皇后》、童话诗《渔夫与金鱼的故事》、中篇小说《杜布罗夫斯基》以及反映普加乔起义的小说《上尉的女儿》（1837 年）。

1837 年 1 月 29 日，不堪忍受人格侮辱的普希金，在决斗中被法国流亡者丹特士刺伤而逝世。

异彩纷呈
世纪转向的欧洲文坛

现实主义走到了三岔路口，每一个方向都有它的影子。

19世纪下半叶，欧洲文坛欣欣向荣，流派纷呈，自然主义、象征主义和唯美主义的思潮不断涌现，它们既是现实主义的延续，又是现实主义的发展。自然主义提倡用自然科学中的生物学观点和自然科学的实验方法来观察社会。象征主义在题材上侧重描写个人想象和内心感受；在艺术方法上否定空泛的修辞和生硬的说教，强调用有质感的形象和烘托、暗示、联想、对比的方法来创作，而且重视作品本身的音乐性和韵律感。唯美主义作家主张艺术的使命在于为人类提供感官上的愉悦，而非传递某种道德或情感上的信息。毫无疑问，这三大流派为19世纪的欧洲文坛增添了繁盛的色彩。

法国自然主义文学大师

巴尔扎克去世十年后，巴黎有个意大利血统的无业青年，十分崇拜巴尔扎克。他白天四处奔走找工作，晚上就像当年的巴尔扎克一样，把自己关在一间小阁楼里学习写作。他没钱生火，就裹一条毯子御寒；他没有吃的，就在屋顶上张网捕鸟果腹。他在这条路上，一走就是30多年，写出了60多部作品，近千万字，这位巴尔扎克的崇拜者就是埃米尔·左拉，他作为19世纪法国文坛上最后一位大师，对欧洲和世界文学的影响，就深刻程度而言，不下于巴尔扎克。

埃米尔·左拉（Emile Zola，1840—1902年）是法国著名的现实主义的自然主义文学家，倡导自然主义，主张文学家应该像自然科学家那样从事文学活动。他主张撇开个人主观色彩，准确地描述和再现自然界的事实，反映了科学向文学的渗透。

左拉在巴黎出生，母亲是希腊人。父亲是意大利人。由于父亲因承办一项工事而不幸去世，家里欠下一笔巨额债务，青少年时期的左拉生活十分艰难，因此就养成了坚韧和务实的性格。他的母亲和外祖父都希望他继承父业，做一名工程师，他也一直对自然科学有着浓厚的兴趣，他后来的文学创作以及建立自然主义文艺理论都与此息息相关。根据保存下来的文献资料记载，左拉几乎是用工程操作程序来写作的。19世纪六七十年代，法国正处于

自然主义文学家十分推崇19世纪法国文学中根深蒂固的现实主义，左拉认为巴尔扎克描画了整个世界，创建了现代小说，并把他尊为自然主义小说之父。图为漫画《左拉》，左拉手里拿着一本《卢贡-马卡尔家族》，向巴尔扎克的雕像致敬。

知识链接：《卢贡－马卡尔家族》

左拉的代表作。这部卷帙浩繁的巨著包括20部长篇小说，共六百余万字，出场人物多达千余人，主要人物是卢贡－马卡尔家族五代32名成员。它以女主人公阿·福格为中心，从她两次结婚所生的后代来证明遗传和环境对人的影响。它的题材非常广泛，涉及政治、经济、军事等各个方面，是"法兰西第二帝国时代一个家庭的社会史和自然史"。不过在许多作品里，作者并没有严格遵循自己的自然主义理论，经常情不自禁地流露出现实主义的思想，主要表现为病理研究让位于社会研究，生物遗传决定论让位于社会环境决定论，家族史让位于社会史，冷静理性的科学家左拉，让位于爱憎分明的文学家左拉。

科学技术长足进步的时期，生理学家贝尔纳的《实验医学论》对当时社会影响很大；文艺哲学家泰纳倡导用实证论和进化论研究和创作文学，小说家龚古尔兄弟连续发表几部病理分析小说，在文坛上引发讨论。左拉认为"文学新道路"就在这个方向，于是就撰写了《白然主义小说家》等一系列文艺评论，构建了完整的自然主义理论体系。在《实验小说》中，他为自然主义下了一个简洁的定义："把近代的科学公式运用到文学上去，就是自然主义。"他还组织一批青年作家，成立了以自然主义为宗旨的"梅塘集团"，使自然主义思潮成为当时法国文坛的新风尚。因此，左拉成为法国文坛新思潮的领袖。

左拉的文学特色与风格，从创作方法上看，是在自然主义基础上兼有现实主义；从表现技巧上看，则以文字粗犷、气魄恢弘和场景壮阔而著称。左拉是法国文学史上著名的"写群团的能手"，如果说巴尔扎克是一位社会雕塑家，他的笔下塑造了一个个栩栩如生、眉目分明的典型人物，那么左拉就是一位社会建筑师，他的作品给人印象最深的是关于群体行动的大场景描写。虽然他不是雕塑家，不擅长刻画单个人物，但他却像一个运筹帷幄的将军，善于驾驭众多人物同时活动的场景。

法国象征主义诗人

夏尔·波德莱尔是象征派诗歌先驱，在欧洲文坛上具有重要地位，其作品《恶之花》是19世纪最具影响力的诗集之一。波德莱尔有一个不幸的童年，幼年丧父，母亲改嫁。继父不理解波德莱尔的诗人气质和复杂心情，波德莱尔也不能接受继父的专制作风和高压手段。这种不正常的家庭关系，不可避免地影响波德莱尔作为诗人的创作情绪和精神状态。1839 年，波德莱尔通过了毕业考试，他向往过自由的生活，希望当个作家。他博览群书，涉猎各种文学作品，来往于音乐家和画家之间。1855 年，波德莱尔以《恶之花》为题发表 18 首散文诗，奠定了他在法国文学史上的重要地位。

作为象征主义诗歌的先驱，波德莱尔用散文诗奠定了这一文学分支的基调：摒弃传统，独辟蹊径。他在诗歌题材上大胆创新，选取人性的阴暗面和城市的罪恶，展现其在声和光的背后捕捉事物秘密的能力；在习以为常的具象中，显现人生的立体画面。波德莱尔拒绝把生活理想化，拒绝表面的愉悦，他要返回事物的本来面目，因而竭力把社会病态诉诸笔端。波德莱尔认为："丑恶经过艺术的表现转化而为美，带有节奏和韵律的痛苦是一种平静

《恶之花》由一百多首诗歌组成，兼具浪漫主义、象征主义和现实主义的特征，被誉为从传统向现代"过渡时期绽放的一丛奇异花朵"。图为卡洛斯·施瓦贝给《恶龙花》画的插画（1900 年）。

象征主义文学思潮最早出现于法国，它把诗歌作为文学创作的主要题材，非常注意诗的音乐美。夏尔·波德莱尔（Charles Pierre Baudelaire，1821—1867 年）是象征派诗歌的先驱，散文诗鼻祖。图为伊特恩·卡加（Etienne Carjat）1863 年绘制的《夏尔·波德莱尔》。

的快乐，这是艺术的奇妙特权。"他身上充满着反叛精神，"在每个人身上，时刻都有两种要求，一种向往上帝，一种向往撒旦。对上帝的祈求和对灵性的渴望是向上的，而对撒旦的祈求和对兽行的渴望则是堕落的。"这些内容在《恶之花》中表现得尤为明显，无论是从形式还是从内容上看，它在法国诗史上都具有划时代的意义。《恶之花》开创了一个崭新的诗歌王国，把诗歌创作引领到一个前所未有的新境界，从而展示了诗歌创作的美好前景。波德莱尔明确指出："要深入人的最卑劣想法中去，大胆地采撷几朵恶之花，呈现给世人。"事实上，谁也没有像他那样探入人的心灵深处，到那最幽暗的角落里去挖掘，因而他的诗歌充满了表现力。此外，《恶之花》还继承了古典诗歌格律严谨、音韵优美和明晰稳健的风格，同时开创了象征主义的创作方法。

是：画家霍尔沃德抛弃了功利等外在目的，倾注心血为伦敦贵族少年道林画了一幅肖像，道林从画中第一次认识到自己完美的青春容貌。可是在玩世不恭的亨利勋爵引诱下，道林追求享乐，一步一步地堕落，他的薄情造成了爱慕他的女演员自杀的悲剧，他甚至还杀死了忠实的朋友霍尔沃德。尽管他始终保持青春的美貌，但他的恶行却在画像上留下了痕迹。当他想用匕首毁去记录罪恶的画像时，匕首刺中的却是他自己的心脏。死去的道林苍老而丑陋，画像却恢复了他的原状。小说寓言式地表现了生活、道德和艺术的关系，反映了作者的内心矛盾。王尔德欣赏道林的美貌和生活方式，借亨利勋爵之口，道出了自己悲观和颓废的想法，但推崇"艺术至上"的创作精神。王尔德对唯美主义的探索，拓展艺术表现的范围和美学研究领域，提高了艺术表现力，为后人提供了可资借鉴的新经验。不可否认，这也是艺术上的一种有益的探索。

奥斯卡·王尔德（Oscar Wilde，1854—1900年）出生于爱尔兰都柏林，是英国唯美主义艺术运动的倡导者。他创作了剧作、诗歌、童话和小说等多种形式的作品，成为19世纪90年代早期伦敦最受欢迎的剧作家之一。

爱尔兰唯美主义文学家

　　奥斯卡·王尔德是欧洲唯美主义文学的代表人物，他在牛津大学学习时，开始接受唯美主义思想，一生都在系统地研究和忠实地践行"为艺术而艺术"的美学主张。他认为："艺术家是美丽事物的创造者，艺术的宗旨是展示艺术本身，同时把艺术家隐藏起来。"在他看来，"非艺术的事物应当被排除在艺术反映的范围之外，尤其是牵涉功利和道德的事情不能作为艺术的对象"。他反对文学家具有倾向性，认为"艺术家的同情心是不应该出现的"。针对文艺市侩化和道德化的倾向，他强调艺术的纯粹性，指出"文字无所谓道德和不道德，只有写得好和写得糟的，仅此而已"，而关键在于艺术家要抛弃平庸甚至是低俗的技巧，努力表达出真正的美。

　　《道林·格雷的画像》是王尔德唯一的长篇小说，最能体现其唯美主义文艺观。这部作品的梗概

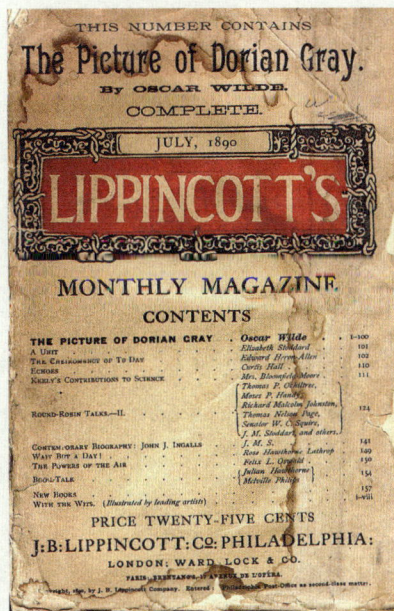

1890年7月，发表于《利平科特月刊杂志》上的长篇小说《道林·格雷的画像》，由爱尔兰作家王尔德创作，具有很强的唯美倾向，是19世纪末唯美主义的杰作。不但文辞绚丽，意象新颖，还有许多带有王尔德特色的俏皮话和幽默。

光影世界
法国的现实主义绘画

光与影交错在现实的泥沼中。

现实主义绘画主要以社会现实生活为题材，除了通常所说的一般绘画外，版画和漫画等一类更能简洁明了地反映现实生活的艺术形式占有重要位置；虽然它不像新古典主义绘画那样细腻入微，也不像浪漫主义绘画那样色彩鲜艳、对比强烈，而是突出粗犷，强调力量。1855 年，法国画家古斯塔夫·库尔贝（Gustave Courbet，1819—1877 年）的作品《画室：决定着我七年艺术生活的故事》被巴黎国际画展拒绝，理由是主题和人物太粗糙、太写实、太大。于是，他自行举办名为"现实主义绘画馆"的个人画展，以挑战古典主义传统。从此开始，欧洲造型艺术开始走向现实主义。

现实主义讽刺画大师

奥诺雷·杜米埃出生于马赛的一个工人家庭。父亲喜欢文学，后来成为一位工人诗人。1814 年，杜米埃一家迁居巴黎后，杜米埃到一个法官家里当差，这使他有机会接触形形色色的人，对社会现实有了更多认识，积累了以后艺术创作的素材。他又到书店工作，同时跟勒努瓦学素描，向石版画家拉梅里学版画。这正是他从艺的起点。在向前辈大师学习和不断实践的过程中，他很快发展成为一个涉猎石版画、素描、雕塑和油画等多种艺术形式，并对 20 世纪诸多形象艺术领域产生重要影响的艺术大师。

奥诺雷·杜米埃（Honoré Daumier，1808—1879 年）是法国著名的雕塑家、版画家和现实主义绘画的杰出代表，亲身参加过当时的政治革命，许多作品与社会现实紧密相连，揭露了官吏的贪婪，体现了对贫苦民众的同情。

杜米埃的现实主义讽刺画作品，从内容上分为贪官政客类和人情世态类，它们让人在发笑中引起思考，获得教益。在《展览前夕》这件作品中，三个画家在一张画上拼命地赶画，那滑稽的样子，忍不住让人们联想到今天某些投机画家可笑的形象。他曾画了一个老妇，她站在幕后替舞蹈家打铃时，正看着舞台上接受观众欢呼的年轻美丽的舞女，并

Gargantua

　　"高康大"（大肚量）本是法国人文主义作家拉伯雷《巨人传》中的人物形象。现实主义大师杜米埃1831年完成的平版画《高康大》，深刻揭露出了无产者与资本家之间的尖锐对立。由于其矛头所指十分锐利，杜米埃最终被当局逮捕。

　　法国文艺复兴时期作家弗朗索瓦·拉伯雷（Francois Rabelais，1495—1553年）的代表作。它以民间故事为基本素材，成功塑造了格朗古杰（大肚量）、卡冈都亚（大嗓门）和庞大固埃（十分干渴）祖孙三代巨人国王的高大形象。作者以寓意手法，批判了教会的虚伪和残酷，斥责了天主教用以毒害人民身心的经院教育、经院哲学，鞭挞了16世纪的法国封建社会。拉伯雷从日常生活中提炼人物形象和性格，并运用夸张手法，通过人物形象的不成比例的对照，取得滑稽效果，首开新的文学体裁讽刺小说之先河。

自言自语道："我年轻时比你还要风光！"欣赏这幅画时，你会无奈地发笑。杜米埃最有分量的作品，是那些针砭时事的画作，能反映出他敏感而深刻的思想内涵。他画过一个的小偷，这个小偷被带到法官面前。法官躺在椅子上，无精打采地问道："你为什么要偷？"小偷回答："我饿。"法官又说道："我也会饿，但我为什么就不偷？"看到法官那悠闲的姿态、饱食终日的样子，与之形成对照的小偷，一番惊恐的表情，你或许会明白，偷窃本不是个人爱好问题，而是贫富差距造成的社会恶习。

　　杜米埃对官吏贪婪的揭露，和对贫苦民众的同情，在讽刺作品《高康大》中得到最鲜明的反映。大肚量坐在那里，正张开血盆大口，贪婪地鲸吞着下层人民的劳动果实。在他前面有一群一贫如洗的无产者，他们不得不交出最后一点财产，而他后面那些受到资本主义制度庇护的贪官污吏，正在争权夺利，干着非法的勾当。时人一看便知，这个高康大就是七月王朝首脑，代表少数官僚金融家利益的路易·菲利普。在这里，杜米埃的矛头所指十分锐利，深刻地揭露出了无产者与资本家之间的尖锐对立，令统治者极为惊恐。故而，七月王朝将他逮捕，并强行关闭了发表这件作品的杂志社，但杜米埃却成了人们心目中的英雄。

现实主义风景画巨匠

　　柯罗出生于巴黎的一个小商人家庭，父母希望他继承父业，而柯罗酷爱绘画，双亲最后只好同意他弃商从艺。柯罗因生活优裕，没有为完成订单或寻求买主而赶制作品的迫切感，可以从容地按自己的想法进行创作。也许，这是使他成为德拉克罗瓦所评价的"真正的艺术家"的重要原因。1822年，柯罗拜与自己同龄的古典主义画家米夏龙（Achille Etna Michallon，1796—1822年）为师。米夏龙告诫柯罗："尽可能仔细地画出你眼前的一切。"柯罗以此为信条，但他又做不同的理解。他把他后来的老师贝尔丹（Jean-Victor Bertin，1767—1842年）教导的要到自然中去画习作，仔细观察光在自然中

卡米耶·柯罗（Camille Corot, 1796—1875年）是法国巴比松画派的代表人物，擅长风景画和人物画。他的作品突出了明媚的阳光和艳丽的色彩，在艺术手法上具有恬淡的抒情意味，并已透露出印象主义的气息。图为柯罗肖像。

变化的思想，与这个信条融为一体，形成了自己的风格。

　　柯罗擅长风景画和人物画，作品以写实手法表现自然，致力于探索自然界的内在生命，力求在作品中表达出画家对自然的真切感受。他一方面注重现实的生动性和真实性，一方面又相信高尚的艺术不应是对自然的纯客观再现，而应是主要取材于古代历史或神话，或至少具有历史内涵的风景画。他不断进入大自然写生，只是为最后在画室中完成正式作品而做的必要准备。对他来说，习作与创作是两种不同的概念。他的一系列杰作，如《林妖的舞蹈》《狄安娜出浴》《意大利回忆》《与爱神游戏的女神》等，不断引进古典的主题或意蕴，形成一种圆熟的美，一种诱人的诗意，颇受沙龙画家的欢

迎。早期作品《纳尔尼的奥古斯特桥》就典型地表达了他的创作思想。从写生画到创作画，这件作品的变化巨大。写生画的自然、真实、生动，而在创作画中，这些特点采取了古典主义的处理方法，习作中空间物象的浑然一体，结果在创作中消失了，而被按照近、中、远三景的层次作了明确的划分，使得画面呈现出装饰性和虚构性的效果，似乎这样才能为众人所接受。

　　在巴黎北部的桑利斯附近，有一个地方叫孟特芳丹，那里的景致曾给柯罗留下美好的记忆。《孟特芳丹的回忆》就是以回忆形式综合表现他心中美景的杰作。画面上，微风拂煦、晨雾缭绕，幽静的湖面投下梦幻的水影，和煦的阳光散落在树杈和草间，传递了春天的信息。一个母亲正带着两个孩子，在池塘边的一棵葶树上采蘑菇。这是梦境还是现实？柯罗用蓝灰色和绿褐色的调子，创造出一个宁静抒情、如梦如幻的诗意境界。作品中清新明快的用色，不仅构成他晚年成熟期风景画最主要的特点，也启发了后来的印象派。

《孟特芳丹的回忆》（1864年）是柯罗最具代表性的风景杰作之一，再现了一个宁静的场景：画面上微风拂煦、晨雾缭绕，幽静的湖面投下梦幻般的水影，和煦的阳光散落在树杈和草间，传递了春天的信息。

现实主义农民画家

米勒出生于诺曼底的农民家庭，青年时代种过田。23 岁时，他到巴黎师从画家保罗·德拉罗什（Paul Delaroche，1797—1856 年），同学说他是"土气的山里人"，歧视他；老师也看不惯他，常常加以斥责："你似乎全知道，但又全不知道。"这位乡下来的年轻人，实在厌恶巴黎，说这个城市简直就是杂乱荒芜的大沙漠，只有卢浮宫才是艺术的绿洲。他走进卢浮宫的镜厅，无比惊喜地说："我好像不知不觉地来到一个艺术王国，这里的一切使我的幻想变成了现实。"

米勒是 19 世纪法国最杰出的现实主义画家，他的作品以表现农民题材的绘画、以乡村风俗画中感人的人性而享有盛名。他用新鲜的眼光去观察自然，使得画面充满了浓郁的农村生活气息，而与学院派保持着距离。他的代表作《拾穗者》描写了一个农村中最普通的劳动场景：金色的秋天，田野看

让－弗朗索瓦·米勒（Jean-Francois Millet，1814—1875 年）是法国著名的巴比松派画家，他的作品《播种者》《拾穗者》《晚祷》等以写实、描绘乡村生活而闻名，表现了农夫的朴实与勤劳，体现了单纯素朴的现实主义画风。

《拾穗者》（1857 年）是法国巴比松派画家米勒最著名的作品之一，现藏于巴黎的奥塞美术馆。作品以《圣经·旧约》的记载为蓝本，路得在波阿斯田里捡麦穗，供养她的婆婆拿俄米，反映农民要让贫苦人捡拾收割后遗留穗粒以求温饱一事。

上去一望无际，麦收后的土地上，有三个农妇正弯着腰，十分细心地拾取遗落的麦穗，以补充家中的食物。身后那堆得像小山似的麦垛，似乎和她们毫不相关。她们的相貌及脸部表情虽然看不清，米勒却将她们的身姿，描绘得像古典雕刻一般庄重的美。三个农妇的动作，略有角度的不同，又有动作连环的美，好像是一个农妇拾穗动作的分解图。中间扎红头巾的农妇，正快速拾着，另一只手握着麦穗的袋子里那一大束，看得出袋子里小有收获；左侧蓝头巾的妇女，右手捡拾麦穗，攥着一束的左手搁在后背，显得有些疲惫的样子；右边的妇女，侧着脸，半弯着腰，手里捏着一束麦子，正回头巡看着，检视是否有遗漏的麦穗。作品风格简洁朴实，晴朗的天空，金黄色的麦地，使画面显得十分和谐；丰富的色彩，统一于柔和的调子中，展现了好一派自然、迷人的乡村风光。这幅画简单、通俗，又不失内涵，寓意深长，这也正突出了作者艺术的重要特色。

自由幻镜
新自由主义的崛起

剑桥和牛津的自由主义温床培育了新一代自由主义哲学家。

19世纪末20世纪初，随着工业社会负面影响的不断涌现，以及西方社会危机的日益呈现，主张自由放任的旧自由主义开始遭到怀疑，甚至被否定，于是新自由主义应运而生。这种理论体系，内容丰富而复杂，但无不是重新解释自由的概念，强调自由的有限性，提倡自由的共享性，并主张一定程度的国家干预。作为理论旗手之一的格林，首先提出了既坚持自由主义传统，又实施国家干预，充分发挥国家作用的新思想。自由党中许多激进的知识分子，从格林、霍布豪斯和霍布森等人的著作中，寻找行动的理论依据。作为自由主义的发祥地，英国的新自由主义也发展得极为充分。

新自由主义开拓者

托马斯·希尔·格林出生于英国约克郡一个牧师家庭，20岁时进入牛津大学巴利奥尔学院学习，此后一直在牛津大学工作。1878年，他任怀特讲座伦理哲学教授，主要讲授道德哲学。

格林是英国著名的政治思想家、哲学家和新自由主义的先驱，道德学说是其政治思想的基础。他认为，人是一种道德的存在物，道德将人与其他动物区别开来。人作为道德的存在物，可以在精神上满足自我。道德理想使人产生追求道德发展的持续动力，最终达到至善。这种至善，不是某个个人所具有的，而是人们共同享有的善。任何个人的道德

托马斯·希尔·格林（Thomas Hill Green，1836—1882年）是牛津学派的代表人物，最早对旧自由主义发起强大冲击的新黑格尔主义哲学家。他的思想具备了新自由主义观的主要方面，他的学说影响了英国学术界两代人。

发展，必须与整个社会其他成员的道德发展相一致，任何个人的自我满足与自我完善，有赖于社会其他成员的发展与完善。离开他人，个人不可能幸福。共同之善的实现不仅需要人们彼此互助，共同追求，也需要外部环境提供有利于人道德发展的各

种条件。国家是这种外部条件的最好提供者，更是人类进步与发展必不可少的重要条件。

国家干预理论是格林政治思想的核心。他认为国家的政治管理，一方面是为个人的道德发展创造条件，提供有利的环境；另一方面，阻止某些个人背弃道德理想，抑制某些个人损害共同善的动物性冲动。在格林那里，国家不再是马基雅维利提出来的必要的"恶"，也不再是托马斯·霍布斯所涉及的危险的"利维坦"，而是必要的"善"，它成为个人真正的朋友。他进一步认为，在资本主义竞赛中，国家只是一个裁判员，它还要帮助技能较差、体质较弱的运动员，使他们在竞赛中能有较好的机会。格林仍然坚持自由主义传统，认为扩大了权力的国家并不能吞噬个人，个人自由必须得到充分的尊重和保护。由此出发，他提出了给后世自由主义者以巨大影响的新见解，认为人的自由是与其自身具有的道德能力、不懈的创造精神、信仰的坚定程度，以及对首先矢志不渝的追求成正比的。在他看来，人愈是积极主动地增强自身的创造力量，发挥自身的道德能力，坚定信仰、忠诚于理想，就愈能完善地实现自由。

格林从唯心主义角度为伦理学和政治学寻找形而上学的基础，引起了人们对普遍的伦理原则和政治原则的重新重视。他是英国政治思想史上一位承前启后的思想家。从 19 世纪 80 年代开始，他的学

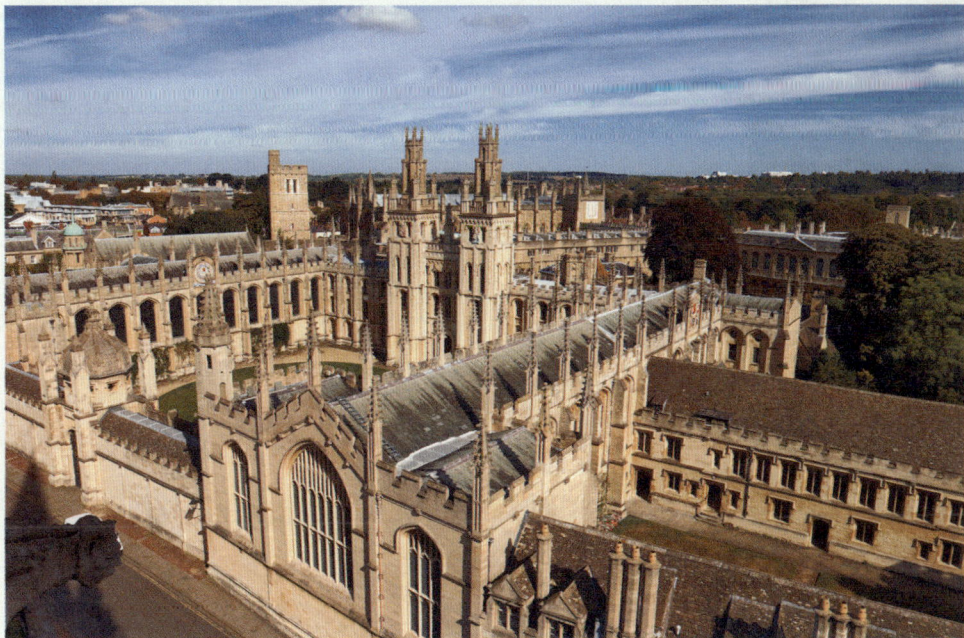

牛津大学是英语世界历史最悠久的大学。1167年，英王亨利二世与法王路易七世发生争执，许多英国教师和学生陆续离开巴黎大学，他们回到英格兰，在学者汇聚的牛津，按照巴黎大学的组织方式讲学，逐渐形成了英国第一所大学。

说影响了英国学术界两代人。新黑格尔主义者几乎都步他的后尘，华莱士（William Wallace，1844—1897年）和里奇（David George Ritchie，1853—1903年）等哲学家和伦理学家都深受他的影响。

新自由主义中坚

伦纳德·霍布豪斯出生于英国康沃尔郡里斯开拉达附近的圣伊夫村，来自一个国教牧师家庭。从1887年起任教于牛津大学，做过《曼彻斯特卫报》《论坛报》编辑、撰稿人，晚年任伦敦大学教授。撰有《社会学原理》《帝国主义论》《贫穷问题》等著作。

作为英国著名的社会学家、新自由主义的重要代表人物，霍布豪斯信奉自由主义政治哲学。《自由主义》一书集中体现了他的政治思想。实际上，由于该书着重阐述了个人自由与国家干预、个人自由与社会和谐、经济自由与政治自由以及自由和民主等之间的关系，意味着作者在自由主义自身体系

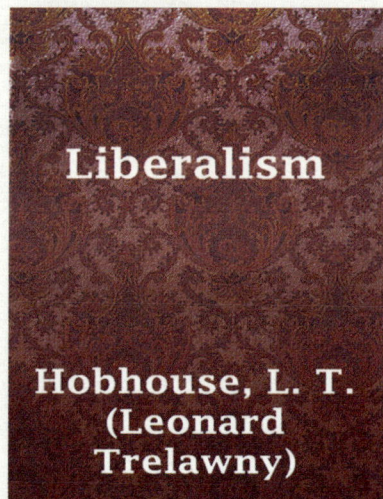

《自由主义》是霍布豪斯自由主义思想的代表作。受斯宾塞社会达尔文主义、孔德实证主义、穆勒自由主义、格林新黑格尔主义的影响，霍布豪斯信奉自由主义政治哲学，提出以法治为前提、以平等为基础的新自由主义论。

的基础上，回答了社会主义所提出的问题，亦即个人的自由与社会利益的关系。相对于个人，霍布豪斯更为关注共同利益。谈到国家强制与自由的问题时，他指出，"所实行的限制的价值在于它使行为获得自由"，自由和控制之间没有真正的对立，自由和强迫具有相辅相成的功能，而自主的国家既是自主的个人产物，又是自主的个人的条件。而在国家为个人所做的事务方面，他摒弃了传统自由主义的关于贫穷资助自救的方法，而是让国家担任为公民创造条件的职责，在这种条件下人们能够依靠本身努力获得所需要的一切。公民有权利和义务充分利用自己的机会，而不是公民做什么都无法摆脱贫困，也不是国家完全地扶助让公民产生依赖性。这是霍布豪斯关于社会福利思想的核心，一种个人与国家和谐发展，个人责任与社会责任的有机结合。他认为自由应以平等为基础，建立在不平等之上的自由只会导致特权，因而试图建立一种自由主义式的民主社会主义，主张国家应积极广泛地干预政治、经济、教育等活动，提供广泛的公共福利，并

伦纳德·霍布豪斯(Leonard Hobhouse，1864—1929年)是英国著名的政治家和社会学家，先后执教于牛津大学、伦敦大学，主要著作有《自由主义》《社会学原理》《帝国主义论》等，试图建立一种自由主义式的民主社会主义。

以有效的改革为发展自由提供更多、更有利的社会条件和环境。

霍布豪斯对自由主义做出了较大修正，同时又捍卫和坚守了自由主义的基本原则，表达了对自由主义美好前景的希冀之情。以往自由主义者所经历的挫折，不代表自由主义是一条错路，只是探索过程中所走的弯路，只要及时修正成先进的制度，真正达到国家与个人的有机和谐，自由主义就能够继续熊熊燃烧，继续发展下去。

新自由主义旗手

霍布森出生于德文特河畔德比郡一个富有家庭，从牛津大学毕业后留校任教，并积极投身于社会改良运动。他对新自由主义的研究，从哲学和政治理论转向经济和社会问题。作为一个经济学家和社会改良主义者，他在考察了旧自由主义的特点和不足后，提出了新自由主义的自由观。

约翰·霍布森（John A. Hobson，1858—1940 年）是英国著名的经济学家和社会改良主义者，同格林和霍布豪斯一样，积极投身社会改良运动。与他们有所不同的是，他将新自由主义研究从哲学和政治理论转向经济和社会问题。

他认为，政治问题的根源在于经济问题，进行系列的社会改革是消除日趋严重的社会问题的必要前提。改革的中心点要集中于社会福利问题，而且国家要发挥积极作用，制定全面的福利政策，兴办多种福利事业，实行失业救济、免费医疗、老年抚恤和业余教育，改变不合理的财富占有和不平等的收入分配。

霍布森新自由主义的指导理论是"社会有机体"思想。霍布森反对把社会看成仅仅是个人的"聚集体"，而认为社会是一个具有超越个人生命的有机体；不应把社会仅仅看成是一批具有社会本能的、在其个人生活中具有"社会方面"的男人和女人，而是应当把它看成"一种群体生活，它具有一个集体的身体、集体的意识和意志，而且有能力实现一种集体的、生死攸关的目标"。他认为根据对社会的这种理解，"对经济过程就将不仅根据它们对个人生活的影响，而是根据它们对社会福利的影响来考虑"。因此，任何有理性的人民面对现代工业社会中的许多实际问题，如个人、阶级、性别差异等方面的问题时，都必须认识到"只有关于人类本身是一个集合有机体的假说才能提供合理解决这些问题的希望"。

从这些观点中可以看出霍布森关于"共同之善"观点的影响，这也是他与霍布豪斯的相同之处。霍布森并不是想用社会有机体观点来否定传统自由主义关于个人自由的思想。他的社会有机体论决定了其思想始终贯穿这样两点含义：其一，必须首先从社会角度看经济问题，认识到个人利益和社会利益是相辅相成的；其二，只有通过维持和促进现代工业社会中各方面利益的和谐，才能解决社会问题，保证社会持续进步。他的社会有机体论，奠定了自由主义在 20 世纪发展的基础。

责任编辑：刘可扬　王新明
助理编辑：薛　晨
图文编辑：胡令婕
责任校对：余　佳
封面设计：林芝玉
版式设计：汪　莹

图书在版编目（CIP）数据

民族时代 / 姜守明，朱文旭，汤晓鸥 著 . —北京：人民出版社，2022.7
（话说世界 / 陈晓律，颜玉强主编）
ISBN 978 - 7 - 01 - 021821 - 2

I. ①民… 　II. ①姜… ②朱… ③汤… 　III. ①民族主义 - 欧洲 -19 世纪 - 通俗读物
　IV. ① D095.05-49

中国版本图书馆 CIP 数据核字（2020）第 007265 号

民 族 时 代
MINZU SHIDAI

姜守明 朱文旭 汤晓鸥 著

人 民 出 版 社 出版发行
（100706　北京市东城区隆福寺街 99 号）

北京华联印刷有限公司印刷　新华书店经销

2022 年 7 月第 1 版　2022 年 7 月北京第 1 次印刷
开本：889 毫米 ×1194 毫米 1/16　印张：18.25
ISBN 978 - 7 - 01 - 021821 - 2　定价：90.00 元

邮购地址 100706　北京市东城区隆福寺街 99 号
人民东方图书销售中心　电话（010）65250042　65289539